AF617630

REALIDAD (SOCIAL) Y NORMA (JURÍDICA): LA INTERPRETACIÓN SOCIOLÓGICA O EVOLUTIVA EN DERECHO PRIVADO

GUILLERMO CERDEIRA BRAVO DE MANSILLA
Catedrático de Derecho Civil
Universidad de Sevilla

REALIDAD (SOCIAL) Y NORMA (JURÍDICA): LA INTERPRETACIÓN SOCIOLÓGICA O EVOLUTIVA EN DERECHO PRIVADO

ARANZADI

Primera edición, 2023

Editorial Aranzadi, S.A.U.
Camino de Galar, 15
31190 Cizur Menor (Navarra)
ISBN versión impresa: 978-84-1162-487-9
DL NA 2508-2023
Printed in Spain. Impreso en España
Fotocomposición: Editorial Aranzadi, S.A.U.
Impresión: Rodona Industria Gráfica, SL
Polígono Agustinos, Calle A, Nave D-11
31013 – Pamplona

A todo «buen juez»

«Más allá de la ley, pero por la propia ley»[1]

1. Si se me permite emular a uno de los padres de la interpretación evolutiva (a SALEILLES en su Prólogo a la obra de GENY: *Método de interpretación y fuentes del Derecho privado positivo*, Madrid, 1925, p. XV), cuando dice: «Más allá del Código, pero por el Código», y que, a su vez, como recuerda el propio Geny (p. 678), viene de IHERING cuando este dice: «Por el Código, pero más allá del Código».

Índice General

Abreviaturas

AC	Actualidad Civil
ADC	Anuario de Derecho Civil
AJA	Actualidad Jurídica Aranzadi
art./arts.	artículo/artículos
BOE	Boletín Oficial del Estado
CC	Código civil (español)
CCAA	Comunidades Autónomas
CCJC	Cuadernos Civitas de Jurisprudencia Civil
CE	Constitución Española
Cfr.	confrontar
DDAA	Disposiciones Adicionales
DDTT	Disposiciones Transitorias
DG	Diritto e Giurisprudenza
DGRyN	Dirección General de los Registros y del Notariado
ED	Enciclopedia del Diritto
ed.	edición
EG	Enciclopedia Giuridica
EJE	Enciclopedia Jurídica Española
Gius. Civ.	Giustizia Civile
GI	Giurisprudenza Italiana
LEC/1881	Ley de Enjuiciamiento Civil de 1881
LEC	Ley de Enjuiciamiento Civil
LH	Ley Hipotecaria
Lib.	Libro
LPH	Ley de Propiedad Horizontal
NDI	Nuovo Digesto Italiano
NssDI	Novissino Digesto Italiano
p./pp.	página/páginas
RAP	Revista (Española) de Administración Pública

RCDI	Revista Crítica de Derecho Inmobiliario
RD	Real Decreto
RDCiv	Rivista di Diritto Civile
RDGRyN	Resolución de la Dirección General de los Registros y del Notariado
RDN	Revista de Derecho Notarial
RDP	Revista de Derecho Privado
RDPatrim	Revista (Aranzadi) de Derecho Patrimonial
RDPriv	Rivista di Diritto Privato
RGLJ	Revista General de Legislación y Jurisprudencia
RJC	Revista Jurídica de Cataluña
RJN	Revista Jurídica del Notariado
SSTC	Sentencia/s del Tribunal Constitucional
SSTEDH	Sentencia/s del Tribunal Europeo de Derechos Humanos
SSTJUE	Sentencia/s del Tribunal de Justicia de la Unión Europea
SSTS	Sentencia/s del Tribunal Supremo
SSTSJ	Sentencia/s del Tribunal Superior de Justicia
t.	Tomo
TC	Tribunal Constitucional
TEDH	Tribunal Europeo de Derechos Humanos
TJUE	Tribunal de Justicia de la Unión Europea
Tít.	Título
TS	Tribunal Supremo
TSJ	Tribunal Superior de Justicia
Vgr.	Verbigracia
Vid.	véase
Vol./s.	volumen/es

Prólogo (del prólogo)

Desocupado lector:

Con esta presentación, cuyo título, «prólogo (del prólogo)», tomo en parte prestado de Borges[1], quiero expresar lo que de personal y recopilatorio hay en la presente obra.

Tal vez debiera haber sido un prólogo más objetivo o aséptico, menos personal y subjetivo, y, para ello, siempre ajeno, no del propio autor, ... Pero, como diría el propio Borges[2], «que yo sepa, nadie ha formulado hasta ahora una teoría del prólogo». Y nadie mejor que uno mismo como para justificarse e incluso reivindicarse (*«vindica te tibi»*, le decía Séneca, en una de sus Cartas, a Lucilio).

Este mío, al menos, es, ante todo, un prólogo al prólogo que recta y verdaderamente se contiene al comienzo de la presente obra, referido, casi misteriosamente, a la búsqueda de ese quinto elemento –interpretativo, claro– que es el sociológico o evolutivo, donde rememoro sus orígenes patrios (con la famosa sentencia del Tribunal Supremo de 1934, con Castán Tobeñas como Ponente, sobre un conocido caso de hijos no matrimoniales, en que se interpreta evolutivamente el Código Civil, de 1889, desde la Constitución de entonces, la republicana de 1931), para culminar con su último tratamiento jurisprudencial (en la también conocida sentencia del Tribunal Constitucional de 2012, que vino a declarar, con fundamento exclusivo en aquel canon interpretativo, la constitucionalidad de la Ley de 2005 sobre matrimonio entre personas de igual sexo, interpretando ahora evolutivamente la propia Constitución), tras ser expresamente consagrado tal método en la propia Ley (en el art. 3.1 del CC, tras su reforma en 1974, para decir que las normas se han de interpretar conforme a *«la realidad social del tiempo en que han de ser aplicadas»*). Y así luego anunciar los innumerables tópicos vertidos por jurisprudencia y doctrina acerca de la interpretación sociológica o evolutiva y que en esta obra pretendo desmontar o,

1. Y de su conocida obra recopilatoria de muy diversos prólogos que hizo a lo largo de su vida, y que, precisamente, vino a titular *Prólogos con un prólogo de prólogos* (editado en 1975). Aprovecho, igualmente, para confesar, al menos en esta ocasión, que lo de «desocupado lector», con que suelo comenzar mis prólogos, tampoco es original, sino que tomo prestado (obsérvese que nunca digo plagiado), del prólogo que a su propio Quijote hizo Cervantes.
2. Precisamente, en su primer Prólogo, único novedoso de la recopilación, que anuncia los demás prólogos compilados en la obra antes mencionada.

cuando menos, cuestionar, incluso a la luz de la casuística proporcionada desde el propio foro.

Pero todo ello es lo objetivo, lo aséptico (personalmente, un falso prólogo). Porque más allá, o en su raíz más bien, late una razón, y un motivo personal, para el presente estudio, donde, en cierto modo, en torno a la interpretación sociológica o evolutiva, atendida ahora, por fin, como objeto central de estudio, se acumulan, sin agolparse, otros muchos estudios anteriores, que la abordaban ya, aunque de forma tangencial, a propósito de otras cuestiones, la mayoría de ellas particulares o concretas (*ad casum*):

Todo empezó, precisamente, con el tema del matrimonio entre personas de igual sexo, hace ya casi 20 años, cuando durante su tramitación parlamentaria, algunos suscitamos lo que, durante largo –excesivo– tiempo, sería la cuestión clave, muy debatida: la relativa a su propia constitucionalidad. Así lo hice en un trabajo, publicado en 2005, el mismo año en que se aprobaría la Ley que, tramitándose aún por entonces, vino a permitir tal matrimonio; fue en la *Revista de Derecho Privado*, con un título, para mí, muy revelador de la importancia de la interpretación sociológica: «¿Es constitucional, hoy, el matrimonio "homosexual" (entre personas de idéntico sexo)?». Con él anticipaba, aunque ciertamente de forma un tanto subliminal, que ningún criterio interpretativo tradicional o savigniano conocido (ni el gramatical, ni el sistemático, ni el histórico, como tampoco el lógico), avalaría la constitucionalidad de tan novedosa y revolucionaria institución, sino tan solo a través de su previa admisión operada por algún cambio en la nueva realidad social española (y europea). Ya anunciaba yo –con aquel «hoy» con que titulaba el estudio– que se trataba de una cuestión de tiempo, de que la Ley, en su contenido y finalidad, y de que el art. 32.1 de nuestra Constitución a que principalmente afectaba aquella, se amoldaran o respondieran a una nueva realidad social, permisiva de las uniones entre personas de idéntico sexo. Se trataba, pues, en esencia de una pura cuestión de interpretación sociológica al amparo del art. 3.1 CC; porque, en nuestra opinión allí expresada, ningún otro medio de interpretación admitiría la constitucionalidad de aquella Ley 13/2005, siendo dudoso que, por entonces, ya la realidad social española (y europea), avalara aquella reforma, según evidenciaban los propios interrogantes empleados en el mismo título del trabajo.

Dictada, entonces, en 2012, aquella sentencia por nuestro auténtico intérprete constitucional, me vi obligado a volver sobre el asunto, profundizando ya entonces en el propio estudio que el propio Tribunal Constitucional vino a hacer de la interpretación sociológica, aunque, naturalmente, centrándolo, también yo, en la cuestión matrimonial (con el título «Constitucionalidad de la ley 13/2005, sobre el matrimonio homosexual: un ejemplo –hoy– de interpretación sociológica o evolutiva, fundada en razones de igualdad», publicado también en la *Revista de Derecho Privado*, en 2013), para ya luego evadirme de ella y abordarla con alcance general, aunque referido a la norma constitucional como ella misma interpretable evolutivamente, en mi otro trabajo sobre «La interpretación evolutiva de la Constitución en Derecho privado (Más allá de la Constitución, pero por la propia Constitución)», publicado en la *Revista General de Legislación y Jurisprudencia*, unos años más tarde (en 2015).

En ese ínterin, durante el transcurso de esos 10 años, y por mucho tiempo después, el tema me ha seguido y perseguido (yo a él, para ser sinceros), en temas –también– particulares (contractuales, sucesorios[3], ..., sobre parejas de hecho o, de nuevo, con el tema de uniones «homoafectivas», esta vez por encargo cubano cuando por entonces empezaba a hablarse de tal asunto por el Caribe[4], e incluso para interpretar evolutivamente normas consuetudinarias, como el conocido Fuero del Baylío, vigente, entre nosotros, en tierras extremeñas[5]); así también sucedió en otros estudios, estos sobre temas generales, o generalistas, que –solo– aparentemente nada tenían que ver con la interpretación sociológica, pero en los que inevitablemente subyacía, en mayor o menor medida, aquel canon hermenéutico (en estudios tales como los referidos a Exposiciones de Motivos y Preámbulos[6], a la distinción entre analogía e interpretación extensiva[7], o dedicado a los llamados «materiales prelegislativos»[8], ...).

Mi última parada en el camino, previa a esta obra, compiladora de todo cuanto había dicho hasta entonces en todos los altos anteriores, fue para abordar otro caso en que también oficialmente se emplearía a fondo aquel mecanismo interpretativo, como es el sociológico o evolutivo, y que, como sucedió con el matrimonio entre personas del mismo sexo, daría también mucho de qué hablar, en doctrina y, sobre todo, entre la propia opinión pública. Me refiero a la interpretación sociológica que la –por entonces llamada– Dirección General de los Registros y del Notariado haría en su Instrucción de 2018 para permitir, en

3. Como en mi trabajo «¿Puede el conviviente de hecho del heredero ser testigo en un testamento abierto? Entre la analogía y la interpretación –¿extensiva o restrictiva?– (Comentario a la Sentencia del TS (en Pleno) de 19 octubre 2016)», en *Revista (Aranzadi) de Derecho Patrimonial*, 2017, n.º 43, pp. 335-372.

4. Lo hice, primero, en un artículo, «Familia y Constitución: su interpretación evolutiva», publicado en la *Revista Cubana de Derecho*, IV época, a finales de 2019. Y luego, como codirector, junto al Prof. y notario Leonardo B. Pérez Gallardo, del libro colectivo *Un nuevo Derecho para las familias (A propósito del nuevo Código de las Familias de Cuba),* coordinado por el Prof. Manuel García Mayo, editado en 2023, y donde escribo un capítulo del libro, precisamente titulado: «El matrimonio entre personas del mismo sexo en el nuevo Código de las familias de Cuba».

5. En uno de mis varios trabajos dedicados a tal Fuero (cuyo interés personal se explica por su pretendida –pero irreal– vigencia en mi tierra natal, Ceuta), titulado este: «¿Cuándo comienza a regir la comunidad universal matrimonial del Fuero del Baylío? La difícil interpretación, e integración, de una norma –aún– consuetudinaria (Comentario a la RDGRyN de 6 mayo 2015)», en *Revista Crítica de Derecho Inmobiliario*, 2016, n.º 755, pp. 1569-1590.

6. En mi monografía: *Principio, realidad y norma: el valor de las exposiciones de motivos (y de los preámbulos)*, con Prólogo de C. Rogel Vide, Méjico-Madrid, 2015.

7. Una diferencia que defendí en mi trabajo *Analogía e interpretación extensiva: una reflexión [empírica] sobre sus confines*, publicado en el *Anuario de Derecho Civil*, allá en el 2012.

8. Que estudié en mi artículo «El (relativo) valor interpretativo de los materiales prelegislativos», publicado en el *Anuario de Derecho Civil*, en tiempos más recientes (en 2019).

contra de lo que literalmente exigía la Ley sobre transexuales por entonces vigente (la de 2007), que también los menores transexuales pudieran solicitar el cambio –al menos– de nombre, y en todo caso, se tratara de menores o no, sin la necesidad de acreditar la disforia de género con algún informe o tratamiento médico. Y cuyo análisis hice en un trabajo titulado «La transexualidad, hoy: un ejemplo de interpretación sociológica o evolutiva (Comentario a la Instrucción de la DGRyN de 23 octubre 2018 y a su posible legitimación constitucional desde la STC 99/2019, de 18 julio)», donde, como un guiño hecho a mi primer trabajo de 2005, vuelvo a destacar la clave del asunto con aquel «hoy», y que también publicaría en la misma *Revista de Derecho Privado*, 15 años después, en 2020.

Agotado en dicho trabajo todo cuanto había dicho antes y casi todo lo que me restaba por añadir, fue ya entonces cuando surgió para mí la necesidad de poner en orden, no tanto mental, sino por escrito (en negro sobre blanco, como suele decirse), cuantas reflexiones había yo realizado, de forma desperdigada por aquellos estudios, sobre la interpretación sociológica durante casi 20 años, para hacerlo ahora más allá o al margen de aquellos casos particulares que, en cierto modo, me habían acercado a dicho canon hermenéutico.

Inevitablemente, volverán a salir tales casos en esta ocasión, y otros muchos más, tomados todos ellos del foro, especialmente de nuestra jurisprudencia, mas no ya ahora como protagonistas, sino como comparsa de las reflexiones generales que se expongan, a continuación, sobre la interpretación evolutiva, verdadera protagonista esta, a las que aquellos ilustrarán. *Verba movent, exempla trahunt*.

Anunciada, así, por su propio autor la ocasión de su obra, mas sin desvelar sus razones ni, mucho menos, sus conclusiones, es hora, por fin, de que esta comience verdaderamente.

Que se abra, pues, el telón...

I

En busca del quinto elemento

SUMARIO: 1. GÉNESIS, EVOLUCIÓN Y *STATUS QUO*. 2. OCASIÓN Y PROPÓSITO (ACOTADO): DESMONTANDO TÓPICOS (EN DERECHO CIVIL).

1. GÉNESIS, EVOLUCIÓN Y *STATUS QUO*

Aunque con algún antecedente en alguna sentencia del propio Tribunal Constitucional[1], probablemente la STC 198/2012 de 6 de noviembre, favorable a la constitucionalidad de la Ley 13/2005, de 1 de julio, conocida como la Ley del matrimonio «homosexual» (entre personas del mismo sexo), haya sido la que haya empleado más rectamente la denominada interpretación sociológica, evolutiva, o progresiva –según la llamaba Betti (en su *Interpretación de la ley y de los actos jurídicos*, trad., Madrid, 1975)–[2].

No era, desde luego, la primera vez que la usaba un órgano judicial. Audaz y vanguardista de entre todas fue en España la STS de 21 noviembre 1934, de la que fue ponente Castán Tobeñas (muy inspirado en las ideas de Ruggiero al

1. PABÓN DE ACUÑA (*La interpretación según la realidad social del art. 3.1 del CC,* Valencia, 1999), hace referencia a las SSTC n.º 89 y 106, ambas de 1994, que abordaron, sin declararla, la posible inconstitucionalidad de algunas normas de las anteriores Leyes de Arrendamientos Urbanos (sobre prórrogas forzosas a favor del arrendatario), cuestionada, precisamente al amparo de una interpretación sociológica de las mismas, hechas por los jueces que la suscitaron como cuestión. También cabría añadir las SSTC de 21 diciembre, 3 julio 1997 y 30 junio 1998, o el Auto del TC de 30 abril 1996.
2. Aunque aprobada en Pleno, dicha STC contó con 4 votos particulares, de los cuales 3 fueron totalmente contrarios al uso en sí de aquel mecanismo interpretativo, sociológico o evolutivo, y, por ello, a la decisión final tomada por el TC, por ser proclives, en cambio, a declarar inconstitucional aquella Ley del matrimonio «homosexual» (fueron los votos de los Magistrados Ollero Tassara, González Rivas y Rodríguez Arribas). El otro voto particular, el del Magistrado Aragón Reyes, si bien conforme a la constitucionalidad declarada, discrepaba en el modo en que la STC había utilizado aquella herramienta hermenéutica.

respecto, quien a su vez se inspiraría en las de Degni[3]), y en la que nuestro Tribunal Supremo acogía, en un momento convulso (en muchos sentidos), aquel posible modo de interpretación de las normas cuando aún era cuestión muy debatida la relativa a su propia admisión. Eran tiempos en que ideas hoy tan aceptadas, como la de la conciencia social colectiva, servían de subterfugio a regímenes totalitarios (nacionalsocialistas o comunistas) para conferir mayor poder de actuación a la autoridad en el mantenimiento del Orden Público, al abrigo de aquel concepto tan indeterminado que la propia norma reconocía en aquellos regímenes.

El primer caso español, el de aquella STS de 1934, es, curiosamente, bastante parecido, aunque inverso, al que recientemente abordó la STC 198/2012, de 6 noviembre: en esta se trataba de adecuar sociológicamente una norma constitucional (el art. 32.1 CE), para declarar constitucional una ley ordinaria ya existente (la Ley 13/2005, de 1 de julio); en aquel otro, en cambio, se trataba de adecuar el Código Civil español a la nueva realidad social que entendía el TS contemplaba la Constitución por entonces vigente, la Republicana de 1931. El caso también era de familia, aunque referido estrictamente a la filiación: se trataba de una reclamación de paternidad extramatrimonial (interpuesta por la madre contra la viuda del padre ilegítimo), cuando, al menos programáticamente, ya imponía el art. 43 de la Constitución republicana de 1931 la investigación de la paternidad, al imponer también la propia igualdad en toda filiación (matrimonial o no)[4], al modo en que hoy lo hace el art. 39 CE; pero no encontraba aquel principio reflejo normativo en el CC (de 1889), cuya regulación aún se mantenía en los viejos valores de distinción de trato entre hijos legítimos e

3. Sin ningún recelo, así lo reconoce el propio CASTÁN TOBEÑAS, J. (en su obra metodológica, posterior a aquella STS, titulada: *Teoría de la aplicación e investigación del Derecho*, reed., Madrid, 2005, pp. 248 y 249), que se inspira en las afirmaciones de DE RUGGIERO, R. (hechas en sus *Instituciones de Derecho Civil, vol. 1.º*, 4.ª ed., trad., Madrid, 1929), a lo que habría que añadir el más completo estudio de DEGNI, F. (*L'interpretazione della legge*, con prólogo de B. Brugi, 2.ª ed., Nápoles, 1909), en que Ruggiero se inspiró (según hace notar, entre nosotros, PÉREZ ÁLVAREZ, M. A.: *Interpretación y jurisprudencia. Estudio del art. 3.1 del CC*, Navarra, 1994, p. 46). Una exposición sucinta de la gran obra de Degni, puede verse recientemente hecha por NACCI, M.: «Francesco Degni e l'interpretazione storico-evolutiva della Legge», en *Rivista di storia del diritto italiano*, 2013, pp. 39-55, quien al final de su recensión invita a seguir discutiendo sobre el tema, lo que, por nuestra parte, aceptamos.

4. Decía íntegramente aquella norma: «*La familia está bajo la salvaguardia especial del Estado. El matrimonio se funda en la igualdad de derechos para ambos sexos, y podrá disolverse por mutuo disenso o a petición de cualquiera de los cónyuges, con alegación en este caso de justa causa. (…) Los padres están obligados a alimentar, asistir, educar e instruir a sus hijos. El Estado velará por el cumplimiento de estos deberes y se obliga subsidiariamente a su ejecución. (…) Los padres tienen para con los hijos habidos fuera del matrimonio los mismos deberes que respecto de los nacidos en él.(…) Las leyes civiles regularán la investigación de la paternidad. (…) No podrá consignarse declaración alguna sobre la legitimidad o ilegitimidad de los nacimientos ni sobre el estado civil de los padres, en las actas de inscripción, ni en filiación alguna. (…) El Estado prestará asistencia a los enfermos y ancianos, protección a la maternidad y a la infancia, haciendo suya la "Declaración de Ginebra" o tabla de los derechos del niño*».

ilegítimos y de prohibición en la investigación de paternidad. Ante la consideración –por entonces– común de que las normas constitucionales carecían todas ellas por sí solas de aplicación directa, tuvo aquella STS que recurrir al argumento sociológico para entender que los principios tradicionales y las normas que todavía los recogían habían de ceder y someterse a los nuevos dictados de la realidad social que expresaba la flamante Constitución republicana[5].

En la STC 198/2012, de 6 noviembre, el caso fue inverso: existiendo ya el cambio introducido en la ley ordinaria (en la Ley 13/2005), el TC la legitima interpretando sociológicamente el art. 32.1 CE, adecuando su sentido jurídico a la nueva realidad social, que, por supuesto, no podía sólo extraerse de aquella otra ley (al no poder esta ser juez y parte), sino de otros muy variados elementos (conformadores de lo que la STC vino a llamar *«cultura jurídica»*, a la que, naturalmente, luego aludiremos con mucho mayor detalle).

Desde aquella STS de 1934 las cosas, precisamente, han cambiado mucho; siempre en favor de aceptar aquel criterio interpretativo; primero en la propia obra de la jurisprudencia del TS, en temas tan variados[6] como: las reparaciones del pasado (según recoge la STS 24 enero 1970, al ordenar la devolución a los jesuitas de unos bienes ocupados en Sevilla por una Pragmática de 1767); la responsabilidad por daños de los arts. 1902 ss. CC, hasta llegar a su absoluta objetivación (desde la STS 31 marzo 1978, que emplea por primera vez el criterio sociológico para abrir brecha en tal evolución jurisprudencial[7]); como en materia de prescripción (interpretando el art. 944 del Código de Comercio desde el art. 1973 CC y una legión de posteriores leyes mercantiles, para así admitir en dicho ámbito mercantil la interrupción de la prescripción por reclamación extrajudicial de la deuda, y no solo judicial, como *ex laettere* prevé aquel art. 944[8]); o en temas –en apariencia más prosaicos y aparentemente menos proclives a este modo de interpretar la ley–, como la medianería, la propiedad horizontal (eximiéndose de la exigencia de unanimidad de los arts. 16 y 17 LPH,

5. Que, al ser tan efímera, no encontraría mayor reflejo legal, ni mayor seguimiento en la jurisprudencia posterior, a salvo la Resolución de la Dirección general de los Registros y del Notariado (en adelante, RDGRyN) de 26 diciembre 1968, que para un caso idéntico al de aquella STS de 1934 mantuvo igual tesis aun sin poder fundar la nueva realidad social en norma constitucional ninguna, pues la entonces vigente habría de retomar los viejos principios. En su lugar, haría tal interpretación sociológica desde el nuevo espíritu contenido en el art. 129 de la Ley de Registro Civil (de 1957), y desde el Derecho Civil catalán, por entonces recientemente Compilado.

6. Curiosamente, muy coincidentes en su mayoría con los que ya indicara hace más de un siglo DEGNI (pp. 291 ss.), refiriéndose a la jurisprudencia italiana de aquel entonces.

7. Y así luego en tantas otras, como, por ejemplo, en las SSTS 23 septiembre 1988 (esta aplicando el art. 1903 CC), 8 mayo 1990, o en la de 21 mayo 2001 (esta sobre el art. 1910 CC). Para su estudio sigue siendo destacable el trabajo de CAVANILLAS MÚGICA: *La transformación de la responsabilidad civil en la jurisprudencia*, Barcelona, 1987, pp. 117 ss.

8. Según puede verse en las SSTS de 20 octubre 1988, 4 diciembre 1995 o en la de 2 noviembre 2005, sobre todo.

sobre todo, por razones organizativas y funcionales[9]), como la solidaridad en el aval[10], la admisión de la transferencia bancaria como medio de pago válido subsumible en el art. 1170.II CC[11]; o como la asimilación del promotor al constructor para hacerle responsable *ex* art. 1591 CC[12]. También cabría añadir el caso de la accesión invertida (que, precisamente, invierte la aplicación del art. 361 CC), desde la famosa STS de 31 mayo 1949, que, según recordaban no hace mucho la STSJ de Cataluña de 6 abril 1998 y, traduciéndola al castellano, la STSJ Aragón de 7 noviembre 2001, se fundamenta en una interpretación sociológica de los arts. 358 ss. CC (donde se consagran el principio *superficies solo cedit* y sus consecuencias), invirtiendo aquel principio hasta entender que el edificio es lo principal y el suelo lo accesorio. Otro ejemplo, dentro de la *praxis* española, puede verse en la legalización de los juegos de azar, en contra de su prohibición contenida en los arts. 1798 ss. CC (así según SSTS de 23 febrero 1988 y 30 enero 1995, donde, muy probablemente, se hizo más bien una interpretación sistemática, según veremos más adelante –en el epígrafe 9 del cap. IV–); ...[13]

Y, por supuesto, también abundan los ejemplos de interpretación evolutiva o sociológica en el ámbito del Derecho de la persona y de la familia, en temas como la temporalidad de la pensión compensatoria en caso de crisis matrimonial (ya consagrada por la STS de 10 febrero 2005[14], poco antes de hacerse legal tal posibilidad con la Ley 15/2005, de 8 julio), como la «descausalización» del divorcio, prácticamente consagrada por la jurisprudencia menor antes de que así lo admitiera la propia ley, una vez reformada en 2005[15]; también la consideración

9. Como en las SSTS de 13 julio 1994, 5 julio 1995, 22 septiembre 1997, 22 noviembre 1999, 13 marzo 2003, o en la de 18 diciembre 2008. O el caso de la STS de 27 abril 1984, cuando admite la demanda interpuesta por el Vicepresidente (presidente, por entonces, en funciones), de una comunidad de vecinos, contra el recurso que defiende su falta de legitimación por ser un cargo no contemplado en el art. 12 LPH.

10. A la vista de que dicho régimen rige legalmente en otros contratos por razón de favorecer al acreedor (como en seguros, responsabilidad por daños, ...), según puede verse en la STS de 7 marzo 1992, que incluso se apoya en la «práctica mercantil».

11. Según puede verse en la STS de 4 diciembre 1987.

12. Según las SSTS de 17 mayo 1982, 11 febrero 1985 y de 9 marzo 1988.

13. Y otros tantísimos casos, que pueden verse en las muy sugerentes monografías de PABÓN DE ACUÑA (*La interpretación según "la realidad social" del art. 3 del CC*, Valencia, 1999), y de PÉREZ ÁLVAREZ (*Realidad social y jurisprudencia. Diez tesis sobre la realidad social en cuanto canon de interpretación de las normas*, Madrid, 2005); y que, desde luego, iremos viendo a lo largo de la presente obra.

14. Y luego por otras, como las dos SSTS de 28 abril 2005 y luego, mucho después, como las SSTS de 14 y 17 octubre 2008.

15. Así lo insinúa, al menos, la Exposición de Motivos de la Ley 15/2005 (en su párrafo 8.°, que comienza diciendo: «*Los tribunales de justicia, sensibles a esta evolución, ...*»). Ambos temas han sido tratados por la gran experta en Derecho de Familia, la Prof.ª CABEZUELO ARENAS, A. L. (en *CCJC*, 2005, pp. 1369-1397, y con el título: «La cesación de la *affectio maritalis* como causa de separación en la práctica judicial: un exponente de la interpretación sociológica de la norma», en *Aranzadi doctrina: revista doctrinal*, 2001, pp. 2269-2284), cuyas

de las parejas de hecho como legítima familia no matrimonial[16]; o como, más recientemente, sucedió con la Instrucción de la DGRyN de 23 octubre 2018, donde se interpretó sociológicamente la –anterior– Ley de 2007, sobre transexualidad, derogando las exigencias legales de mayoría de edad y de acreditada y tratada disforia de género a fin de instar la rectificación registral del nombre del transexual[17]. Y, por supuesto, no se olvide el caso de la STC 198/2012, de 6 noviembre, declarando la constitucionalidad de la Ley 13/2005, sobre matrimonio entre personas del igual sexo, haciendo una interpretación evolutiva del art. 32.1 CE[18].

2. OCASIÓN Y PROPÓSITO (ACOTADO): DESMONTANDO TÓPICOS (EN DERECHO CIVIL)

Por supuesto, también hay ejemplos de interpretación sociológica o evolutiva en otras ramas del Derecho, como el laboral, el administrativo, ... Y en cuestiones de tanto interés público, como la salud, el medio ambiente, los dere-

reflexiones sobre la posible temporalidad de la pensión compensatoria se convirtieron, sin exageración, en Ley. También sobre la progresiva «descausalización» operada antes de la ley por obra de las Audiencias Provinciales, cabe remitirse a PÉREZ MARTÍN e HIJAS FERNÁNDEZ: *La jurisprudencia matrimonial en las Audiencias Provinciales*, Valladolid, 1999, donde puede verse expuesta dicha jurisprudencia menor.

16. Cierto que el art. 32 CE se refiere a la familia fundada en el matrimonio. Pero no es la única. Separado, no por casualidad, de esa norma, el art. 39 CE hace referencia a una familia más amplia en su referencia, a las madres, cualquiera que sea su estado civil, a los hijos habidos fuera del matrimonio, que en sus derechos y deberes deben equipararse a los hijos matrimoniales. Y más allá de su letra, hay también otros vínculos familiares, que ni siquiera menciona: la afinidad, el parentesco, ... Cabría, entonces, como legítima, la posibilidad de una familia extramatrimonial. Y es ahí donde ha creído nuestro TC que tienen encaje las parejas no casadas, como fundamento de una familia extramatrimonial.
17. A lo que dediqué un estudio *ex profeso* titulado: «La transexualidad, hoy: un ejemplo de interpretación sociológica o evolutiva (Comentario a la Instrucción de la DGRyN de 23 octubre 2018 y a su posible legitimación constitucional desde la STC 99/2019, de 18 julio)», en *RDP*, 2020, n.º 2, marzo-abril, pp. 69-117.
18. Un tema, que yo mismo suscité mientras se tramitaba la Ley 13/2005 (en mi trabajo: «¿Es constitucional, hoy, el matrimonio "homosexual" (entre personas de idéntico sexo)?», en *RDP*, 2005, pp. 37-56), y al que volvía una vez dictada aquella STC (en mi otro trabajo: «Constitucionalidad de la ley 13/2005, sobre el matrimonio homosexual: un ejemplo –hoy– de interpretación sociológica o evolutiva, fundada en razones de igualdad», en *RDP*, 2013, n.º 2, marzo-abril, pp. 25-86). También han abordado el tema, con un tono más crítico contrario a la STC, MASTROMARTINO, F.: «Sobre la interpretación evolutiva de la Constitución. Notas al margen de una reciente STC español sobre el matrimonio entre personas del mismo sexo», en *DOXA (Cuadernos de Filosofía del Derecho)*, n.º 36, 2013, pp. 153-175; y MATIA PORTILLA, F. J.: «Interpretación evolutiva de la Constitución y legitimidad del matrimonio formado por personas del mismo sexo», en *Teoría y realidad constitucional*, n.º 31, 2013, pp. 541-554.

chos humanos ...[19]; no en vano, Santi Romano[20] creía que el campo más apropiado para este tipo de interpretación era el Derecho Público; así también parecía reconocerlo, a su pesar, Jean Carbonnier[21], observando su amplia aplicación en Derecho administrativo, desde la idea de Política, así como en Derecho Penal, desde la Criminología, proponiendo, por ello, el acercamiento de los civilistas a la Sociología, tanto en su enseñanza como en su investigación universitarias. E incluso en campos jurídicos donde, *a priori*, pudiera parecer difícil aplicar aquel criterio interpretativo, como sucede con el Derecho penal, o el fiscal, y sobre el que hay trabajos doctrinales muy interesantes[22], a los que un civilista debe remitirse, para centrarse en la rama que más conoce (o, al menos, menos ignora –*mea culpa*–), como es la iusprivatística. Queden, pues, fuera del presente estudio otras ramas del Derecho, donde el criterio sociológico pudiera también aplicarse, y, desde luego, queden al margen otras familias jurídicas diversas del *civil law*, donde, sin duda, el planteamiento mismo del tema (acerca de una interpretación jurídica más allá de la letra y de los precedentes de la ley) daría un giro copernicano.

Por nuestra parte, desde sus orígenes, datados en aquella STS de 1934, así ha continuado, entre nosotros, aumentando la casuística y el recurso a la interpretación evolutiva en la jurisprudencia, hasta llegar a ser consagrada expresamente por la ley, 50 años después de aquella primera STS, en el vigente art. 3.1 CC, introducido por el Decreto de 31 mayo 1974 de reforma del Título Preliminar del CC, al afirmarse en aquel precepto que *«las normas se interpretarán según el sentido propio de sus palabras, en relación con el contexto, los antecedentes históricos y legislativos, y* –añade, como novedad, según– *la realidad social del tiempo en que han de ser aplicadas, atendiendo fundamentalmente al espíritu y finalidad de aquéllas»*. De dicha novedad dirá el Preámbulo de aquel Decreto de 1974: *«La ponderación de la realidad social correspondiente al tiempo de aplicación*

19. DI LAURO, A.: *Interpretazione evolutiva della legge fallimentare*, Nápoles, 1966; LABRIOLA, S.: «Dal paessaggio all'ambiente: un caso d'interpretazine evolutiva della norma costituzionale»; en *Diritto e societá*, 1987, fasc. 1; o los tantísimos que hay en materia de derechos humanos, como, entre otros, los de ANDENAS, M. y BJORGE, E. («Giudice nazionale e interpretazione evolutiva della convenzione dei diritti dell'uomo», en *Rivista trimestrale di diritto e procedura civile*, Vol. 64, N.º 4, 2010, pp. 1267-1278); GARAPON, A.: «Les limites à l'interpretation évolutive de la Convention européenne des droits de l'homme», en *Revue Trimestrielle des Droit de l'homme*, 2011; REPETTO, G.: «Premesse ad uno studio sull'interpretazione evolutiva tra Costituzione e Convenzione Europea dei Diritti dell'uomo», en *Diritti, principi e garanzie sotto la lente dei giudice di Strasburgo*, Nápoles, 2012, pp. 21-42; o el de CANOSA USERA, R.: «Interpretación evolutiva de los derechos fundamentales» (tomado de www.juridicas.unam.mx).

20. En «Interpretación evolutiva», en *Fragmentos de un Diccionario Jurídico*, trad. S. Sentis Melendo y M. Ayerra Redín, Buenos Aires, 1964, pp. 203-213.

21. En su obra *Derecho flexible. Para una sociología no rigurosa del Derecho*, trad. y prólogo de L. Díez-Picazo, Madrid, 1974, p. 359.

22. Como, entre otros, los de BELLAVISTA, G.: *L'interpretazione della legge penale*, Milán, 1975; o, en España, el de GONZÁLEZ GARCÍA (*La interpretación de las normas tributarias*, Pamplona, 1997).

de las normas introduce un factor con cuyo empleo, ciertamente muy delicado, es posible en alguna medida acomodar los preceptos jurídicos a circunstancias surgidas con posterioridad a la formación de aquellos».

* * *

Sospecha Pérez Álvarez[23], que su antecedente más cercano fue el art. 9 del CC portugués de 1961, que, textual e íntegramente, dice en sus tres apartados: «*1. A interpretação não deve cingir-se à letra da lei, mas reconstituir a partir dos textos o pensamento legislativo, tendo sobretudo em conta a unidade do sistema jurídico, as circunstâncias em que a lei foi elaborada e as condições específicas do tempo em que é aplicada. (...) 2. Não pode, porém, ser considerado pelo intérprete o pensamento legislativo que não tenha na letra da lei um mínimo de correspondência verbal, ainda que imperfeitamente expresso. (...) 3. Na fixação do sentido e alcance da lei, o intérprete presumirá que o legislador consagrou as soluções mais acertadas e soube exprimir o seu pensamento em termos adequados*».

Sin la necesidad, por nuestra parte, de verificar si, en efecto, tal norma fue, o no, tenida en cuenta por el legislador español de 1974, y que el propio Pérez Álvarez dice ignorar por no poder extraerlo de sus precedentes más inmediatos[24], lo evidente es que la redacción de ambas normas, como se verá, presenta importantes diferencias (no ya solo en el tema que aquí nos ocupa, sino en general sobre interpretación, híbrida la portuguesa frente a la postura intencionadamente objetivista que en favor de la *ratio legis*, por encima de la *voluntas legislatoris*, toma la española). De ahí que no nos parezca muy útil el recurso a la norma portuguesa a fin de interpretar –históricamente– el art. 3.1 CC español.

* * *

Curiosamente, a pesar del tiempo transcurrido, y del recurrente empleo que la jurisprudencia ha venido en él haciendo del criterio sociológico, en un plano dogmático, o puramente doctrinal, dicha jurisprudencia no ha avanzado mucho desde que aquella pionera STS de 21 noviembre 1934 abordara, por primera vez, y sin apoyo normativo expreso, dicho criterio. Toda la doctrina oficial que sobre él existe fue, prácticamente, vertida en aquella STS, cuyo razonamiento, que sin duda lo es de su Ponente Castán Tobeñas, merece, por ello, ser íntegramente reproducido a continuación (amén de que haya de ser en algunos de sus pasajes tan recordado a lo largo del presente estudio).

Decía, en efecto, en su Considerando 2.º: «*Que, aun sin acoger todas las conclusiones propugnadas por los partidarios del llamado método histórico-evolutivo de interpretación de las normas jurídicas, puede admitirse hoy, como doctrina*

23. *Realidad social y jurisprudencia. Diez tesis sobre la realidad social en cuanto canon de interpretación de las normas*, Madrid, 2005, p. 47.
24. Vistos en sus prolijas explicaciones (hechas en las pp. 49 a 59), dedicadas al *iter* formativo del art. 3.1 CC.

ponderada y de muy general aceptación, la de que no bastan, para realizar cumplidamente la función interpretativa, los elementos gramaticales y lógicos, pues si la ley ha de estar en contacto con las exigencias de la vida real, que constituyen su razón de ser, es preciso que los resultados que se obtengan merced a esos dos elementos clásicos sean reforzados y controlados por la aplicación del que suele llamarse elemento sociológico, integrado por aquella serie de factores –ideológicos, morales y económicos– que revelan y plasman las necesidades y el espíritu de la comunidad en cada momento histórico; y si bien es cierto que estos factores, aparte de que no pueden nunca autorizar al intérprete para modificar o inaplicar la norma y sí sólo para suavizarla hasta donde permita el contenido del texto que entra en juego, requieren en su utilización mucho tino y prudencia; porque envuelve grave riesgo de arbitrariedad el entregar al criterio subjetivo del Juez apreciaciones tan delicadas como la de la conciencia moral de un pueblo, se ha de reconocer que su aplicación se hace más segura y decisiva cuando se trata, no de estados de conciencia todavía nebulosos o en vías de formación, sino de tendencias o ideas que han penetrado ya en el sistema de la legislación positiva o han obtenido su reconocimiento, de manera inequívoca, en la ley suprema del Estado».

He ahí quintaesenciado el criterio sociológico según explicación de nuestro TS. Tal vez por ello, la posterior jurisprudencia haya seguido, muchas veces por mimetismo, lo ya dicho en aquella STS de 1934, sin aportar en un plano doctrinal y abstracto nada nuevo, limitándose la mayor de las veces a repetirla, íntegra o fragmentariamente, y en ocasiones solo para cambiar algunas de sus palabras, aunque manteniendo el mismo entendimiento acerca del criterio sociológico o evolutivo.

Quizás la excepción a tal postura haya venido de manos de la ya mencionada STC 198/2012, de 6 noviembre, que seguramente por encontrar cobijo exclusivo en aquel criterio interpretativo a fin de adecuar la Ley del matrimonio «homosexual» al art. 32.1 CE, no tuvo más remedio que adentrarse y profundizar más aún de lo hasta entonces hecho en el significado de la *«realidad social»*, que en dicha sentencia se identificaría con la *«cultura jurídica»*.

En efecto, en ella se decía que una posible *«lectura evolutiva de la Constitución... nos lleva a desarrollar la noción de cultura jurídica, que hace pensar en el Derecho como un fenómeno social vinculado a la realidad en que se desarrolla y que ya ha sido evocada en nuestra jurisprudencia previa (SSTC 17/1985, de 9 de febrero, FJ 4; 89/1993, de 12 de marzo, FJ 3; 341/1993, de 18 de noviembre, FJ 3; 29/1995, de 6 de febrero, FJ 3; y 298/2000, de 11 de diciembre, FJ 11). Pues bien, la cultura jurídica no se construye sólo desde la interpretación literal, sistemática u originalista de los textos jurídicos, sino que también contribuyen a su configuración la observación de la realidad social jurídicamente relevante, sin que esto signifique otorgar fuerza normativa directa a lo fáctico, las opiniones de la doctrina jurídica y de los órganos consultivos previstos en el propio ordenamiento, el Derecho comparado que se da en un entorno socio-cultural próximo y, en materia de la construcción de la cultura jurídica de los derechos, la actividad internacional de los Estados manifestada en los tratados internacionales, en la jurisprudencia de los órganos internacionales que los interpretan, y en las opiniones y dictámenes elaboradas por los órganos competentes del sistema de Naciones Unidas, así como por otros organismos internacionales de reconocida posición».*

Pero salvo esta excepción habida en la jurisprudencia constitucional, ha sido en su lugar la doctrina científica la que, con mayor esfuerzo dogmático, se ha preocupado de profundizar en aquella doctrina oficial, embrionariamente contenida en aquella STS de 1934 y solo casuísticamente enriquecida por la posterior jurisprudencia. Así hasta alcanzar algunos lugares hoy comunes en la doctrina (sobre la finalidad y los riesgos de tal herramienta interpretativa, sobre sus premisas, y posibles resultados, ...), que, sin embargo, van a ser objeto de revisión crítica en las siguientes páginas.

Adviértase, pues, desde este instante al posible lector que no encontrará aquí simplemente expuesto el *status quaestionis*, doctrinal y jurisprudencial, sobre la interpretación sociológica o evolutiva, ni acerca de los orígenes y evolución de las tesis doctrinales que la tratan (que si la Escuela científica francesa, en la que destaca Geny, o la italiana, donde sobresale Degni, o la Escuela alemana de Derecho libre, entre cuyos padres destaca Enrlich, ...). Al respecto, mayor utilidad presentan otros estudios[25], como los de Castán Tobeñas, Lacruz Berdejo, López y López o Martínez de Aguirre, y algunos otros, incluso monográficos, como los de Pérez Álvarez[26] y Pabón de Acuña, que, no en vano, son en muchas ocasiones el germen de los tópicos vertidos sobre la interpretación evolutiva que, a continuación, en este trabajo, se pretenden revisar. Yo mismo he abordado la cuestión relativa a la interpretación sociológica, pero tan solo de un modo tangencial o colateral, a propósito de otros temas –que eran los rectamente estudiados– en los que se aplicaba aquel mecanismo interpretativo (como en los citados sobre el matrimonio entre personas de igual sexo, las parejas de hecho, la transexualidad, ..., o incluso tratando la custodia de animales domésticos en caso de crisis familiar[27]).

25. Cuyos autores se citan a continuación en texto y cuyas obras se referencian a lo largo del presente estudio, así como mencionadas en la bibliografía final.

26. A cuya exposición más detallada (que hace en su obra *Interpretación y jurisprudencia. Estudio del artículo 3.1 del Código Civil*, Pamplona, 1994, pp. 32 y ss.), sobre los orígenes y las variantes de la interpretación sociológica (sobre la Escuela Libre de Derecho francesa, el método histórico-evolutivo italiano, ...), nos remitimos.

27. Me refiero a mi monografía sobre *Crisis familiares y animales domésticos*, Madrid, 2019 (1.ª ed.), donde, frente a la posición rigurosamente patrimonialista de nuestros tribunales, que solo resolvían según quién de la pareja fuese el dueño del animal, proponía yo que la mascota se estimase como parte de la vivienda familiar, desde una interpretación lógica, histórica a la par que sociológica y sistemática de los arts. 96, 334.6.º y 465 CC sobre los llamados bienes inmuebles por destinación); lo hacía mostrándome respetuoso con nuestra tradición histórica que se remonta al propio Derecho romano (y que considera a los animales como

Parece ya, pues, buena ocasión personal para abordar con alcance general y crítico aquel quinto elemento, interpretativo, como es el sociológico o evolutivo.

Y, para empezar, la propia razón de ser de tal criterio interpretativo; pues de ser tan evidente su finalidad de adecuar la ley a la realidad social cambiante, ¿por qué dicho criterio no fue incluido por Savigny entre sus consabidos cánones interpretativos y se ha aplicado tan tardíamente en nuestro Derecho resultando, sin embargo, hoy tan recurrente, a la par que debatido?

En el fondo, es preguntarse por el origen mismo y por la finalidad a que sirve ese misterioso quinto elemento, que es el sociológico o evolutivo. Veámoslo.

cosas –aunque– con «*animus revertendi*»), adecuándola, no obstante, a la nueva realidad social y jurídica (europea y nacional) que nos rodea desde hace ya un tiempo (y que estima a los animales como seres vivos sensibles, cuyo bienestar, proclamado como nuevo principio general del Derecho, es merecedor de protección jurídica). Hacía yo tal propuesta inspirándome en cierta jurisprudencia menor (como en la SJPI de Valladolid de 27 mayo 2019, conocida como el caso del perro «Bucanero», y la SAP de Barcelona de 10 julio 2014). Pero como el asunto no ha llegado a la verdadera jurisprudencia, que es la del Tribunal Supremo, que es la única cuyo estudio se hará en la presente obra, quede, pues, el asunto de los animales solo aquí y ahora mencionado.

II

Sus contornos

SUMARIO: 3. FINES Y PELIGROS: ENTRE LA CREACIÓN Y LA PETRIFICACIÓN DEL DERECHO. *3.1. Contra el anacronismo en tiempos convulsos. 3.2. (Peligros): entre la inseguridad y la arbitrariedad, entre la adaptación y la corrección o derogación de la norma.* 4. PRESUPUESTOS Y FRONTERAS. *4.1. El sociológico como quinto elemento, pero no siempre el último. 4.2. Los tiempos cambian: entre el sentido histórico y el actual de la norma. 4.3. Contra el culto a la letra de la ley: contra tenorem, rationis iuris.*

3. FINES Y PELIGROS: ENTRE LA CREACIÓN Y LA PETRIFICACIÓN DEL DERECHO

3.1. CONTRA EL ANACRONISMO EN TIEMPOS CONVULSOS

La finalidad de la interpretación sociológica es una, en principio, bien sencilla y evidente: evitar el anacronismo[1], impedir la petrificación del Derecho; hacer de la norma un ente vivo que por sí solo, sin necesidad de estricta e incesante reforma, sea capaz de adecuarse a los nuevos tiempos, a las nuevas realidades (sociales, económicas, políticas, culturales, ...).

Ya lo decía la STS de 21 noviembre 1934 antes transcrita, cuando dice: «... *pues si la ley ha de estar en contacto con las exigencias de la vida real, que constituyen su razón de ser, es preciso que los resultados que se obtengan merced a esos dos elementos clásicos sean reforzados y controlados por la aplicación del que suele llamarse elemento sociológico*».

1. Dice DE PAGE, H. (*De l'interpretation des lois: contribution à la recherche d'une méthode positive et théories en presence*, Bruselas, 1925, p. 201), que el intérprete debe afinar o adaptar la ley a las necesidades sociales, (p. 202), «le juge s'inspirera, de même, de l'utilità sociale parce que la loi n'est pas un but, mais un moyen». Y añadirá después (en la p. 203), que interpretar una ley antigua conforme al espíritu que inspiró su confección constituiría «un anachronisme. Sous peine de manguer son but, elle –el intérprete– doit être rajeunie par une interprétation conforme à l'espirit du temps ou elle est appliquée».

Dentro de la doctrina, de entre tantos juristas que en su día fueron pioneros en la defensa de aquel modo de interpretar –sociológica o evolutivamente– la norma y que han dedicado buena parte de su obra y pensamiento a tal cuestión (como Saleilles o Geny, bajo la denominada Escuela libre del Derecho, en Francia, o como Degni, Cogliolo, Ferrara o Ruggiero, con el método histórico-evolutivo, en Italia)[2], permítasenos, sin embargo, exponer la breve reflexión de un ilustre jurista español, en absoluto sospechoso de ser vehemente defensor de tal método, pero que, tras unos comienzos recelosos al respecto[3], finalmente, en su obra cumbre, lo termina presuponiendo como connatural al Derecho. Nos referimos al maestro De Castro, quien decía (en su *Derecho Civil de España*, Madrid, 1984, p. 460): «El texto legislativo más claro necesita de la interpretación y no sólo porque el lenguaje requiere siempre de una interpretación racional, y más cuando se trata de lenguaje técnico, sino porque es necesario averiguar su *sentido normativo*. Si al formularse una ley se logra expresar su fin de modo perfecto, puede parecer que a la ciencia jurídica nada le cabe ya hacer; pero debe advertirse que el sentido de una ley no está sólo creado por ella, sino que resulta de su puesto en el ordenamiento; situación y sentido que tampoco son fijos o invariables, sino que pueden cambiar, en función de la situación actual de la norma en el ordenamiento jurídico.(...) Esta *variabilidad* de la interpretación no es una invención anarquizante de la escuela del Derecho libre, sino que resulta de la propia naturaleza del Derecho. La autoridad que da valor a la ley no es la del antiguo soberano, sino la de quien le mantiene hoy en vigor; la razón que justifica la ley no es el por qué se diera en el momento de su promulgación, sino el valor que tenga y conserve en el ordenamiento actual, aquello en que pueda continuar sirviendo al bien común y a la Justicia».

A la justicia, precisamente, responde el método evolutivo, por muy inseguro que pueda resultar hallar y conocer la realidad social, decía Guido Fassó[4]: «Il problema infatti, non domentichiamolo, é soprattutto questo: l'attuale disorientamento in tema di rapporto fra giudice e legge –che– é dovuto ... al rapidissimo invecchiare di norme che al momento della loro emanazione erano riconosciute come "giuste", e che la trasformazione della società e conseguentemente della coscienza morale fa sentire inadeguate ad essa, non più adatte a regolare la vita sociale: "ingiuste" perché non più rispondenti ai loro fini».

Que siendo tan inmanente a la propia finalidad del Derecho su adecuación a los nuevos tiempos, no se haya advertido mucho antes la necesidad de la interpretación sociológica como el quinto elemento hermenéutico (no incluido, adviértase, en la sistemática tan influyente de Savigny), solo se debe, según el propio Fassó, a que, prácticamente, desde la revolución industrial, y luego, más

2. Para quien desee tener una visión completa panorámica de tales autores y doctrinas, de nuevo nos remitimos a la detallada exposición hecha por PÉREZ ÁLVAREZ (p. 32 ss.).
3. En su trabajo «Naturaleza de las reglas para la interpretación de la ley», en *ADC*, 1977.
4. En «Il giudice e l'adeguamento del diritto alla realtà storico-sociale», en sus *Scritti di Filosofia del Diritto, II*, Milán, 1982, p. 1001.

agudamente, después de la Gran Guerra, la sociedad no haya vivido constantes y veloces cambios, sin precedentes en la Historia, como hasta entonces, a los que el legislador no ha podido, ni puede, en término razonable dar pronta respuesta, ni para los que la ley existente resulta por sí misma del todo satisfactoria[5].

Sugerentes, aunque probablemente utópicas, han sido al respecto las propuestas de algunos, como, sobre todo, las de Geny[6], quien proponía la creación de unos órganos seudo-parlamentarios de control y actualización de la ley. Tal vez ello justifique, por ejemplo, la Disposición Adicional de nuestro CC (redactada ya en 1889, y aún hoy en teórico vigor, cuando no existía un precepto correlativo al actual art. 3.1 CC), en su previsión de la Comisión de Codificación como revisora decenal del texto codicial, y que tan olvidada ha sido en su aplicación real. Con todo, parece no advertir, y lógico que no lo haga por la fecha de su trabajo, en que tal órgano seudo-parlamentario existió, y en Francia precisamente: el conocido como *Référé legislatif* en los tiempos iniciales del *Code*, antes que se delegara tal función interpretativa nomofiláctica –precisamente– en los Tribunales de casación por toda Europa, creado a tal fin, para evitar la parálisis del poder legislativo a cada duda que para entender y aplicar cada ley tuviera cada juez en cada caso. Otros, en cambio, como Pérez Algar[7], para quien la lentitud parlamentaria no es algo natural y congénito, sino producto de la «pereza normativa», propone (en p. 97), la realización de continuos *refrenda*, elecciones, u otras fórmulas de democracia directa, como alternativa a la propia previsión del actual art. 3.1 CC.

3.2. (PELIGROS): ENTRE LA INSEGURIDAD Y LA ARBITRARIEDAD, ENTRE LA ADAPTACIÓN Y LA CORRECCIÓN O DEROGACIÓN DE LA NORMA

No vamos a negar, desde luego, que el peligro principal que siempre ha representado la interpretación sociológica[8] es posibilitar la ilegítima creación

5. Así lo explica, FASSÓ (pp. 990 ss.), que el cambio de mentalidad del jurista en este punto se produce con el paso de una burguesía agrícola a una burguesía industrial, acrecentada, sobre todo, tras la II Guerra Mundial, lo que provoca el paso de una visión estática del Derecho (al concebirse como algo racional, lógico, que, por tanto, no admite libertad ninguna en su interpretación), a una visión más dinámica (reflejadas en el movimiento del Derecho libre, en la sociología jurídica, o en la escuela científica de Geny como crítica a la escuela de la exégesis precedente). Destacables también al respecto, siguen siendo las reflexiones de ESSER, J. (*Principio y norma en la elaboración jurisprudencial del Derecho privado*, trad., E. Valentí Fiol, Barcelona, 1961, pp. 223 a 226, 334 y 335, entre otras).
6. Hechas en las conclusiones de su obra *Método de interpretación y fuentes del Derecho privado positivo*, con Prólogo de R. Saleilles, Madrid, 1925.
7. En *La interpretación histórica de las normas jurídicas. Análisis del artículo 3.1 del Código Civil*, Barcelona, 1995, pp. 99 ss.
8. O más bien, como habrá ocasión de ver, la Escuela libre del Derecho, que aboga por la búsqueda de una realidad social sin apoyo legal, a diferencia del método histórico-evolutivo, que la condiciona contenida o reflejada, de algún modo, en el propio sistema jurídico.

–o la derogación, como su reverso– de nuevas –o incluso de viejas– normas; ilegítimas en su procedencia, por cuanto lo común es que la interpretación de las normas quede en manos de quienes tienen –solo– el deber de aplicarlas, no el de crearlas –ni derogarlas–. Ha sido el constante temor ante la creación libre del Derecho, especialmente en manos de jueces que, sin apoyo en costumbre alguna y fundados en su apreciación personal –subjetiva, y puede que arbitraria– de la realidad (en sus «prejuicios, fobias e intereses personales», decía Sagüés[9]), conviertan lo fáctico en jurídico; con la consiguiente incerteza que ello genera según cuál sea la interpretación que cada cual haga, de entre los jueces haya[10].

Lo advertía ya la STS de 1934: que dicho método *«envuelve grave riesgo de arbitrariedad el entregar al criterio subjetivo del Juez apreciaciones tan delicadas como la de la conciencia moral»,* y que los nuevos cambios sociales *«no pueden nunca autorizar al intérprete para modificar o inaplicar la norma y sí solo suavizarla hasta donde permita el contenido del texto que entra en juego»*[11]. Lo ha advertido también, más recientemente, la STS de 13 julio 1993: *«Obviamente, esta tarea de atemperación histórica no puede llevar al extremo de desnaturalizar la sustancia de la norma desviando al órgano jurisdiccional de su deber constitucional de sujeción al imperio de la ley (art. 117.1 CE)»*. Para añadir la STS de 10 abril 1995, y muchas otras después[12], que *«la realidad social del tiempo en que han de ser aplicadas las normas no supone la justificación del arbitrio judicial, ni una interpretación laxa de las normas, y, desde luego, excluye que se orille la aplicación de la norma vigente, al caso concreto»*. (*«Debe ser utilizado con prudencia y que en modo alguno permite tergiversar o cambiar el sentido de la Ley»*, añade la STS de 20 diciembre 2006). O como, en la doctrina, decía Lacruz Berdejo[13], «siempre que no conlleve la inaplicación pura y simple de una norma que el legislador no derogó o un efecto retroactivo a la ley nueva que el legislador no dispuso ni siquiera tácitamente»[14].

9. En su trabajo «Interpretación constitucional y Constitución viviente (*living Constitution*)», en *Interpretación constitucional, Tomo II*, coord. E. Ferrer Mac-Gregor, Méjico, 2005, pp. 1017-1032.
10. Así lo describe con mayor profusión PÉREZ ÁLVAREZ (pp. 39 y 40), siguiendo a DEGNI.
11. Lo que, según decía DUALDE, J. (*Una revolución en la lógica del Derecho [Concepto de la interpretación del Derecho privado]*, Barcelona, 1933, p. 160), supondría «la abolición del Poder Legislativo» y «un salto atávico a las sentencias sin ley», porque, en su opinión (p. 145), «interpretar es adaptar, pero adaptar no es derogar».
12. Como, entre otras, las SSTS de 18 diciembre 1997, 26 febrero 2004, 30 junio 2009, ...
13. En sus *Elementos de Derecho Civil: Parte General del Derecho Civil, volumen 1.º: Introducción*, Barcelona, 1988, p. 283.
14. Siguiéndole, MARTÍNEZ DE AGUIRRE, C. («El criterio de la realidad social en la interpretación de las normas jurídicas [Comentario a la STS de 31 abril 1984]», en *ADC*, 1985, p. 217); o PÉREZ ÁLVAREZ (pp. 131 ss. y 152 ss.), quien se muestra contrario tanto a la inaplicación como a una interpretación correctora de la norma, que considera vetado por la necesaria sujeción de los jueces a la Ley (*ex* arts. 9.3 y 117.1 CE).

Precisamente, en todos los votos particulares hechos por ciertos Magistrados a la STC 198/2012, de 6 noviembre, referida a la constitucionalidad de la Ley sobre matrimonio igualitario, latía una misma idea general: negar virtualidad a la interpretación sociológica o evolutiva cuando desde la letra y génesis de la norma (esto es, desde una interpretación literal e histórica), quedaba claro su sentido y significado; de modo que si había intención de cambiarlo el único medio para hacerlo sería el de su reforma; en el caso de la Constitución mediante el procedimiento previsto en ella, que, no en vano, por ello mismo se estima como una Constitución rígida[15]. Otro tanto criticaba Bercovitz a la Instrucción de 23 octubre 2018 en su interpretación evolutiva y correctora de la Ley «trans» de 2007[16]. Se retomaba, así, una posición existente en la doctrina constitucionalista, defendida, brillantemente sin duda, por Sagüés[17], para quien admitir una especie de «Constitución viviente» terminaría conduciendo a una «Constitución flexible –no rígida– y plástica», lo que, en su opinión, avocaría a una «Constitución no real».

En la lectura de algunos de aquellos pasajes, contrarios a la constitucionalidad del matrimonio «homosexual», no se sabe si se habla de la Constitución, o del Derecho Canónico. Pues, en efecto, según explica en un interesante artículo Gregorio Delgado[18], en la posible interpretación evolutiva del Derecho canónico hay que respetar dos límites: uno, como realidad inmutable, es el Derecho Natural, que no puede cambiar sustancialmente por muy cambiante que sea la realidad social; y otro, que el cambio de la realidad social, parte integrante de la norma, sea tan sustancial y radical, que no quepa interpretarla, sino derogarla o reformarla (conforme a los mecanismos que sean aptos para tal fin).

15. Como representativa de las demás, destaca aquel fragmento del voto particular del Magistrado Ollero Tassara cuando dice: «Sin duda la interpretación literal de las normas puede resultar en más de una ocasión insuficiente a la hora de precisar su sentido. No puede en efecto considerarse como la única vía para determinar hermenéuticamente el sentido de una norma; pero que el sentido propio de las palabras no sea siempre suficiente como "único" criterio interpretativo no quita que sea siempre obligadamente el "primero" de ellos; sobre todo en una norma como la constitucional cuya relevancia se apoya en su postulada "rigidez"».

16. Para quien «Los argumentos que se refieren a las necesidades de las personas transexuales merecen respeto, y deberían valer para propiciar el cambio legislativo que se quiere, pero los argumentos jurídicos con los que se pretende adelantar ese cambio legislativo a través de una Instrucción no son válidos para derogar la ley, ni la Ley 3/2007, ni la vigente Ley del Registro Civil. Y es que la interpretación correctora de la ley no puede desconocer que la interpretación debe respetar en todo caso el tenor literal de la norma interpretada ("el sentido propio de sus palabras" –art. 3 del Código Civil–), so pena de infringirla».

17. En su trabajo «Interpretación constitucional y Constitución viviente (*living Constitution*)», en *Interpretación constitucional, Tomo II*, coord. E. Ferrer Mac-Gregor, Méjico, 2005, pp. 1017-1032.

18. «La interpretación evolutiva de la norma», en *Ius Canonicum*, vol. XVI, n.º 32 (pp. 133 y 134).

Dejemos, sin embargo, el Derecho Canónico, como el Islámico o cualquier otro de raíz religiosa, y vayamos a nuestra Constitución, dando al César lo que es del César (pues así lo exige el art. 16 CE).

Es, según creemos, en la pretendida inamovilidad del sentido literal e histórico de la norma donde yerran aquellas opiniones contrarias a la interpretación sociológica (en general, o para el caso particular al que se aplique): acaso como si toda interpretación evolutiva hubiera de ser declarativa en su resultado (y, por tanto, siempre inútil), sin poder ser en ningún caso modificativa o correctora, o como si solo la interpretación evolutiva tuviese un posible resultado modificador de la norma; o acaso como si, más en general, entre una interpretación modificativa o correctora de la norma y su estricta reforma no hubiera diferencia, exigiéndose entonces que todo cambio en la norma deba pasar por su previa reforma parlamentaria. Y, en cuanto a ciertas afirmaciones de nuestra jurisprudencia, ¿qué significa que el intérprete no puede *«modificar»* la norma, pero *«sí solo suavizarla»* (según decía la STS de 1934): qué es *«suavizar»* sino un modo de modificar (cuando la ley es sancionadora, o dijo más de lo que quiso, ...)?; ¿acaso, entonces, toda interpretación sociológica debe ser restrictiva –y por ello, ahora sí, modificativa–, pero no *«laxa»* (en el decir de la STS de 1995 citada): mas cómo se es suave sin ser laxo?; ...

De admitirse tales consecuencias derivadas de aquella primera idea, de un plumazo quedaría obviado que «las leyes están hechas para los hombres, y no los hombres para las leyes» (según conocida máxima de Portalis[19])[20], y quedaría negada la propia utilidad de toda hermenéutica, al quedar esta limitada a ser un mero subrayado de la ley, cuando el riesgo que se achaca a la interpretación evolutiva, en verdad, es inmanente a toda interpretación. Ya lo decía el maestro De Castro (p. 164), reproduciendo a C. Schmitt, que «la interpretación de toda ley está entre Scylla y Charibdis».

Y en materia de interpretación sociológica, la propia experiencia, observable en la propia jurisprudencia ordinaria española, demuestra todo lo contrario: que el resultado a que puede llevar dicho método interpretativo puede ser la modificación, o la corrección incluso, de la norma.

---

19. En su *Discurso Preliminar al Código Civil francés*, introducción y traducción de I. Cremades y L. Gutiérrez-Masson, Madrid, 1997, p. 32.

20. Uno de los padres del método sociológico, DEGNI (que tomamos aquí de Pérez Álvarez, p. 38), decía: «No es la vida social la que debe plegarse a los principios y a la teoría jurídica, sino éstos quienes deben adaptarse a los hechos y a las exigencias de la vida». En cambio, en el voto particular a la STC 198/2012, de 6 noviembre, del Magistrado Ollero Tassara, afirma este lo contrario, cuando niega que «la Constitución "a través de una interpretación evolutiva se acomoda a las realidades de la vida moderna como medio para asegurar su propia relevancia y legitimidad". Aceptarlo equivaldría a admitir que no es la Constitución la que certifica y garantiza la legitimidad de las conductas sociales y políticas, sino que sería su texto el que cobraría legitimidad acomodándose a ellas».

Por ejemplo: interpretando el art. 944 del Código de Comercio desde el art. 1973 CC y una legión de posteriores leyes mercantiles, para así admitir en dicho ámbito mercantil la interrupción de la prescripción por reclamación extrajudicial de la deuda (y no solo judicial, como *ex laettere* prevé aquel art. 944), según puede verse en las SSTS de 20 octubre 1988, 4 diciembre 1995 o en la de 2 noviembre 2005, sobre todo; así también ha sucedido con la solidaridad del aval a la vista de que dicho régimen rige legalmente en otros contratos por razón de favorecer al acreedor (como en seguros, responsabilidad por daños,...), según puede verse en la STS de 7 marzo 1992; o, precisamente, piénsese en la abundantísima jurisprudencia habida que progresivamente ha objetivado el régimen de responsabilidad por daños hasta prescindir de la exigencia de culpa, en contra de lo que expresamente exige el art. 1902 CC (así desde la STS de 31 marzo 1978)[21]; o como la asimilación del promotor al constructor para hacerle responsable *ex* art. 1591 CC que consagran las SSTS de 17 mayo 1982, 11 febrero 1985 y de 9 marzo 1988. Lo mismo puede decirse de la STS de 21 mayo 2001, cuando, por razones históricas y sociológicas, hace una interpretación extensiva y objetiva del art. 1910 CC; y lo propio había hecho antes la STS de 23 septiembre 1908 CC interpretando sociológica y extensivamente el art. 1903 CC para comprender en tal norma toda relación fundada en *«compromisos sociales»* (por amistad, habitualidad, parentesco, ...). Otro ejemplo, también reciente, es la STS de 6 julio 2000 al aplicar la cobertura que exige la normativa sobre el seguro obligatorio de motor al seguro de caza (cuya normativa no contenía previsión ninguna sobre su cobertura). Porque, según dice aquella STS de 6 julio 2000, *«sería contrario a la realidad sociológica, que tiene en cuenta el art. 3 del CC, reputar de peor condición a quien es víctima por accidente de caza respecto al que lo es por accidente circulatorio, con atentado frontal a la equidad, que faculta buscar la solución justa, que en este caso cuenta con apoyo legal suficiente»*.

Otro supuesto de extensión de la norma se contiene en la STS de 21 diciembre 1990, cuando dentro del concepto de muebles (maquinarias, ...) del art. 334.5.º CC, a los efectos de extensión de la hipoteca (111 LH), incluye –según razona en su Fundamento de Derecho 2.º– los llamados *«pívots»*; o el de la STS de 4 diciembre 1987 que incluye la transferencia bancaria entre los medios de pago a que se refiere el art. 1170.II CC. También, creemos, cabe incluir entre estos supuestos de interpretación sociológica extensiva, la STS de 27 abril 1984, cuando admite la demanda interpuesta por el Vicepresidente (presidente, por entonces, en funciones), de una comunidad de vecinos, contra el recurso que defiende su falta de legitimación por ser un cargo no contemplado en el art. 12 LPH. También puede añadirse el caso de la accesión invertida (que, precisamente, invierte la aplicación del art. 361 CC español), desde la famosa STS de 31 mayo 1949, que, según recordaban no hace mucho la STSJ de Cataluña de 6 abril 1998 y, traduciéndola al castellano, la STSJ Aragón de 7 noviembre 2001,

21. Para cuyo estudio sigue siendo destacable el trabajo de CAVANILLAS MÚGICA: *La transformación de la responsabilidad civil en la jurisprudencia*, Barcelona, 1987, pp. 117 ss.

se fundamenta en una interpretación sociológica de los arts. 358 ss. CC (donde se consagran el principio *superficies solo cedit* y sus consecuencias), invirtiendo (corrigiendo, por tanto), aquel principio hasta entender que el edificio es lo principal y el suelo lo accesorio. Otro ejemplo, dentro de la *praxis* española, puede verse en la legalización de los juegos de azar, en contra de su prohibición contenida en los arts. 1798 ss. CC (así según SSTS de 23 febrero 1988 y 30 enero 1995, donde, muy probablemente, se hizo más bien una interpretación sistemática, según veremos más adelante) ...

Otros ejemplos, más recientes y muy conocidos, hay en el ámbito de la persona y en Derecho de familia: como la legitimación constitucional de las parejas de hecho, cuando la Constitución española solo menciona el matrimonio como institución familiar (en su art. 32, ya referido), y sólo la posibilidad de una unión no conyugal, mas solo cuando proclama la igualdad de trato cualquiera que sea la filiación (en su art. 39, también ya mencionado); o como la «descausalización» del divorcio cuando el CC español exigía, clara y expresamente, la acreditación de alguna causa legal para ello (en esencia, que hubiere habido un incumplimiento grave o reiterado de los deberes conyugales o de los paterno-filiales); o como el caso de la STC 198/2012, de 6 noviembre, sobre la Ley-2005 del matrimonio entre personas del mismo sexo al afirmar su constitucionalidad a partir de una interpretación exclusivamente sociológica del art. 32.1 CE, a pesar de su tenor literal –*«El hombre y la mujer…»*– y de su rastro histórico –que justifica aquella redacción, genuina frente a las demás normas constitucionales que suelen hablar del *«español»*, la *«persona»*, …–, para dejar claro que, conforme al art. 14 CE, se proclamaba la igualdad entre hombres y mujeres también dentro del matrimonio –*«con plena igualdad jurídica»*, según termina diciendo aquel art. 32.1 CE–, lo que, lógicamente, presuponía la diversidad de sexo entre los cónyuges: ¿para qué si no proclamar tal igualdad si los cónyuges podían ser del mismo sexo?; o como, por último, la interpretación evolutiva hecha más recientemente por la Dirección General de los Registros y del Notariado (y que ella misma en el Preámbulo de su Instrucción de 23 octubre 2018 considera una interpretación «correctora»[22]), permitiendo el cambio de nombre al transexual, aunque sea un menor de edad y no se haya sometido a ningún tratamiento médico (hormonal, ni quirúrgico), frente a lo que, intencionada y expresamente, exigía la Ley de 2007, cuando solo permitía tal cambio a mayores de edad que, como regla general, se hubieran sometido a dicho tratamiento…

22. Creía, sin embargo, BERCOVITZ (*ult. loc. cit.*), que la Instrucción no había hecho una simple corrección de la ley, sino que ilegítimamente la había derogado: «Lo que esta Instrucción ordena a los encargados del Registro Civil es que incumplan tanto la Ley 3/2017 como la Ley del Registro Civil, en aras de lo que considera que sería una regulación mejor para facilitar la modificación del nombre de las personas transexuales en el Registro Civil. Pero esa labor le corresponde al legislativo y no al Ministerio de Justicia. Desconocer esta evidencia –que lo es en este caso– supone socavar nuestro Estado de Derecho, por muy buenas que sean las intenciones de quien pretenda erigirse en legislador con la cobertura de una

Solo existe, que sepamos tras nuestro rastreo, un par de casos en que la jurisprudencia ha venido a hacer una interpretación meramente declarativa desde la realidad social (una excepción, por tanto, que no hace más que confirmar la regla general opuesta): el del art. 135 CC (sobre reconocimiento de la paternidad), aunque en realidad lo hizo desde una interpretación histórica, al interpretar dicha norma con generosidad (negando así su originaria restricción), al entender que aquel art. 135 CC había introducido una novedad acorde con la nueva realidad social frente al Derecho histórico (más restrictivo en materia de reconocimiento forzoso de hijos naturales), que, precisamente, recogía el art. 127 del proyecto de CC de 1851 y la Base 5.ª de la Ley de Bases de 11 mayo 1888 (según puede verse explicado con detenimiento en las SSTS de 25 mayo 1945, 24 mayo 1956, 16 mayo 1963, 24 enero 1966,...); en sentido estricto, solo haría auténtica interpretación sociológica del art. 135 CC la RDGRyN de 26 diciembre 1968 –ya mencionada al principio de este trabajo–, al interpretar dicha norma desde el nuevo espíritu contenido en el art. 129 LRC (de 1957), y desde el Derecho Civil catalán, por entonces recientemente Compilado. En la misma línea, creemos, debe incluirse la STS de 21 octubre 1994, que, contra lo que venía siendo jurisprudencia menor (de exigir gravedad y reiteración en el incumplimiento de los deberes conyugales a fin de instar la separación conyugal), afirma la suficiencia de la gravedad, sin reiteración en el caso (de agresión física condenada incluso penalmente), ante la literalidad de la norma (con el «*o*»), y dada la nueva realidad social de la mayor valoración de la dignidad humana *ex* arts. 10 y 15 CE.

* * *

¿Y acaso en todos estos casos –brevemente– expuestos la jurisprudencia se ha excedido y ha abusado de tal criterio, incurriendo en sus peligros tan advertidos? En absoluto. La posición reacia al alcance corrector (sobre todo, al derogatorio) de tal método de interpretación, que actualmente muestran la doctrina

pretendida interpretación correctora de la ley». En mi opinión, al margen de que tal posibilidad, ciertamente extrema, no deba de antemano rechazarse –no en vano, toda derogación tácita opera por vía interpretativa, sin que (como veremos más adelante), nada impida que la interpretación sociológica, conjuntamente con otros criterios interpretativos, tenga tal resultado–, no me parece que ese fuese el caso de aquella Instrucción: esta no llegó a no aplicar la Ley-2007 (lo que, sin duda, sí supondría su derogación), sino a corregirla, a modificarla, extensiva y restrictivamente, en su ámbito de aplicación: por un lado, ampliando su ámbito subjetivo (para incluir a los menores de edad) –he aquí la modificación extensiva–, y, por otro, relajando o aminorando su ámbito objetivo, al no requerir tratamiento médico ninguno –he aquí la modificación restrictiva–, pero –obsérvese– para permitir –solo– el cambio de nombre, mas no la rectificación del sexo, respetando, así, los requisitos que para tal rectificación exigía por entonces la Ley-2007. Auténtica corrección, rayana, ciertamente, con la derogación, hubiera sido también admitir tal rectificación del sexo sin aquellos tratamientos médicos requeridos por la ley; lo que, sin embargo, en mi opinión hubiera sido lo más acertado.

y la jurisprudencia españolas[23], constituye, en nuestra opinión[24], mero mimetismo –anacrónico, hoy– de las primeras doctrina y jurisprudencia que así también lo negaban, más porque por entonces la posición generalizada era contraria a que cualquier interpretación, cualquiera que fuese el criterio hermenéutico empleado, llevase a la corrección (más aún, a la derogación), de la norma interpretada, por entender que, en general, la interpretación servía para averiguar el modo en que la norma debía aplicarse, no en sí si tal norma era o no aplicable, estaba o no aún vigente.

Recuérdese, por todos, a Savigny[25], quien solo admitía la interpretación extensiva o restrictiva, pero jamás la correctora, con afirmaciones tales como que «el intérprete que pretende corregir el pensamiento de la ley, su realidad misma y no su apariencia, se coloca por encima del legislador y desconoce los límites de sus poderes: su obra entonces no es la interpretación, sino una verdadera formación del derecho», que «harían completamente arbitraria la interpretación é inferirían un mortal ataque al principio saludable de la fijeza de las leyes»; para él «podría recurrirse con provecho á la extensión ó restricción sacada del motivo de la ley, pero no como interpretación, sino como desenvolvimiento progresivo del derecho», por cuanto que «la interpretación extensiva ó restrictiva propiamente dicha, que consiste, no en corregir la ley, sino en establecer su pensamiento oscurecido por la letra del texto».

O, recuérdese, *vgr.*, la posición inicial de la doctrina francesa contemporánea al *Code*, para cuya norma el propio Napoleón vetaba cualquier interpretación que no fuese declarativa de la norma codificada; lo cual justificaba la mera exégesis del texto, el culto a la letra de la ley, en particular al texto del *Code Napoleon* (famosa es aquella frase atribuida por Geny a Bugnet: «Je ne connais pas le Droit Civil; je n'enseigne quel Code Napoleon», tan contrario este a la interpretación, según expresó en sus Pensamientos: «La ley debe ser clara, precisa y uniforme: interpretarla es corromperla»). Creyendo que su magna obra jurídica (el *Code*) sería culmen, definitiva e inmortal, pensaba que la ley quedaba agotada en su letra, plenamente coincidente con su espíritu y voluntad (que, no en vano, era la de sus componedores, como autores de la ley –la *voluntas legislatoris*–). En su mentalidad, en su lógica, no había, pues, lugar para el comentario, la discusión, ... Al ser la ley clara y completa, no era necesaria ninguna creatividad en

23. En la doctrina española, rechazan la corrección (y mucho más la derogación), de la norma fundada en su interpretación exclusivamente sociológica, DUALDE (pp. 145 y 159), para quien «adaptar no es derogar», aunque luego admite la fuerza derogatoria de una costumbre *contra legem*; LACRUZ (pp. 283 ss.); PÉREZ ÁLVAREZ (pp. 58 ss., y 152 a 154, sobre todo), este fundamentalmente porque tal criterio interpretativo, como le sucede al histórico, carece de valor normativo.

24. Como hace tiempo advertía ASCARELLI, T.: «Norma giuridica e realtà sociale», en *Problemi Giuridici, I*, Milán, 1959, p. 96 ss.

25. En su *Sistema de Derecho romano actual, Tomo I*, trad., Madrid, 1878, pp. 216 a 219.

su aplicación. Ni la interpretación, ni la integración de la ley tenían cabida en aquel sistema legal perfecto. El juez debía ser mero transmisor de la norma («la boca muda de la ley», en expresión conocida de Montesquieu, en su visión tan radical de la división de Poderes, sin duda harto justificada por una desconfianza hacia una clase judicial, antaño servil al monarca absoluto, en cuyo nombre y representación aquella clase sentenciaba). Eran tiempos en que la voluntad del legislador era –real o simbólicamente– la contenida en la ley, de modo que, a fin de evitar cualquier tergiversación de su voluntad suprema, nadie podía interpretar su ley, que lo sería de la voluntad del legislador, o bien ésta solo podía ser interpretada por él mismo (a través de otras leyes suyas, al modo de las viejas Constituciones y rescriptos justinianeos), o por quien por él fuese autorizado, cuya doctrina formaba auténtica jurisprudencia (piénsese en los órganos consultivos delegados por el poder parlamentario, como, por ejemplo, precisamente fue el *Référé legislatif* en los tiempos iniciales del *Code*, como antecedente de los Tribunales de casación, cuya jurisprudencia dejaría ya de ser interpretación auténtica de la ley). Negaban, así, la posibilidad de cualquier corrección incluso algunos de los propios partidarios del método sociológico, como Geny (pp. 244 ss.); y, en Italia, el mismísimo De Ruggiero (pp. 146 y 147), a quien prácticamente parafrasearía nuestra STS de 21 noviembre 1934[26].

Eran, en fin, tiempos en que, como opinión generalizada, la derogación o la retroacción tácita no eran admitidas (si es que llegaban a plantearse si quiera tales cuestiones). Hoy, en cambio, tal opinión no existe al ser ambos fenómenos admitidos legalmente (cfr., el art. 2 CC), y alcanzables siempre por vía inter-

26. De ahí, según creemos, que fueran tan revolucionarias y criticadas por entonces las sentencias del famoso juez Magnaud (popularmente conocido como el «buen juez», tal vez comparable, al menos en su popularidad, a nuestro juez Calatayud), tildado por muchos como juez-legislador, creador de normas en sus sentencias, cuando, como él mismo explicaba, no hacía más que interpretación expansiva de las normas francesas (según puede verse en LEYRET, H.: *Las sentencias del Magistrado Magnaud*, trad., con prólogo y notas de D. Díez Enríquez, 2.ª ed., Madrid, 1909, pp. 28 a 42, donde se recoge el caso de lo que luego legalmente se ha venido en llamar el hurto famélico: en él, el hurto de un pan cometido por una madre que pretendía dar de comer a su hijo y a ella misma, es declarado exento por el juez Magnaud al considerarlo cometido por «fuerza irresistible», cual es el hambre de una madre, que la sociedad no sacia y, por ello, tampoco puede castigar al ser más bien ella la víctima de tal injusticia; ante las numerosas críticas, junto a muchas alabanzas también, que dicho Magistrado recibió por fundarse en una supuesta equidad sin amparo legal, replicaría Magnaud negando tal fundamento equitativo, y afirmando que no había hecho más que una interpretación de la norma penal francesa, incluyendo otro caso de fuerza irresistible, como por ejemplo ya lo había hecho antes la jurisprudencia francesa al incluir las mujeres embarazadas; un caso aquel, el del hurto famélico, que Degni, pp. 303 ss., señala como un caso en que desde la interpretación evolutiva se atenúa el rigor del Código Penal, dando una interpretación más rigurosa, más determinante, dentro del propio Código Penal, a la exigencia del ánimo de lucro constitutivo del delito, a fin de interpretar que tal ánimo falta en los casos que hoy estimamos como estados de necesidad).

pretativa[27] –mediante «una delicada tarea interpretativa», decía De Castro (p. 630)– (con la única salvedad, que entendemos por ello anacrónica, referida a la interpretación sociológica).

Súmese a lo dicho que, aunque incluso se niega muchas veces la posibilidad de una *«interpretación laxa»* de la norma interpretada sociológicamente (según decía, entre otras, recuérdese, la STS de 10 abril de 1995), la finalidad que expresamente confería a dicho método el Preámbulo del RD de 1974, de reforma del Título Preliminar del CC, fue, no en vano, posibilitar la interpretación modificativa de las normas[28], cuando dice: *«La ponderación de la realidad social correspondiente al tiempo de aplicación de las normas introduce un factor con cuyo empleo, ciertamente muy delicado, es posible en alguna medida acomodar* –dice– *los preceptos jurídicos a circunstancias surgidas con posterioridad a la formación de aquéllos»*.

Por todo ello, más que rechazar, *a priori*, cualquier resultado interpretativo al que concluya la interpretación sociológica, más bien se trata, como por lo demás sucede con toda interpretación en general, de hallar su punto de partida y de llegada, sus límites, en definitiva, sus presupuestos y fronteras[29].

---

27. Y buena prueba de ello, la consideración de un jurista sin duda moderado, DE CASTRO (pp. 473 y 474), quien, en su clasificación de la interpretación por su resultado, junto a la literal, a la extensiva y a la restrictiva, añadía la derogatoria. Más específicamente, CASTÁN (pp. 269, 270, 285 y 286), entre los casos de interpretación correctora incluía los de inadaptación de la norma a las exigencias sociales del momento en que hubiera aquélla de aplicarse. Hoy, incluso, existen monografías que atestiguan tal posibilidad, en la teoría y en la práctica, como la de DÍEZ-PICAZO GIMÉNEZ, L. M.ª: *La derogación de las leyes*, Madrid, 1990, quien trata profusamente la derogación tácita (en p. 285 ss.); y la de SUÁREZ COLLÍA, J. M.ª: *La retroactividad: normas jurídicas retroactivas e irretroactivas*, Madrid, 2006 –tomada aquí de vlex–, quien, con fundamento en la jurisprudencia habida sobre la retroacción tácita, concluye que «el mandato retroactivo tácito de la norma es reconocible cuando así se derive de su sentido, carácter y finalidad de la ley..., lo que sucede cuando el contenido de la nueva norma revele que para ser aplicada es imprescindible darle aquel efecto..., cuando se trata de eliminar situaciones incompatibles con los fines morales o sociales –dice– de la nueva disposición».
28. Según advierte MARTÍNEZ DE AGUIRRE Y ALDAZ (p. 216), para quien, a la vista de dicho Preámbulo, el criterio sociológico del art. 3.1 CC sirve para cubrir «la aparición de nuevos supuestos de hecho no contemplados por la norma, y a los que se extiende su eficacia por vía de interpretación». Aunque considera que también sirve para «la alteración en la consideración de los hechos ya contemplados por la norma, pero que ésta resuelve con criterios diferentes y aún contrarios a los socialmente vigentes».
29. En el fondo, como advirtiera el propio GENY en las conclusiones a su obra, cualesquiera que sean los peligros de la interpretación sociológica, como por lo demás los hay en todo criterio interpretativo, no debe llevar a su eliminación, sino a la fijación precisa de los límites a respetar en su aplicación. «En el fondo –concluía, en efecto, GENY (p. 672)–, toda la cuestión consiste en esto»; en «fijar la existencia de un límite ante el cual se detenga la obra del intérprete evolucionista» –decía, entre los nuestros, DUALDE (p. 166)–; un límite, en fin, que asegure la seguridad, la «certezza», en el decir de FASSÓ (p. 1001).

4. PRESUPUESTOS Y FRONTERAS

4.1. EL SOCIOLÓGICO COMO QUINTO ELEMENTO, PERO NO SIEMPRE EL ÚLTIMO

Para empezar, rechazar la interpretación sociológica cuando de las palabras y de la historia de la norma se deduce claramente su significado, que aquella interpretación contradice, según apuntaba críticamente Sagüés (p. 1024), supone desconocer la utilidad y el proceder de dicho método interpretativo: a diferencia de los demás mecanismos tradicionales de interpretación de la norma, el progresivo no parte necesariamente de una norma oscura, ambigua, ...[30] Su punto de partida es –o puede ser– una norma clara[31] en su sentido –literal, histórico, sistemático y lógico–, pero que, a causa de nuevas circunstancias –sociales, económicas, culturales, ...– sobrevenidas, ha de ser aquella actualizada en su aplicación a esa nueva realidad. Recuérdese, de nuevo, la vieja STS de 21 noviembre 1934, cuando entendía *«que no bastan, para realizar cumplidamente la función interpretativa, los elementos gramaticales y lógicos, pues si la ley ha de estar en contacto con las exigencias de la vida real, que constituyen su razón de ser, es preciso que los resultados que se obtengan merced a esos dos elementos clásicos sean reforzados y controlados por la aplicación del que suele llamarse elemento sociológico»*[32].

30. Hacemos tal afirmación, aun a pesar de la relatividad contenida en la conocida expresión *«in claris non fit interpretatio»*, y de que, como ya advirtiera el propio SAVIGNY (p. 146), «la interpretación no está restringida, como creen muchos, al caso accidental de oscuridad de la ley; solo que, en este último caso, tiene más importancia y mayores consecuencias». También, entre los españoles, DE CASTRO (p. 462): «El texto más claro necesita de la interpretación y no sólo porque el lenguaje requiere siempre una interpretación racional, y más cuando se trata de lenguaje técnico, sino porque es necesario averiguar su *sentido normativo*. Si al formularse una ley se logra expresar su fin de modo perfecto, puede parecer que a la ciencia jurídica nada le cabe ya hacer; pero debe advertirse que el sentido de una ley no está creado sólo por ella, sino que resulta de su puesto en el ordenamiento; situación y sentido que tampoco son fijos o invariables, sino que pueden cambiar, en función de la situación actual de la norma en el ordenamiento jurídico».
31. Por eso, VALVERDE Y VALVERDE, C. (*Tratado de derecho civil español, Tomo I: Parte general*, 4.ª ed., Valladolid, 1935, p. 103), se refería a ella como interpretación anormal. Únicamente COGLIOLO («L'interpretazione sociale del codice civile», en *Scritti varii di Diritto Privato, vol. I*, 6.ª ed., Turín, 1925, p. 39), consideraba apto aquel método interpretativo solo cuando se tratara de una norma defectuosa u oscura. Más acertado nos parece FERRARA, F. (*Trattato di Dirito Civile italiano, vol. I: Dottrine generali, Parte I: Il Diritto, I soggetti, Le cose*, Roma, 1921, p. 238), cuando habla de imprecisión de la norma, «incerteza nel suo contenuto, se il significato originario non si mostra più armónico con l'indirizzo della nuova legislazione».
32. Y, como opinión bien significativa en la doctrina, nada sospechosa en este punto, recuérdese cuanto nos decía el maestro De Castro (en su reflexión arriba transcrita en el epígrafe 3.1 del cap. II, sobre los fines de la interpretación evolutiva).

De ahí que suela emplearse, según es común decir siguiendo a Lacruz[33], en los «casos límite», como último recurso interpretativo, que opera, ora en auxilio (como argumento *ad abundatiam*), de todos los demás, ora en defecto de todos ellos, cuando no cabe de otro modo aclarar la norma[34]. No en vano, sobre el conocido caso del matrimonio «homosexual», centrada la atención interpretativa en el art. 32 CE, la STC 198/2012, de 6 noviembre, admitía, de forma lacónica y sin ninguna objeción, que ninguno de los elementos tradicionales –o savignianos– de interpretación (del art. 3.1 CC), aplicados al art. 32 CE, permitía sostener la constitucionalidad de la Ley 13/2005[35]. Desechados, así, los clásicos

33. En sus *Elementos de Derecho Civil: Parte General del Derecho Civil, volumen 1.º: Introducción*, Barcelona, 1988, p. 281.
34. *Vid.*, por todos, las reflexiones al respecto de PÉREZ ÁLVAREZ (p. 57 ss.); y de PÉREZ ALGAR (pp. 104 ss.), quien concluye diciendo (en la p. 152), que «la realidad es un elemento interpretativo que sólo está destinado al caso límite; a aquellos casos en los que no hay ningún otro método posible para superar una evidente falta de sintonía entre los valores sociales y los normativos»; o, más recientemente, CARRETERO SÁNCHEZ, S. («El criterio sociológico de interpretación y el papel del juez constitucional», en *Nuevos derechos y nuevas libertades en Europa*, coord. C. Hermida del Llano, 2015, p. 146 ss.), para quien la interpretación sociológica carece de autonomía propia al ser siempre dependiente, sobre todo, de los criterios teleológico y sistemático.
35. Al decir: «*Los recurrentes entienden que la ley impugnada vulnera efectivamente la garantía institucional del matrimonio, basándose en una interpretación originalista del art. 32 CE, compartida por una parte de la doctrina y por el propio dictamen del Consejo General del Poder Judicial a que se hace referencia en los antecedentes. Así, desde una interpretación literal –entendiendo que la referencia expresa al "hombre y la mujer" permite deducir de modo evidente una reserva constitucional del matrimonio a favor de parejas heterosexuales–, desde una interpretación sistemática –si se tienen en cuenta los preceptos constitucionales que, al margen del art. 32 CE, hacen referencia al matrimonio ya sea de modo expreso (art. 39 CE) o implícito (art. 58 CE)–, desde una interpretación auténtica –teniendo presente el devenir del debate constituyente– y desde la interpretación que impone el art. 10.2 CE –considerando que los tratados internacionales sobre la materia ratificados por España no contemplan directamente el matrimonio entre personas del mismo sexo–, entienden los recurrentes que la institución matrimonial configurada por la ley impugnada hace irreconocible la institución clásica del matrimonio, suponiendo una desnaturalización de la institución incompatible con el respeto a la garantía institucional del mismo... Teniendo estos argumentos presentes, es trasladable a nuestro razonamiento la afirmación mantenida por el Tribunal Europeo de Derechos Humanos respecto del art. 12 CEDH, consistente en que "en los años 50, el matrimonio era, evidentemente, entendido en el sentido tradicional de unión entre dos personas de sexo diferente" (STEDH en el asunto Schalk y Kopf c. Austria, de 24 de junio de 2010, § 55). En el año 1978, cuando se redacta el art. 32 CE era entendido mayoritariamente como matrimonio entre personas de distinto sexo, también en el seno de los debates constituyentes. Lo que el constituyente se planteaba en el año 1978 respecto del matrimonio no tenía nada que ver con la orientación sexual de los contrayentes, sino con la voluntad de desligar el matrimonio y la familia, de proclamar la igualdad de los cónyuges en el seno de la institución, y de constitucionalizar la separación y la disolución. Estas cuestiones, así como la determinación de la edad para contraer, protagonizaron casi en exclusiva los debates constituyentes sobre el actual art. 32 CE, que fuera el 27 del Anteproyecto constitucional, y que no encontró su redacción definitiva hasta la Comisión Mixta Congreso-Senado. Dicho de otro modo, en el año 1978, en que se delibera y aprueba el*

criterios de interpretación (literal o gramatical, histórico, lógico y sistemático), se centraría aquella STC en la interpretación sociológica o evolutiva[36].

No podemos, al respecto, sino mostrar nuestra disconformidad con tal idea, con tal prejuicio, más bien, de estimar *a priori* a la interpretación sociológica como herramienta residual o subsidiaria de último grado, como también a veces se predica de otros criterios interpretativos (muy especialmente, del histórico apoyado en los llamados «materiales prelegislativos»[37]), y en todo caso con idéntica falta de fundamento: ni de la literalidad del art. 3.1 CC, ni de su gestación[38] cabe deducir tal jerarquía para concluir que la interpretación sociológica es el quinto y último elemento interpretativo, supletorio o meramente auxiliar de todos los demás, máxime cuando ni siquiera la enumeración contenida en aquel art. 3.1 CC es exhaustiva *(«pues en ningún caso es recomendable una fórmula hermenéutica cerrada y rígida»*, se decía en el Preámbulo de la Reforma

texto constitucional, los problemas que ocuparon al constituyente a la hora de regular la institución matrimonial fueron básicamente, tal y como se deduce de los trabajos parlamentarios, la cuestión del divorcio, la diferenciación conceptual entre matrimonio y familia, y la garantía de la igualdad entre el hombre y la mujer en el matrimonio, una igualdad que, en aquel momento, estaba todavía construyéndose... Así, el art. 32 CE manifestaba la voluntad del constituyente por afianzar la igualdad entre el hombre y la mujer, sin resolver otras cuestiones, lo cual no significa que implícitamente acogiera el matrimonio entre personas del mismo sexo, si nos limitamos a realizar una interpretación literal y sistemática, pero tampoco significa que lo excluyera. Por lo demás, desde una estricta interpretación literal, el art. 32 CE sólo identifica los titulares del derecho a contraer matrimonio, y no con quién debe contraerse, aunque, hay que insistir en ello, sistemáticamente resulta claro que ello no supone en 1978 la voluntad de extender el ejercicio del derecho a las uniones homosexuales».

36. Haciéndolo *in extenso* en el 9.º de sus Fundamentos Jurídicos, que iremos viendo parcial y fragmentariamente a lo largo del presente trabajo según aconseje la ocasión.

37. Así, en Alemania, sobre todo, ENNECCERUS (*Derecho Civil [Parte general]*, vol. 1.º, Barcelona, reimpresión de 1947, pp. 206 y 207), quien habla de una «estimación moderada, que ni exagera, ni rechaza el valor de los llamados materiales legislativos» como «una fuente valiosa de interpretación si se emplean con la debida cautela», siempre sin procurar una certidumbre plena y siempre en detrimento de la mayor prevalencia de cualquier otro criterio interpretativo en caso de contradicción en sus resultados; LARENZ, K. (*Metodología de la Ciencia del Derecho*, trad. y revisión de M. Rodríguez Molinero, Barcelona, 1994, p. 328), quien habla de «medio auxiliar»; entre los nuestros, entre otros muchos, como DE LA VEGA BENAYAS, C. (*Teoría, aplicación y eficacia de las normas en el Código Civil*, con prólogo de E. García de Enterría, Madrid, 1976, p. 130), o CASTÁN TOBEÑAS (pp. 246 y 247), quien, con ENNECCERUS, desecha la interpretación histórica cuando se contradice con el resultado obtenido desde otro criterio interpretativo, y que, con FERRARA (p. 218), quien hablaba de los trabajos preparatorios como «sussidio», considera, parafraseándole, que «los trabajos preparatorios pueden valer como *indicio* de una cierta voluntad legislativa, pero han de ser utilizados con cautela y circunspección», «con moderación y prudencia», insiste luego. De «grande cautela», de «massima cautela», hablaría, por su parte, DEGNI (pp. 256 y 259), siguiéndole, entre nosotros, VALVERDE Y VALVERDE (p. 111). Por su parte, FIORE, P. (*De la irretroactividad e interpretación de las leyes*, trad., 3.ª ed., Madrid, 1927, pp. 586 y 587), supedita el criterio histórico en favor de una preeminencia del elemento sistemático, y, entre nosotros, PÉREZ ÁLVAREZ (1994, pp. 159 y 160), en favor de los sentidos gramatical y lógico de la norma.

38. Que, precisamente, explica con detenimiento, aunque también con muchas suposiciones hipotéticas, PÉREZ ÁLVAREZ, *cit.*

del Título Preliminar del CC, de 1974[39]): en dicha norma solo se expresa una subordinación *«fundamentalmente al espíritu y finalidad»* de la norma a interpretar; lo que, por lo demás, constituye el límite que respetar por todo criterio interpretativo (no solo por el sociológico), y la finalidad a perseguir en cualquier interpretación, del mismo modo –tan lógico– como que la interpretación gramatical representa siempre el punto de partida hermenéutico. Y de que en la jurisprudencia muchas veces no aparezca el dato de la realidad social como único apoyo argumentativo, no cabe hacer tampoco aquella deducción: en general, no es extraño que el juez se apoye en cuantos argumentos pueda, aunque con solo uno de ellos le baste; y, en particular, que a veces se crea que el dato sociológico aparece conjuntamente con los demás, solo obedece a la confusión que entre dicho criterio y los demás reina entre la propia doctrina que, precisamente, considera como residual al criterio evolutivo (como intentaremos demostrar en las páginas que siguen al deslindarlo, sobre todo, de los criterios histórico y sistemático, con los que, sin embargo, muchos lo confunden).

4.2. LOS TIEMPOS CAMBIAN: ENTRE EL SENTIDO HISTÓRICO Y EL ACTUAL DE LA NORMA

Ante todo, no extraña que, en efecto, el contrapunto de la interpretación sociológica sea la interpretación histórica[40]: mientras que conforme a esta se pretende averiguar el sentido histórico de la norma, la realidad social existente en el momento en que dicha norma fue promulgada (la conocida como *occasio legis*), en la sociológica, en cambio, se pretende determinar el sentido actual de su aplicación, adecuándola a la nueva realidad social[41].

Con detalle y profusión lo explica, en España, Pabón De Acuña (p. 54 ss.), para en resumen afirmar (en p. 61), que «el método sociológico de interpretación se vertebra sobre la idea de un tránsito desde la significación originaria hasta su "sentido actual". Presupone una *dúplex interpretatio* a cargo de un mismo intérprete y sobre un mismo texto. La acción interpretativa obtendría como primer resultado el significado querido por el legislador y dando un paso adelante, se llegaría a una fórmula de acomodación al tiempo presente». Y añade (en p. 275), que «siempre existirá una tensión entre los factores históricos y los sociológicos. Los primeros tenderán a definir la institución según su acuñación pretérita, mientras que los segundos propenderán a hacerlo según las necesidades del momento o incluso de las perspectivas de futuro».

«El texto de la ley –dice en Italia Frosini (en *La letra y el espíritu de la ley*, Barcelona, 1995)– asume así un doble aspecto, un anverso y un reverso, como

39. Según también lo razonaba DE CASTRO (en su trabajo de *ADC*, 1977, pp. 1143 y 1144).
40. De «sustancial antítesis» entre ambos métodos hablaba CASTÁN TOBEÑAS (p. 247).
41. Como dice PÉREZ ÁLVAREZ (p. 152 ss.), mientras que el método histórico atiende a la realidad previa a la norma, el sociológico atiende a la realidad posterior a la promulgación de la norma.

el espejo mágico de Alicia, que puede ser atravesado por quien se refleje en ambos lados. La ley separa dos mundos al mismo tiempo que los reúne: el mundo al que pertenece su autor y el mundo en el que se encuentra quien la lee. De este modo, el legislador sale del cascarón de la coyuntura histórica y, a través de la norma legal, avanza hacia el mundo actual, que puede haberse vuelto muy distinto a aquel del que originariamente procede; mientras que al intérprete de la ley, le corresponde realizar la operación inversa, o sea, debe adentrarse en el mundo normativo construido por el legislador». Y añadirá luego: «La búsqueda de la intención del legislador es un paso en falso, ya que la intención del legislador no puede ser –necesariamente siempre– la originaria. No se puede aplicar la intención del legislador de ayer a casos que en la actualidad se presentan en una situación diferente y que –precisamente– por ello necesitan la interpretación. El legislador se ha convertido en un fantasma del pasado, cuyas intenciones originarias se han difuminado o se han borrado con el tiempo, o incluso han cambiado de significado por hallarse en un contexto legislativo inspirado en principios diversos que atribuyen a la misma norma una función social diferente».

Aunque antitética la interpretación sociológica a la histórica, siempre la requerirá metodológicamente como su presupuesto, para luego contradecirla en su resultado. Como afirma Frosini en tan bellas palabras, para conocer cuál es el sentido actual de la norma, previa y necesariamente habrá el intérprete de indagar en cuál fue su razón primigenia, histórica. Habrá de proceder, en expresión de Betti (pp. 114 y 115), a una reconstrucción histórica de la norma (a lo que él denomina «nomogénesis»), debiendo observar la evolución y los cambios habidos en la razón de las normas y las instituciones[42].

Para tal contraposición no es necesario que exista un salto cuantitativo en el tiempo, sino cualitativo de la realidad social (moral, económica, política, ...), que obligue a tal actualización[43], lo que, desde luego, no es cosa extraña en los tiempos modernos. Necesario sí será, en cambio, que dicha alteración sea sustancial y quede así suficientemente justificada por el intérprete (a lo que luego ya nos referiremos –en el capítulo IV, dedicado a la necesidad de que la realidad

42. «Solo una reconstrucción histórica –decía BETTI (p. 115)– permite valorar la transformación que ha sufrido una institución y a la vez reconocer el significado de las nuevas instituciones y las repercusiones que han podido ocasionar en otras partes del ordenamiento, que permanece inmutable sólo en apariencia en cuanto a la letra». Entre los nuestros, CASTÁN (p. 105), lo decía del siguiente modo: «Como el Derecho es, en uno de sus aspectos, un producto histórico, hace falta saber lo que una institución ha sido en el pasado, para comprender bien su sentido presente y vislumbrar su porvenir».

43. En principio, PABÓN DE ACUÑA (pp. 62 ss.), parece exigir como necesaria una cierta distancia histórica entre la norma y su interpretación, no pudiendo, por tanto, tratarse de una ley reciente, de nuestro tiempo; y cita como ejemplo la STS de 19 septiembre 1994, que rechazó interpretar sociológicamente la Ley 19/1988, de 12 julio, de Auditorías de Cuentas al ser «una ley de nuestro tiempo»; una idea que comparte, en Italia, GUASTINI,

social esté de algún modo «juridificada»–)[44]. De lo contrario, y en los casos de duda, habrá que presumir que el sentido pasado o histórico de la norma se mantiene como actual.

«La interpretación de la ley no es una investigación histórica –decía De Castro (p. 462)–, y es necesario reconocer que el sentido de una ley puede variar, pero esta variación no es presumible ni admisible arbitrariamente; el principio de seguridad jurídica mantendrá el sentido originario, aceptado en la vida jurídica, y sólo se admitirá su sustitución por otro cuando sea impuesto por nuevas leyes o por principios superiores».

Ya antes lo decía Castán, como Ponente, en la STS de 21 noviembre 1934, al exigir que tal interpretación debía partir *«no de estados de conciencia todavía nebulosos o en vías de formación, sino de tendencias o ideas que han penetrado ya»* (*«para no dar trascendencia a estados o tendencias no fijados»*, añaden luego otras, como las SSTS de 8 marzo 1982, 28 febrero 1989, o las de 7 enero y 25 abril, ambas de 1991, ...).

Pues tan peligrosa, por su falsedad, es la interpretación progresiva si no hay verdadero cambio acreditado en la conciencia social, como lo es la histórica, aferrada al pasado, cuando los nuevos tiempos en efecto han cambiado. En este último caso, la búsqueda de la razón de la ley no puede hallarse en su razón originaria, pues esta habrá ya dejado de ser la actual. El propio Castán Tobeñas (ponente, no se olvide, de aquella pionera STS de 1934), también decía (p. 247), que «los elementos de interpretación histórica, aunque estimables, han de ser utilizados con moderación y prudencia –¡decía!–, ya que el juego de ellos podría obstaculizar el de los de orden sociológico o evolutivo, dada la sustancial antítesis que se da entre ambos sistemas de interpretación, estático el uno y dinámico el otro».

4.3. CONTRA EL CULTO A LA LETRA DE LA LEY: *CONTRA TENOREM, RATIONIS IURIS*

Que exista tal contraste entre el sentido histórico y el actual de la norma interpretada (histórica y sociológicamente), explica, a su vez, que normalmente

R. (*Estudios sobre la interpretación jurídica*, Méjico, 2011, p. 123), quien niega la interpretación evolutiva de una norma que sea nueva, reciente. Pero luego (en p. 90), PABÖN DE ACUÑA matiza: «la antigüedad que contempla el art. 3.1 CC no es una vejez cronológica, medible por el solo cómputo de tiempo, sino una vejez patológica derivada de alguna otra causa o razón». Dirá, por su parte, LACRUZ (p. 349), que durante un «tiempo intermedio» quepan como correctas ambas interpretaciones –la histórica y la sociológica–, la antigua y la nueva, pues «los cambios subyacentes se efectúan en su mayor parte de una manera continua, no de golpe».

44. En opinión de LACRUZ (p. 347), es necesario que entre la razón originaria de la norma y la realidad social actual haya una tensión «evidente», es decir, «cuando la insuficiencia de la comprensión pretérita de la ley ha llegado a ser evidente», lo que en su opinión «ocurre cuando el fin originario ha llegado a ser inalcanzable o superfluo».

el tenor literal de dicha norma (redactada conforme a su sentido histórico), no se adecúe fácilmente a su nuevo y actual sentido. Lo que a su vez explica que la interpretación sociológica siempre tenga como resultado la modificación (extensiva o restrictiva) de la norma, o incluso su corrección[45]. Quizás por ello para muchos se haya de emplear con *«tino y prudencia»* (como decía aquella pionera STS de 21 noviembre 1934, y han repetido hasta la saciedad otras muchas después[46]), o de un modo *«ciertamente muy delicado»* (como dice en su Preámbulo el Decreto de 31 mayo 1974 de reforma del Título Preliminar del CC, al expresar aquel criterio en su art. 3.1 CC[47]).

Constante en este punto por parte de nuestra doctrina y jurisprudencia ha sido ponerle como límite a la interpretación evolutiva el no llegar a tergiversar, a aplicar arbitrariamente, o simplemente a no aplicar la norma que así sea interpretada: decía, *a.e.,* la primera STS de 21 noviembre 1934, muy inspirada también aquí en De Ruggiero, que los nuevos cambios sociales *«no pueden nunca autorizar al intérprete para modificar o inaplicar la norma y sí solo suavizarla hasta donde permita el contenido del texto que entra en juego»* [48]. Y así ha sido la idea hartamente repetida, para añadir la STS de 10 abril 1995, y muchas otras después[49], que *«la realidad social del tiempo en que han de ser aplicadas las normas no supone la justificación del arbitrio judicial, ni una interpretación laxa de*

45. *Vid.*, por todos, PABÓN DE ACUÑA (p. 224 ss., con conclusión en p. 230). Dirá luego (en pp. 235 a 248), que, a partir del fin de la norma, la realidad social puede dar lugar: bien a una potenciación de aquel fin normativo (extendiéndolo o generalizándolo, cuando, incluso, se trataba de mera ocasión de la norma), bien a su degradación (para limitarlo, o incluso abrogarlo). Sintéticamente, y refiriéndose particularmente a la interpretación de los textos constitucionales, dirá en Italia GUASTINI (p. 51), que «su resultado puede ser tanto una extensión como una reducción del campo de aplicación de una determinada ley».
46. Entre otras muchísimas, por ejemplo, las SSTS de 31 marzo 1978, 8 marzo 1982, 28 febrero 1989, las de 7 enero y 25 abril 1991, las de 10 febrero y 28 abril, ambas de 2005, 20 diciembre 2006, 26 noviembre 2007, o las de 11 y 17 octubre 2008, ...
47. Quién puede negar que en dicho párrafo transcrito del Preámbulo se contenga un principio técnico-jurídico, de ponderación o racionalidad, perfectamente identificable al que con tal nombre ha venido a consagrar la jurisprudencia europea a fin de interpretar evolutivamente diversos textos constitutivos europeos (y que, por ejemplo, la jurisprudencia de la Corte Constitucional italiana denomina el principio de «ragionevolezza»). Al respecto, me remito a los trabajos de REPETTO, G.: «Premesse ad uno studio sull'interpretazione evolutiva tra Costituzione e Convenzione Europea dei Diritti dell'uomo», en *Diritti, principi e garanzie sotto la lente dei giudice di Strasburgo*, Nápoles, 2012, pp. 33 ss.; y de COHEN-JONATHAN, G.: «Le rôle des príncipes généraux dans l'interpretation et l'application de la Convention européene des droits de l'homme», en *Mélanges à l'hommmage de L.-E. Pettiti*, Bruselas, 1998, p. 186 ss.
48. Compárese con lo que decía DE RUGGIERO (pp. 146 y 147): «Con ello no se entienda que esta investigación positiva y teleológica autorice nunca al intérprete a modificar la norma a su arbitrio o desaplicarla cuando no corresponda a las nuevas necesidades o a las variadas tendencias de la sociedad, sino sólo que hasta que lo permita el precepto sin artificios ni hipocresías, considerado en el conjunto íntegro de la legislación vigente, pueda ser suavizado en su aplicación para que resulte más conforme al sentimiento general de la época y a la nueva orientación de la conciencia social».
49. Como, entre otras, las SSTS de 18 diciembre 1997, 26 febrero 2004, 30 junio 2009, ...

las normas, y, desde luego, excluye que se orille la aplicación de la norma vigente, al caso concreto» (*«Debe ser utilizado con prudencia y que en modo alguno permite tergiversar o cambiar el sentido de la Ley»*, añade la STS de 20 diciembre 2006). O como, en la doctrina, decía Lacruz (p. 283), «la inaplicación pura y simple de una norma que el legislador no derogó o un efecto retroactivo a la ley nueva que el legislador no dispuso ni siquiera tácitamente»[50].

O que la aplicación de la norma, así interpretada, no entre en contradicción con otras, o con el conjunto normativo, habría que añadir[51]; pues lo contrario supondría, en realidad, una falta de apoyo de aquella interpretación –pretendidamente– evolutiva en la realidad de una nueva conciencia social, susceptible de cualquier arbitrariedad y subjetivismo, y fuente, por tanto, de inseguridad.

En definitiva, y al margen de que recta y verdaderamente todo criterio interpretativo deba emplearse con cautela y prudencia[52], en el caso particular de la interpretación sociológica se trata de impedir al intérprete que, so pretexto

50. Siguiéndole, MARTÍNEZ DE AGUIRRE (p. 217); o PÉREZ ÁLVAREZ (pp. 131 ss. y 152 ss.), quien se muestra contrario tanto a la inaplicación como a una interpretación correctora de la norma, que considera vetado por la necesaria sujeción de los jueces a la Ley (*ex* arts. 9.3 y 117.1 CE).

51. Límite que añade el común de la doctrina que, desde antaño, admite este criterio interpretativo: en Italia, de imprescindible lectura, DEGNI (pp. 217, 219, 220, 286 a 288, 338, 347 y 348); y así también opinan DE RUGGIERO (*cit.*); FERRARA (pp. 238 y 239); en Francia, SALEILLES (en su Prólogo a GENY); y, en España, apoyado en Degni y Ferrara, CASTÁN TOBEÑAS (pp. 285 y 286), quien concluirá sujetando toda interpretación sociológica a «la condición o límite (impuesto por la necesidad de evitar el subjetivismo del intérprete) de no conceder a los elementos sociales eficacia jurídica sino en tanto en cuanto hayan obtenido su reconocimiento, directo o indirecto, en el sistema de la legislación positiva». Como idea conclusiva y sintética de tales autores y opiniones, valga reproducir la siguiente idea brevemente expuesta por DEGNI (p. 217): «I fattori della vita sociale sono, invece, soltanto mezzi d'interpretazione, e devono, come tali, spiegare tutta la loro eficacia, ma é indispensable che abbiano trovato, almeno in germe, il loro riconscimento nel sistema generale della legislazione positiva, di cui l'interprete può e deve fecondare e sviluppare i principii, perchè il diritto possa realizzare la sua missione sociale, senza, però, avere l'autorità di creare norme giuridiche che, sebbene ricavate da elementi della vita reale, non hanno ancora trovato la loro sanzione positiva nella legge scritta. Solo cosí, è possibile conciliare la certeza dell'ordinamento giuridico e il suo adattamento alle condizioni del método della liberta ricerca, non meno arbitrarie e dannose di quelle a cui, mosso da un principio opposto, perviene il método giuridico tradizionale».

52. Así, *vgr.*, se dice con insistencia del elemento interpretativo histórico fundando en los materiales prelegislativos; en Alemania, sobre todo, ENNECCERUS (pp. 206 y 207), quien habla de una «estimación moderada, que ni exagera, ni rechaza el valor de los llamados materiales legislativos» como «una fuente valiosa de interpretación si se emplean con la debida cautela», siempre sin procurar una certidumbre plena y siempre en detrimento de la mayor prevalencia de cualquier otro criterio interpretativo en caso de contradicción en sus resultados; LARENZ (p. 328), quien habla de «medio auxiliar»; entre los nuestros, entre otros muchos, como DE LA VEGA BENAYAS (p. 130), o CASTÁN TOBEÑAS (pp. 246 y 247), quien, con ENNECCERUS, desecha la interpretación histórica cuando se contradice con el resultado obtenido desde otro criterio interpretativo, y que, con FERRARA (p. 218), quien hablaba de los trabajos preparatorios como «sussidio», considera, parafraseándole,

de una nueva realidad, se convierta en legislador creando, corrigiendo o derogando normas a través de aquel método[53].

Pero, entonces, ¿cómo modificar desde una interpretación evolutiva el sentido literal de una norma sin tergiversarla? Parece que, antes que confundir la interpretación sociológica de una norma con la necesidad de su estricta reforma legislativa, se ha de imponer la precisión, que, una vez más, proporciona el art. 3.1 CC, al condicionar y limitar el empleo de la realidad social, no a las palabras de la ley, ni a sus antecedentes, ..., sino, como ella misma dice, *«atendiendo fundamentalmente al espíritu y finalidad de aquéllas»*.

Sirva esto como objeción a quienes fijan el sentido literal de la ley como límite a la interpretación evolutiva[54]; una idea que incluso parece haber llegado a nuestros tribunales y a nuestros autores:

Así, por ej., la STS de 26 diciembre 1990, a la que siguen, reproduciéndola, las SSTSJ de Andalucía de 28 noviembre 1994 y de Navarra de 9 septiembre 2014, cuando dice aquella: *«Que la realidad social ha de informar la interpretación de las leyes es exacto, pero mientras éstos –sic– no se producen no puede llevar a interpretar un precepto conculcando su tenor literal»*; o la STS de 25 abril 1991, que niega la interpretación sociológica del art. 687 CC por cuanto la pretendida nueva realidad social alegada por el recurrente *«no se desprende ni del sentido de las palabras que emplea la norma, ni de su contexto, ni de los antecedentes históricos y legislativos»*.

---

que «los trabajos preparatorios pueden valer como *indicio* de una cierta voluntad legislativa, pero han de ser utilizados con cautela y circunspección», «con moderación y prudencia», insiste luego. De «grande cautela», de «massima cautela», hablaría, por su parte, DEGNI (pp. 256 y 259), siguiéndole, entre nosotros, VALVERDE Y VALVERDE (p. 111).

53. Lo advertía, recuérdese, la STS de 13 julio 1993: *«Obviamente, esta tarea de atemperación histórica no puede llevar al extremo de desnaturalizar la sustancia de la norma desviando al órgano jurisdiccional de su deber constitucional de sujeción al imperio de la ley (art. 117.1 CE)»*. También lo advertía LACRUZ BERDEJO (p. 285): «La realidad social tiene, sin embargo, un límite evidente: no es ella misma productora de normas (los hechos solos, salvo la creación de la norma consuetudinaria, no son nunca Derecho en nuestro ordenamiento), y se limita a inspirar la interpretación de las ya existentes. En estas circunstancias, de ordinario, la realidad social no deroga las normas, ni podrá influir en ellas sino por medios hermenéuticos». Y más recientemente, CODERCH (en los Comentarios al CC, de Edersa, tomados de vlex), y PABÓN DE ACUÑA (p. 90), afirmando que sería una actuación judicial no apoyada en el art. 3.1 CC, sino contraria al art. 2.1 CC, y a la misión genuinamente legislativa que solo en esta última norma se comprende.

54. KOHLER (que aquí tomamos de Castán, p. 109), y LARENZ, K. (*Metodología de la Ciencia del Derecho*, trad. y revisión de M. Rodríguez Molinero, Barcelona, 1994), entendían que siempre ha de respetarse la palabra de la ley. En efecto, del sentido literal de la ley, dirá LARENZ (p. 341), que «constituye el punto de partida y, al mismo tiempo, determina el límite de la interpretación, pues aquello que está más allá del posible sentido literal, ya no es compatible con él aun en la "más amplia" de las interpretaciones, no puede valer como contenido de la ley».

Y lo decía también el Magistrado del TC Aragón Reyes, en uno de los votos particulares contrarios a la STC 198/2012, de 6 noviembre, que declara la constitucionalidad de la Ley 13/2005, sobre el matrimonio «homosexual», cuyo fallo comparte, mas discrepando en la fundamentación empleada. Así lo advierte desde el mismo comienzo de su voto cuando admite recurrir a una interpretación evolutiva, «pero con un límite claro –dice–: el respeto al tenor literal de la propia norma (tenor literal, insisto, que es completo en sí mismo), de manera que sólo son posibles nuevas interpretaciones del precepto si sus términos lingüísticos lo permiten. Mediante la interpretación evolutiva no puede hacérsele decir a la norma lo contrario de lo que dice, pues entonces no se interpreta la Constitución, sino que se cambia, eludiéndose el específico procedimiento de reforma que la Constitución ha previsto para ello. Por eso, si se tratase de un precepto constitucional que no estableciese una garantía institucional, frente a su tenor literal, a su indudable significado originario y a su entendimiento reiterado por el Tribunal Constitucional, hubiera sido muy difícil no declararlo inconstitucional.(…) Como bien se ha dicho en frase autorizada y respetada, "la Constitución no es una hoja en blanco que pueda reescribir el legislador a su capricho", y ha de añadirse que tampoco es una hoja en blanco que pueda reescribir, sin límites, su supremo intérprete. La realidad social puede conducir a que se vuelvan obsoletas algunas previsiones constitucionales, o a que se manifieste la necesidad de cambio de las mismas, pero para ello está prevista la reforma constitucional. La Constitución, pues, impone límites al legislador (si no, no sería Constitución), pero también impone límites al Tribunal Constitucional, que ha de respetar la rigidez de las normas constitucionales por la sencilla razón de que el Tribunal no puede ser nunca una especie de poder constituyente permanente. Si lo fuera, sencillamente, se quebrantaría el concepto mismo de Constitución».

Así lo creía también, en la doctrina, Bercovitz sobre el caso del transexual –ya mencionado– interpretado sociológicamente por la Instrucción de la DGRyN de 23 octubre 2018[55].

Y así parece haberlo consagrado el art. 9 del CC portugués cuando, en general (y no solo referido a la interpretación sociológica), dice en su ap. 2: «*Não pode, porém, ser considerado pelo intérprete o pensamento legislativo que não tenha na letra da lei um mínimo de correspondência verbal, ainda que imperfeitamente expresso*».

55. Para quien «Los argumentos que se refieren a las necesidades de las personas transexuales merecen respeto, y deberían valer para propiciar el cambio legislativo que se quiere, pero los argumentos jurídicos con los que se pretende adelantar ese cambio legislativo a través de una Instrucción no son válidos para derogar la ley, ni la Ley 3/2007, ni la vigente Ley del Registro Civil. Y es que la interpretación correctora de la ley no puede desconocer que la interpretación debe respetar en todo caso el tenor literal de la norma interpretada ("el sentido propio de sus palabras" –art. 3 del Código Civil–), so pena de infringirla».

Sin embargo, como muy agudamente dice López López[56], refiriéndose al caso del matrimonio «homo», pero con lógica extensión a cualquier otro caso: «no se sabe muy bien por qué conservar el texto si no se quiere conservar el sentido». Y refiérase tal afirmación no solo a la interpretación sociológica, sino a cualquiera otra que pudiera dar por resultado interpretativo cualquiera que no sea puramente declarativo (estricto, sobre todo).

Lo decía, por todos y en general para toda interpretación, el maestro De Castro (p. 462): «La labor interpretativa no puede detenerse nunca en el texto legal. La letra de la ley puede ser el punto de partida de la interpretación y los propósitos del legislador servir para aclarar su sentido, pero ni una ni otros son un límite infranqueable; se trata de llegar a "la médula de la razón", y no hay que detenerse en "la corteza de las palabras"», recordando así tan bellas palabras de Gregorio López en su Glosa 63 a la Ley 13, tít. 1, de la Primera Partida[57]. Lo contrario, supondría un retorno, anacrónico sin duda, al culto al texto de la ley (antes, arriba, recordado). De ahí que hace ya tiempo, refiriéndose en particular a la interpretación evolutiva y a casos de un tenor literal errado o equívoco, dijera Dualde (pp. 162 y 163), que «la intangibilidad del léxico del precepto resulta una prohibición fútil, sin fundamento, un tabú».

Será, en fin, posible desde una interpretación sociológica alterar la letra de la ley sin tergiversarla siempre que sea respetado el propio espíritu, el propio sentido lógico de dicha ley; lo que Lacruz (p. 285), llamaría el «efecto práctico esencial» de la norma «una vez despojado de todo lo accidental», es decir, «el efecto último pretendido por la ley»[58], que, en nuestra opinión, es la consabida *ratio legis*[59] (la «médula de la razón», recuérdese). Siendo tal el límite, *a priori* no hay impedimento para que el resultado sea, según cada caso, declarativo (en

56. «En torno a la llamada interpretación evolutiva (Comentario a la sentencia del Tribunal Constitucional sobre la Ley 13/2005, por la que se modifica el Código Civil en materia de derecho a contraer matrimonio, permitiendo el de personas del mismo sexo)», en *Derecho Privado y Constitución*, n.º 27, 2013.
57. Sobre «Como se deben entender las leyes», cuando dicha Ley de las Partidas decía «...que el saber de las leyes non es tan solamente en aprender e decorar las letras dellas, mas el verdadero entendimiento dellas», a lo que Gregorio López dirá aquello tan consabido de que «la ciencia consiste en la médula de la razón, no en la corteza de lo escrito».
58. «O sea –añade–: se puede prescindir en el precepto, sin ofensa de la verdadera y perenne *voluntad del legislador*, de lo que tiene de anecdótico y referido a época o circunstancias concretas, para dejar en él sólo una jerarquía de fines o la solución de un conflicto de intereses: en definitiva, una decisión elemental de gran simplicidad, aplicable a hechos nuevos y no comprendidos en la letra. En cambio, por los medios ordinarios de la interpretación no cabe prescindir, ni aun siendo contrario a la realidad social, del efecto último pretendido por la ley».
59. Que el propio LACRUZ BERDEJO parece así identificar (al final de aquella p. 285), cuando dice que «la ley es algo más que palabras y frases; es un proyecto de justicia al servicio del bien común; comporta una ordenación racional, dirigida por una *ratio*, y este elemento fijo, puesto en contraste con cambiadas circunstancias, permite extrapolar un nuevo planteamiento normativo ampliando o restringiendo el campo de acción de la fórmula verbal, si bien siempre en los límites de esa *ratio*».

cuyo caso, rectamente la interpretación sociológica es coincidente con la histórica), modificativo o corrector.

Lo razona así, sintéticamente, el maestro de la Hispalense, el prof. López y López: «Debemos tener en cuenta que cuando hablamos de interpretación evolutiva, estamos utilizando una metonimia para indicar que estamos utilizando el *método* "de la realidad social", o elemento sociológico, para llegar a una determinada *forma* de interpretación (extensiva, restrictiva, correctora, declarativa). Es decir, la utilización de la realidad social como método (interpretación-actividad) nos tiene que llevar (interpretación-resultado) más allá de la letra de la norma, conservando su efecto práctico esencial primitivo, pero incluyendo dentro de él un supuesto que históricamente no estaba incluido ni siquiera en su *ratio iuris* originaria, o excluyendo uno que sí estaba. En pocas palabras, si la categoría ha de tener algún provecho es el de poder incluir en la *ratio iuris* de la norma un nuevo supuesto que excede claramente su sentido histórico y literal, o excluir alguno que en ella se contuviera *ab initio*: interpretación-resultado, que plasmará en la extensión, restricción o corrección de la norma»; añadiendo (en la nota 24), que «la declarativa sería la que negara la virtualidad de la interpretación evolutiva en el *dubius*», por una suerte, añado yo, de *«in dubio non fit interpretatio»* más allá de su letra, ni de su sentido originario.

Así las cosas, solo si la modificación como resultado de la interpretación es de mayor alcance, por afectar a la letra y antes al espíritu de la norma, será entonces necesaria su reforma por vía legal, y no meramente interpretativa.

Obsérvese tal límite como frontera siempre respetada en la mayoría de los innumerables casos admitidos –antes mencionados– de interpretación social, y se comprobará que en todos ellos (o en su mayoría, cuando menos), aunque mutadas las palabras de la ley, no se traiciona su *ratio*, sino que, al contrario, se respeta y potencia:

Por ejemplo, respecto a los casos indicados a lo largo del trabajo en que se modifica la norma: en materia de prescripción a fin de favorecer al acreedor diligente que ha reaccionado a tiempo para interrumpir la prescripción en curso; o en materia de responsabilidad, potenciando la razón de protección –también aquí– del acreedor (en los casos en que es víctima de un daño –*ex* arts. 1902 ss. CC–, o que ha sido garantizado –solidariamente– por un avalista); o facilitar el pago de deudas admitiendo la transferencia bancaria como mecanismo subsumible en el art. 1170.II CC; o los casos de interpretación sociológica de la Ley de Propiedad horizontal (sobre todo, de sus arts. 16 y 17), donde se exime en muchas ocasiones de la exigencia de unanimidad en el acuerdo de vecinos por razones organizativas y funcionales en provecho del propio interés general de la comunidad frente a la negativa injustificada de algún vecino en particular contrario sin razón alguna al acuerdo vecinal (no en vano, el único caso en que se rechaza tal interpretación sociológica, el de la STS de 28 noviembre 2018, lo sería, precisamente, porque en aquel supuesto concreto la obra a realizar, que afectaba al suelo del edificio, únicamente beneficiaba al local bajo);... O que fuese negada la interpretación sociológica (que en el caso pretendía hacer de la Ley 272 del Fuero Nuevo de Navarra la Audiencia Provincial por ello recurrida, al entender que aquella norma era discriminatoria con los hijos no matrimoniales), porque según la STSJ de Navarra de 9 septiembre 1994 aquella interpretación –pretendidamente– evolutiva, no solo se apartaba del texto de la Ley y de sus antecedentes históricos, sino también de su propio espíritu y finalidad (que ahora, según creo, no viene al caso aquí detallar); ...

Y así sucedió también, según considero, con los conocidos casos de interpretación sociológica en Derecho de familia y de la persona, como la hecha con ocasión de la Ley 13/2005, sobre matrimonio entre personas de igual sexo, que el Tribunal Constitucional vino a considerar conforme al art. 32.1 CE (a pesar de su inciso inicial, referido literalmente al hombre y la mujer), acorde a su revolucionario espíritu igualitario (literal e intencionadamente expresado en su inciso final: *«con plena igualdad jurídica»*), impuesto por el más general art. 14 CE, que, en su exigencia de igualdad, se vio renovado, y reforzado, por aquella ley de 2005 para expandirse hasta alcanzar a todas las personas, al margen de su sexo (como ya hacía desde 1978), y con independencia de su orientación sexual (como hace ahora en su necesaria renovación desde la Constitución europea, que añade tal nueva circunstancia a la exigencia de igualdad). Como se ve, el resultado de interpretar evolutivamente el art. 32.1 CE fue expandirlo, extenderlo en su significado y alcance respetando su *ratio*, su exigencia de igualdad, más allá de su letra y en contraste con la razón histórica que justificaba esa su literalidad[60].

Algo similar había ocurrido en la década anterior, en los años 90, cuando, también por interpretación evolutiva de la Constitución, el propio Tribunal Constitucional consideró como legítimas a las uniones de hecho, no casadas. Antes de la actual Constitución española, la diferencia entre estas parejas y el matrimonio se cifraba en la inmoralidad de aquellas uniones frente a la licitud exclusiva de la unión matrimonial (según se decía, entre otras, en las SSTS 16

60. Por eso, dirá la STC 198/2012, de 6 noviembre: *«El reconocimiento del derecho al matrimonio a todas las personas, independientemente de su orientación sexual, implica la posibilidad para cada individuo de contraer matrimonio con personas de su mismo sexo o de diferente sexo, de manera que ese ejercicio reconozca plenamente la orientación sexual de cada uno. Ello no afecta al contenido esencial del derecho, porque el que puedan contraer matrimonio entre sí personas del mismo sexo ni lo desnaturaliza, ni lo convierte en otro derecho, ni impide a las parejas heterosexuales casarse libremente, o no casarse.»* Y añadirá, a renglón casi seguido, que *«las personas homosexuales gozan ahora de la opción, inexistente antes de la reforma legal, de contraer matrimonio con personas del mismo sexo, de tal modo que el respeto a su orientación sexual encuentra reflejo en el diseño de la institución matrimonial, y por tanto su derecho individual a contraer matrimonio integra también el respeto a la propia orientación sexual. De este modo se da un paso en la garantía de la dignidad de la persona y el libre desarrollo de la personalidad (art. 10.1 CE)»*.

octubre 1906, 8 marzo 1918 y 2 abril 1941). En cambio, tras la Constitución, el propio TC español en multitud de sentencias considerará que el matrimonio no es ya la única vía legal, ni lícita para la cohabitación y la procreación. Equiparada por exigencias de igualdad, *ex* arts. 14 y 39 CE, toda filiación (matrimonial, extramatrimonial y adoptiva), y permitidas por ley la adopción y la reproducción asistida a matrimonios y a uniones de hecho, concluirá el TC español que la posibilidad de fundar una unión extramatrimonial, en cuanto posible comunidad de vida diversa del matrimonio, constituye una expresión de la dignidad humana y del libre desarrollo de la personalidad (art. 10 CE) y, también, una manifestación de la libertad en general (art. 16 CE), y, en particular, del derecho –o la libertad– a no casarse que, leído *a contrario sensu*, consagra el art. 32.1 CE, y que en su literalidad tan solo se refiere a la familia fundada en el matrimonio.

O el caso en que se admitió la temporalidad de la pensión compensatoria que, antes de su expresa previsión en reforma legislativa de la conocida como Ley del divorcio «express», fue admitido por el Tribunal Supremo interpretando sociológicamente el art. 97 CC. Recuérdese, entre otras, la STS de 10 febrero 2005, cuando dice en su Fundamento 2.º: *«El art. 97 CC no la recoge expresamente* –refiriéndose a la temporalidad de la pensión compensatoria–, *pero tampoco la excluye; no contradice los arts. 99, 100 y 101 CC, y en absoluto es contrario a la "ratio" legal (...) La "ratio" del precepto es restablecer un desequilibrio que puede ser coyuntural, y la pensión compensatoria aporta un marco que puede hacer posible o contribuir a la readaptación (...) se destaca que la legítima finalidad de la norma legal no puede ser otra que la de colocar al cónyuge perjudicado por la ruptura del vínculo matrimonial en una situación de potencial igualdad de oportunidades laborales y económicas, a las que habría tenido de no mediar el vínculo matrimonial, perfectamente atendible con la pensión temporal»*.

Y otro tanto de lo mismo cabe decir del caso más reciente, referido al transexual, en que al haber dejado de ser hoy la transexualidad un trastorno, para convertirse en una condición sexual, en la Instrucción de la DGRyN de 23 octubre 2018 se realiza una acertada interpretación sociológica o evolutiva con efecto corrector de la Ley de 15 marzo 2007, corrigiendo su sentido literal e histórico (limitado a mayores de edad sometidos a cierto tratamiento médico), para admitir la solicitud del cambio de nombre a menores y sin necesidad de ningún tratamiento médico; todo ello con absoluto respeto al espíritu de aquella ley, como era, y sigue siendo, la dignidad y el libre desarrollo de la personalidad, y la seguridad jurídica.

* * *

Es este, pues, el criterio lógico, el único límite infranqueable y, a su vez, el único fin perseguido para el criterio sociológico. O lo que es igual: toda interpretación evolutiva habrá de serlo del sentido mismo de la norma, de su finalidad y razón de ser (más que cualquier otro criterio hermenéutico que, por sí mismo, siempre resulta finalista). No en vano, el art. 3.1 CC lo sitúa intencionadamente (según veremos a continuación) en último lugar, y dirigido, como los demás (sea el literal, el sistemático, ...), al fin propio de la norma: *«Las normas se interpretarán según el sentido propio de sus palabras, en relación con el contexto, los antecedentes históricos y legislativos, y la realidad social del tiempo en que han de ser aplicadas, atendiendo* –dice para terminar– *fundamentalmente al espíritu y finalidad de aquéllas»* [61].

Con dicha limitación a la interpretación sociológica y con dicha reconducción de toda labor interpretativa al *«espíritu y finalidad»* de la norma, queda, además, superado el viejo debate habido sobre cuál ha de ser el fin de la hermenéutica jurídica en general, y que también tuvo, inevitablemente, su reflejo particular en sede de interpretación sociológica: entre si atender a la *voluntas legislatoris* (que, en el caso de la interpretación evolutiva, sería lo que el intérprete habría de indagar históricamente para actualizar a la nueva realidad social, intentando con ello averiguar –elucubrar, más bien– lo que el legislador del pasado hipotéticamente querría, o debería querer, en el momento presente en que la vieja norma se aplica, si pudiera aquél ahora legislar otra vez sobre esa nueva realidad social), o si, por el contrario, hay que atender a la *ratio legis*. Aquella primera opción, defendida, sobre todo, por la Escuela libre del Derecho (en Francia, por Geny, pp. 244 ss.; y, en Italia, por Cogliolo, pp. 41 y 42[62]), tal vez, pero apurando la propia interpretación del precepto en cuestión, pudo tener reflejo en el art. 1.2 del Código civil suizo[63]; pero, sin duda, es la segunda explicación, más propia del método histórico-evolutivo italiano, defendido por Degni y seguido por

61. Don Federico DE CASTRO (en *ADC*, 1977, pp. 1143 y 1144), decía que en dicha norma solo se expresa una subordinación *«fundamentalmente al espíritu y finalidad»* de la norma a interpretar; lo que, por lo demás, constituye el límite a respetar por todo criterio interpretativo (incluido el teleológico o finalista), y la finalidad a perseguir en cualquier interpretación. Ya antes, en su *Derecho civil de España, cit.* (p. 469), decía que «el fin de la ley ... no es, en realidad, un medio o elemento de interpretación: es el único objeto que la interpretación persigue y a cuya consecución han de coadyuvar los verdaderos medios de interpretación».

62. Antes que COGLIOLO (p. 39 ss.), en Francia GENY (pp. 244 ss. y 523 ss.), era ya de esa opinión, para quien la interpretación evolutiva tiene por misión determinar lo que el legislador del pasado (autor de la norma a interpretar), hubiera querido expresar normativamente en el momento en que aquella norma se va a aplicar, actualizándose así la *mens legislatoris*. A modo de conclusión, así lo decía (p. 523): «Como línea general para el juez, ésta: que debe formar su decisión de derecho en vista de las mismas razones que tendría presente el legislador si se propusiera regular la cuestión»; y lo mismo, decía (p. 524), cabe aplicar «al intérprete doctrinal o crítico». Por su parte, COGLIOLO condensaba su idea (en la p. 42), afirmando que «é lecito a quello che il legislatore volle quando fece la legge sostituire quello che dovrebbe volere ora, se legisferasse al presente».

63. Que en su versión italiana (tomada aquí de internet), dice: *«Nei casi non previsti dalla legge il giudice decide secondo la consuetudine e, in difetto di questa, secondo la regola che egli adotterebbe come legislatore»*; una norma que en su día tanto criticara DE CASTRO (pp. 452 y

Ferrara, la que ha tenido expresión intencionada en el art. 3.1 CC español[64]; radicando en ello, por cierto, otra razón por la que nuestro art. 3.1 CC no tiene parangón, ni su antecedente, en el art. 9 del CC portugués, que parece recoger una posición híbrida o intermedia entre la tesis subjetivista (tendente a la *voluntas legislatoris*) y la objetivista (tendente a la indagación de la *ratio legis*), cuando dice en sus dos primeros párrafos: «*1. A interpretação não deve cingir-se à letra da lei, mas reconstituir a partir dos textos o pensamento legislativo, tendo sobretudo em conta a unidade do sistema jurídico, as circunstâncias em que a lei foi elaborada e as condições específicas do tempo em que é aplicada. 2. Não pode, porém, ser considerado pelo intérprete o pensamento legislativo que não tenha na letra da lei um mínimo de correspondência verbal, ainda que imperfeitamente expresso*».

En efecto, y por lo que respecta a nuestro art. 3.1 CC, cuando en la redacción de la Base 2.ª (que sería de la Ley de Bases 3/1973, de 17 marzo), dirigida a la interpretación de las normas, se explicita que los diversos cánones interpretativos «*atienden fundamentalmente*» al espíritu y finalidad de la norma, quedaba ya clara la intención de acoger aquella tesis objetivista. Decía, en efecto, dicha Base: «*Se establecerán como criterios básicos para la interpretación de las normas aquellos que, partiendo del sentido propio de sus palabras en relación con el contexto y los antecedentes históricos y legislativos, atiendan fundamentalmente a su espíritu y finalidad, así como a la realidad social del tiempo en que han de ser aplicadas*». Con ello, según nos explica Pérez Álvarez (1994, p. 58), «la Ponencia –redactora del precepto– asume la propuesta contenida en la enmienda número 28 –del Sr. Angulo Montes presentada al Proyecto de Ley– y, mediante la referencia –final– al espíritu y finalidad de la ley, acepta la teoría objetiva de la interpretación,

---

453), por abrir las puertas a los más grandes peligros de dicho método interpretativo, como son la subjetividad del juez, y la incertidumbre que ello genera. Decía, en efecto, que tal norma suiza «es una lamentable consagración del criterio individualista, obliga al juez a dar al caso la solución que corresponda a su convicción política personal, desconociendo los principios morales, políticos y sociales sobre los que se basa la vida de la nación. Parecida censura se puede dirigir a todas las doctrinas del Derecho libre». Sin embargo, de observarse más detenidamente aquella norma, como observa DEGNI (p. 198), al estudiar su génesis y las explicaciones dadas por su propio redactor, Huber (lo que, por supuesto, no constituye una interpretación auténtica y vinculante, sino doctrinal e histórica), tal vez en ella se contiene más bien una referencia a la equidad en su función integradora (aunque con la singularidad, frente al art. 3.2 CC español vigente, y más moderno, que la llamada a la equidad es genérica, no condicionada a la remisión específica o puntual del legislador). No en vano, la norma suiza confiere tal poder al juez, no para interpretar la ley, sino para cuando no haya ley, ni costumbre, aplicable al caso.

64. Según la explicación que, conforme a la exégesis del art. 3.1 CC, ofrece con detalle PÉREZ ÁLVAREZ (1994, pp. 53 ss., y 2005, pp. 49 ss.), que veremos a continuación en texto. Ya DEGNI (pp. 181 ss.), hacía radicar en ello la diferencia fundamental, radical, entre ambos métodos: mientras que la Escuela libre del Derecho pretende una búsqueda *extra legem* de la realidad social, el método histórico-evolutivo, en cambio, la indaga *intra legem*, penetrada en la norma. En este sentido, mostramos nuestra adscripción a la opinión de FERRARA (*Trattato di Diritto civile italiano, I-1.º*, Roma), quien, en contra de Cogliolo, entendía que la adaptación a la nueva realidad social debe hacerse desde la razón de la norma, no desde la intención del legislador que, inevitablemente, no puede ser más que la originaria.

eludiendo cualquier alusión a la voluntad del legislador como objeto a perseguir mediante el empleo de los elementos de interpretación»[65].

Por otra parte, mientras que aquella Base 2.ª finalizaba su redacción con aquella referencia a la realidad social tras referirse al espíritu y finalidad de las normas, habrá un cambio de orden en la redacción final y definitiva del art. 3.1 CC, lo que, como de nuevo nos explica Pérez Álvarez (2005, pp. 58 y 59) «no parece responder a meras exigencias formales o de carácter estilístico –sino a– la pretensión de circunscribir el papel atribuible a la realidad social en cuanto canon de interpretación –y así– se desestima que se trate de un elemento de interpretación al que haya de atenderse con carácter fundamental en la labor hermenéutica; y, al igual que los demás cánones, las consecuencias derivadas del empleo de la realidad social quedan limitadas por el objeto al que debe responder la labor hermenéutica; es decir: por el espíritu y finalidad *ratio legis* de la norma de cuya aplicación se trata».

No deja, por cierto, de ser paradójico que, desde la propia voluntad del legislador, aunque en apoyo de la clara redacción del precepto, concluyamos por la supremacía de la voluntad de la ley en toda su interpretación con subordinación a ella de todo criterio interpretativo (sociológico incluido). Con todo, sería un caso de coincidencia plena del sentido histórico, literal y el actual de una norma.

* * *

Principio, realidad y norma son, en definitiva, los elementos integrantes imprescindibles de una adecuada metodología jurídica y de cualquier interpretación jurídica, sea o no sociológica. Es lo que, no hace tanto, se ha venido a denominar la concepción tridimensional del Derecho: valor, realidad y norma[66]; aunque, en nuestra opinión, que sigue a la de nuestro maestro Gordillo Cañas[67] y es, además, plenamente conforme al sentido normativo del art. 3.1 CC (a su génesis, a su texto y a su espíritu), subordinando lo formalista y lo sociológico al finalismo (a la razón de la ley, al principio que la informa e inspira), retornando, así, a la originaria unidad integral de todos los elementos del Derecho: el formal o normativo, el fáctico o real, ambos desde la inspiración del elemento «principial», el valorativo de la justicia[68]. Conectando, así, el Derecho, en su expresión positiva, con la justicia a la que sirve, conforme a la virtud del

65. De tal modo que, como concluye el propio PÉREZ ÁLVAREZ, lo que importa es la *mens legis*, no la *mens legislatoris*.
66. Por todos, REALE: *Teoría tridimensional del Derecho*, Madrid, 1997; y, últimamente, ROBLEDO: «Metodología jurídica trialista y hermenéutica en la construcción del Derecho», en *Revista Telemática de Filosofía del Derecho*, n.º 11, 2007.
67. En «Realismo ético: el Magisterio metodológico de Federico De Castro», en *ADC*, 1983, p. 1404.
68. Como dice ROGEL VIDE, C. (en su *Derecho Civil –método y concepto–*, Madrid, 2010, pp. 156 y 257), siempre habrá que huir del conformismo amoral, que, sin reconocer instancia superior a la legal, esté exenta de valoración ética.

método finalista, cuenta con el gran criterio de valoración jurídica, mas centrando la atención en la idea capital de justicia, y evitando así los errores del finalismo en su extremo: *dicere ius* significa valorar en justicia un conflicto de intereses, sin confundir la justicia con el interés a satisfacer. Pero la rectitud de juicio es imposible sin la atenta observación de la realidad juzgada, de los intereses sociales en juego. He aquí cómo se integran lo fáctico y lo valorativo. Así, puede acogerse lo que de provechoso tuvo el sociologismo, salvando, además, sus excesos al tomar como guía suprema la justicia[69].

69. «Jurisprudencia realista, instrumentalmente conceptual, al servicio de la justicia» (en expresión de JORDANO BAREA: «Fundamento y naturaleza del matrimonio putativo», en libro homenaje a Giménez Hernández, Sevilla, 1967, p. 12, que repetirá en el prólogo a las tesis de algunos de sus discípulos).

III

Su aplicación (a toda norma jurídica)

SUMARIO: 5. «MÁS ALLÁ DE LA CONSTITUCIÓN, PERO POR LA PROPIA CONSTITUCIÓN» (CONSTITUCIONES Y TRATADOS INTERNACIONALES). 6. INTERPRETACIÓN EVOLUTIVA DE PRINCIPIOS. 7. E INTERPRETACIÓN SOCIOLÓGICA DE COSTUMBRES.

Siendo los vistos los presupuestos y los límites de la interpretación sociológica, no parece que deba haber impedimento alguno para aplicarla a cualquier tipo de norma, escrita o consuetudinaria, reglada o principial, ordinaria o, incluso, suprema, pues, ¿qué impide que también los textos constitucionales puedan ser interpretaos evolutivamente? Veámoslo.

5. «MÁS ALLÁ DE LA CONSTITUCIÓN, PERO POR LA PROPIA CONSTITUCIÓN» (CONSTITUCIONES Y TRATADOS INTERNACIONALES)

Por lo que respecta a las normas constitucionales, lejos queda ya aquella confrontación entre la interpretación formalista, aferrada a los criterios interpretativos tradicionales, y la interpretación material de las Constituciones, que, comprensiva de la interpretación evolutiva, es posición hoy comúnmente admitida[1]. Y lejos, también, queda ya el dudar de la aplicabilidad del art. 3.1 CC (como de casi toda norma contenida en el Título Preliminar del Código civil), a cualquier otra norma en España, incluida la constitucional, ante el alcance común que por su propia lógica material, al margen de cuestiones jerárquicas, aquella norma contiene (y que, en su día, destacaron maestros del Derecho público,

1. Que, con cierto detalle, explica PÉREZ LUÑO, E. (*Derechos humanos, Estado de Derecho y Constitución*, 10.ª ed., Madrid, 2010, pp. 277 a 279), al que nos remitimos.

como Herrero de Miñón, o del Derecho privado, como López y López[2], cuya conjunta mención aquí hacemos como expresión de neutralidad política en tal afirmación, al ser el primero de tendencia conservadora, y el segundo progresista o de izquierdas).

Tampoco que nuestra Constitución sea rígida implica, *prima facie*, la exclusión de aquel método aplicativo de la norma[3]. Rígida es, en efecto, la norma constitucional española por cuanto ella misma establece unos mecanismos específicos para su derogación o para su parcial reforma (arts. 166 ss. CE)[4]; pero entiéndase, según lo antes dicho, como mecanismo sólo necesario para cuando dicha reforma afecte a la norma en su integridad, en cuerpo y alma, en su letra, en su rostro histórico y, también, en su espíritu. Quede, en cambio, para la obra interpretativa (cualquiera que sea el método empleado), cualquier otro cambio que no afecte a la razón de la norma constitucional a interpretar. Esa será la línea, la frontera a respetar, entre el constituyente y el Tribunal Constitucional, la separación que habrá de haber siempre entre la interpretación creativa y la creación *ex novo* de norma constitucional (novedosa, insisto, en su *ratio*).

Negar esa separación y, por ende, negar cualquiera posibilidad de interpretar evolutivamente la Constitución supondría condenarla al estancamiento, a su petrificación o momificación, cuando, al contrario, una de las misiones del Tribunal Constitucional es mantenerla viva (*«a riesgo, en caso contrario, de convertirse en letra muerta»*, en el decir de la STC 198/2012, de 6 noviembre), adecuada a cada momento, sin necesidad de reformarla a cada nuevo paso que haya de dar en su maduración.

Entre nosotros, lo advertía, apoyándose Lavagna[5], Pérez Luño (en p. 280 ss.): que la interpretación sociológica de las Constituciones «resulta impres-

2. A cuyo estudio nos remitimos («Constitución, Código y leyes especiales...», en *Libro Centenario del CC*, APDC, T. II, Madrid, 1991, pp. 1163 ss.), y, también, a su reciente trabajo sobre la STC de la Ley del matrimonio homosexual, donde recuerda (en la nota 41), sus opiniones y las de Herrero de Miñón acerca del valor material de la Constitución y del instrumental del art. 3.1 CC. Por supuesto, también es obligada la remisión a la obra, brillante y pionera en la cuestión, de ALONSO GARCÍA, E. (*La interpretación de la Constitución*, Madrid, 1984).
3. Como tampoco es obstáculo que sea difícil hallar la realidad social influyente en la Constitución (según señala SAGÜES, p. 1023), según habrá que ver luego (en el capítulo IV de esta obra, cuando nos refiramos a la ubicación de aquella realidad social, que ha de estar de algún modo juridificada o positivada, a fin de que el intérprete la encuentre y conozca con cierta certeza y sin subjetivismos).
4. Precisamente por ello, cree LÓPEZ Y LÓPEZ (p. 29), en la conveniencia de su posible interpretación sociológica.
5. Y en su conocida obra *La Costituzione italiana: commentata con le decisioni della Corte costituzionale*, Turín, 1970. Aunque en menor medida, también cabría destacar a PIERANDREI, F.: «L'intepretazine della Costituzione», en *Scritti di Diritto Costituzionale in memoria di L. Rossi*, Milán, 1952, pp. 511 a 513, quien ya sugería la interpretación evolutiva de la Constitución, aunque dentro de dos límites: que el cambio social fuera esencial y efectivo en la colectividad nacional y que el resultado de la interpretación fuera armónico con el ordenamiento jurídico (especialmente, con los propios principios constitucionales).

cindible dada la propia naturaleza de la normativa constitucional. Dichas normas, por su grado de elasticidad y su constante remisión a sus contextos –sociales–, amplía las atribuciones del intérprete», pues toda Constitución (añadía, en p. 281) «no es una meta de llegada (Constitución-balance), sino un punto de partida (Constitución-programa)».

Si se me permite emular a uno de los padres de la interpretación evolutiva (a Saleilles en su Prólogo a la obra de Gény, p. XV, cuando dice: «Más allá del Código, pero por el Código» [6]), habría en nuestro caso que decir (parafraseando ahora a Fassó): «Más allá de la Constitución, pero por la propia Constitución» [7].

En esto, la STC 198/2012, de 6 noviembre, sobre la constitucionalidad de la Ley 13/2005, sobre matrimonio entre personas del mismo sexo, recuerda con acierto aquella expresión de la sentencia de la Corte Suprema de Canadá de 9 diciembre 2004, empleada al declarar también la constitucionalidad del matrimonio «homosexual» en dicho país legislado, de que la Constitución es un *«árbol vivo»* [8].

En expresión muy similar, pero empleada precisamente para justificar la necesidad de la interpretación sociológica, en tiempos en que su propia admisión estaba sometida a debate, decía uno de sus defensores en Italia, Ruggiero (p. 146), tan directamente influyente en Castán y, por ende, en la pionera STS de 1934: que «la ley es pensamiento y voluntad de presente no del pasado; vive como un producto orgánico –decía– y con capacidad para desenvolverse por sí propio en la medida en que se desenvuelven las relaciones de la vida a cuya regulación tiende».

Y contra ello no se puede alegar que en la Constitución todo es inmutable, intocable por vía interpretativa, cuando, por el contrario, es su aptitud al cambio la que la hace permanente[9]: como advierte el propio TC en otras ocasiones (según recuerda la propia STC 198/2012, de 6 noviembre, y utilizan los partidarios y detractores de la Ley 13/2005), tanto las garantías institucionales, como

6. Que, a su vez, como recuerda GENY (p. 678), viene de IHERING cuando este dice: «Por el Código, pero más allá del Código».

7. Antes que nosotros lo había dicho, en Italia, también parafraseando a Geny, FASSÓ (p. 1049): «... per mezzo della Costituzione, ma oltre la Costituzione».

8. Cuando dice: *«Se hace necesario partir de un presupuesto inicial, basado en la idea, expuesta como hemos visto por el Abogado del Estado en sus alegaciones, de que la Constitución es un "árbol vivo", –en expresión de la sentencia Privy Council, Edwards c. Attorney General for Canada de 1930 retomada por la Corte Suprema de Canadá en la sentencia de 9 de diciembre de 2004 sobre el matrimonio entre personas del mismo sexo– que, a través de una interpretación evolutiva, se acomoda a las realidades de la vida moderna como medio para asegurar su propia relevancia y legitimidad»*.

9. Como decía GUASTINI (pp. 112 y 113), refiriéndose a la necesaria interpretación evolutiva de las Constituciones flexibles: las Constituciones permanecen por su carácter mudable; y considera (en pp. 122 y 123), que la interpretación evolutiva da estabilidad a las Constituciones (según creo, más que de estabilidad se trata de perdurabilidad).

los derechos fundamentales tienen, a pesar de su sentido histórico, un aspecto mutable según las circunstancias sociales de cada tiempo y lugar (que decían las SSTC n.º 11 y 32, ambas de 1981); y un aspecto inmutable –su contenido esencial– que sí se habrá de respetar en toda interpretación, y cuya auténtica alteración sólo puede pasar por una estricta reforma del texto constitucional[10]. Negar, por tanto, de antemano el papel de la interpretación evolutiva en la norma constitucional es negar, o ignorar, la íntima conexión que, incluso en su propia génesis, tuvieron las ideas, hoy comúnmente aceptadas, de garantía institucional y de conciencia social colectiva, cuando ambas tuvieron su origen a inicios del s. XX para aplicarlas, precisamente, al tema de la interpretación sociológica del Derecho[11].

En cualquier caso, ese contenido esencial, ese aspecto invariable (por vía interpretativa, y sólo alterable mediante reforma constitucional), habrá de hallarse en la propia Constitución, no fuera de ella[12].

Por su ubicación, como *norma normarum* en la cúspide de la pirámide del Derecho, la Constitución no será solo una norma ella misma interpretable sociológicamente, sino que también podrá ser referente interpretativo evolutivo, expresión ella misma de la realidad social común a todos los españoles, desde la que interpretar otras normas, inferiores todas a ella[13].

Así, *a.e.*, vino a hacerlo la STC de 30 junio 1998 al refrendar la jurisprudencia ya consolidada en el TS, favorable a la consignación del pago del retracto, prevista en el viejo art. 1618.2 LEC-1881, mediante aval bancario, en lugar de hacerlo mediante papel moneda (como literalmente preveía aquella norma procesal), al entender el TC que así lo permitía el principio de tutela judicial efectiva consagrado en el art. 24.1 CE[14].

Otro ejemplo, muy destacable, en que la propia Constitución entró en juego interpretativo, incluso antes de tener vigencia, fue el de la STS de 15 marzo

10. Véase, al respecto, CANOSA USERA, R.: «Interpretación evolutiva de los derechos fundamentales» (tomado de www.juridicas.unam.mx).
11. Lo explica espléndidamente PABÓN DE ACUÑA en su monografía específica sobre el tema (pp. 274 a 276), a la que nos remitimos.
12. Ya desde COGLIOLO, hasta más recientemente PÉREZ LUÑO (pp. 279 y 281), advierten de los fines y valores constitucionales como límites infranqueables en toda interpretación evolutiva, más aún si se trata de interpretar de este modo el propio texto constitucional.
13. Como advierte FASSÓ (pp. 1023 ss. y 1937), al funcionar la Constitución como límite en toda interpretación sociológica, no hay que atender al texto constitucional formalmente, sino materialmente, a su espíritu (en donde él considera imbuido al Derecho Natural, aunque no como supra-histórico e inmutable), en cuanto expresión de la conciencia social, cuya interpretación y constatación corresponde al Tribunal Constitucional (no al legislador, ni al Gobierno), lo que asegura univocidad y seguridad.
14. Dirá, en efecto, en parte de su Fundamento Jurídico 5.º: «*Con ocasión de la consignación que establecen nuestras leyes procesales para acceder a los recursos, este Tribunal ha declarado que, aunque la consignación en metálico que exigen las normas procesales no es inconstitucional,*

1983, que accedió a las pruebas de investigación de la paternidad, con fundamento en los arts. 39.2 *in fine* y 53.3 CE, aunque, cuando se interpuso la demanda, la Constitución, ya aprobada, aún no había sido publicada en el BOE. Según explica en su Considerando 2.º, porque «*los indicados principios rectores del texto constitucional, no como normas aplicativas, sino como tales principios en lo que tienen de informadores de la práctica judicial, conocidas ya, pues dicha Sentencia es de 20 diciembre 1978 y la Constitución, aunque sólo entró en vigor el 29 del mismo mes (en que se publica en el BOE), estaba aprobada por las Cortes el 31 octubre y por referendum el día 6 diciembre lo que posibilitaba su conocimiento, a tener en cuenta en la tarea interpretativa como integrante de la "realidad social" del tiempo en que las normas han de ser aplicadas, según no sólo permite, sino que preceptúa el art. 3.1 del CC*».

* * *

Por supuesto, la interpretación sociológica que, en general, desde la Constitución se haga de cualquier norma, sólo podrá hacerse de aquella norma que tenga vigencia coetánea o anterior a la Constitución; pero ¿cómo interpretar sociológicamente desde la Constitución aquellas normas que sean posteriores a ella?; y, más aún, ¿cómo interpretar sociológicamente la propia Constitución, cuando, como en el caso español, ha transcurrido tanto tiempo desde su entrada en vigor (allá en 1978)? De intentar hacerlo desde ella misma, amén de dificultoso, solo posibilitaría una interpretación histórica, atendida la realidad social existente en el momento de su gestación y entrada en vigor.

Para poder hacerlo, no bastará con la Constitución interna de cada país; en el caso europeo, hay que sumar la Constitución Europea (*living instrument*), y tantos otros Tratados Internacionales (cfr., arts. 10.2 y 96 CE), y con la interpretación –también evolutiva, en su caso– que de ellos se contenga en el Informe del *Praesidium* y en la jurisprudencia del Tribunal Europeo de Derechos Humanos (en adelante, TEDH) y del de Justicia de la Unión Europea (en adelante, TJUE)[15]. La propia lectura de los textos internacionales (normativos o jurisprudenciales), se ha de hacer también en tono evolutivo. No podemos quedarnos

en determinados supuestos de falta de liquidez o de falta de medios, puede resultar excesivamente gravosa, por lo que, en tanto el legislador no modifique la correspondiente norma procesal, se hace necesario una cierta flexibilidad en su aplicación que permita su plena adecuación a los valores constitucionales, mediante una interpretación progresiva y casuística de acuerdo con el art. 24.1 CE y con el contenido del art. 3.1 del Código Civil (STC 3/1983, fundamento jurídico 5)».

15. En ella, muchas veces a fin de hacer tal interpretación evolutiva, se utilizan los Preámbulos y los trabajos preparatorios a fin de observar el panorama normativo europeo. Tal recurso se justifica, sencillamente, porque la realidad social a que responde la Constitución europea, tan reciente, es aún expresión de la realidad social actual. Pero pasado un tiempo, tal material ya no será útil a tal fin interpretativo. A ello volveremos luego en esta obra (en los epígrafes 10.2 y 10.3 del cap. IV), cuando tratemos el valor interpretativo sociológico de las Exposiciones de Motivos y de los conocidos como «materiales prelegislativos».

ni con la letra, ni con la interpretación pasada que de tales textos se hiciera, si su sentido se ha renovado también.

Así ya lo advirtió, refiriéndose a la jurisprudencia –que Pérez Álvarez llama (en p. 126 ss.) «jurisprudencia evolutiva»–, la STC de 21 diciembre 1992: «*... la evolución en la interpretación judicial de la legalidad... constituye, junto con la modificación normativa, uno de los instrumentos para la adaptación del Derecho a la realidad cambiante. Y el cambio razonado de una línea jurisprudencial, interpretativa de un determinado precepto legal, puede venir impuesto, entre otros factores, no solo por la necesidad de corregir mediante cánones de interpretación más correctos o adecuados lo que se considera un entendimiento erróneo de dicho precepto, sino también por la necesidad de acomodar la interpretación de las normas a las circunstancias sociales que han surgido con posterioridad a su entrada en vigor; lo que se expresa en el art. 3.1 CC al establecer que, junto a otros criterios, las normas se interpretarán según "la realidad social del tiempo en que han de ser aplicadas". Por consiguiente, la exigencia de igualdad y no arbitrariedad en la aplicación judicial del Derecho no puede en modo alguno traducirse en una petrificación de la jurisprudencia, de forma que cada órgano judicial quede rígidamente vinculado por sus propios precedentes (STC 91/1990)*».

Lo contrario sería como intentar una lectura progresiva de la norma constitucional vigente desde prismas regresivos, pretéritos, ya superados por la nueva realidad. Como datos jurídicos que son, para su propia pervivencia, los internacionales también pueden, y deben, ser objeto de interpretación sociológica, como, en efecto, así, a veces, ha ocurrido[16]:

Así, por ejemplo, de anclarnos en tal pasado no hubiera sido posible hace algunos años negar al transexual el matrimonio conforme a su nuevo sexo si no fuese, precisamente, a partir de una interpretación sociológica de las normas internacionales sobre el derecho a contraer matrimonio (como, *a.e.*, el art. 12 del Convenio de Roma, que hablaba de «*hombre y mujer*», o el art. 16 de la Declaración Universal de Derechos Humanos, que sigue hablando también de «*los hombres y las mujeres*») que permitiera afirmar, como en un principio hizo el propio TEDH, que la diferencia de sexo, exigida en tales textos y en tantas otras normas constitucionales europeas, significaba una diferencia de sexo cro-

16. Para otros casos diversos a los que a continuación mencionamos en texto, cabe remitirse a los trabajos de REPETTO, G.: «Premesse ad uno studio sull'interpretazione evolutiva tra Costituzione e Convenzione Europea dei Diritti dell'uomo», en *Diritti, principi e garanzie sotto la lente dei giudice di Strasburgo*, Nápoles, 2012, pp. 33 ss.; MANETTI, M.: «Diritti dei membri della familia legittima ed evoluzione sociale: la parola del giudice», en *Giurisprudenza Costituzionale*, 2009; en la obra colectiva citada, dirigida por Alpa y Iudica, véanse los trabajos de FERRANDO, G.: «Matrimonio e famiglia: la giurisprudenza della Corte Europea dei Diritti dell'Uomo ed i suoi riflessi sul diritto interno», p. 131 ss.; y el de PATTI, S.: «Il principio famiglia e la formazione del diritto europeo della famiglia», pp. 245 ss.; o, en Francia, el de GARAPON, A.: "Les limites à l'interpretation évolutive de la Convention européenne des droits de l'homme", en *Revue Trimestrielle des Droit de l'homme*, 2011.

mosómico, no meramente morfológico, ni tampoco psicológico, siendo entonces el momento de poder hacer aquella interpretación habida cuenta de los avances técnicos y conocimientos científicos alcanzados. En la primera jurisprudencia europea, destacan las SSTEDH de 17 octubre 1986 (caso Rees vs. Reino Unido, sobre una mujer con apariencia de hombre), la de 27 septiembre 1990 (caso Cossey vs. Reino Unido), la de 25 marzo 1992 (caso Botella vs. Francia), y la de 30 julio 1998 (caso Sheffield y Horsbam vs Reino Unido). En contra, las dos SSTEDH de 11 julio 2002 (casos Goodwin e I. vs. Reino Unido), refiriéndose al art. 12 del Convenio de Roma, admitieron que tal norma no exigía en su literalidad la diversidad de sexo cromosómico, entre otras razones, porque el art. 9 de la Carta de derechos fundamentales de la Unión Europea ni siquiera hacía referencia al hombre y a la mujer. Y dicho esto, reconocían, no obstante, que esa norma no impedía que las leyes de cada Estado Miembro sí atendieran a la diversidad de sexo biológico, como así hacía por aquel entonces la gran mayoría de los países europeos, pues así lo permitía el art. 12 del Convenio de Roma[17].

Otro claro ejemplo fue, una vez más, el caso del matrimonio entre personas de igual sexo, para el que ya no podían ser determinantes aquellos viejos textos internacionales que seguían hablando de *«hombre y mujer»* para referirse al matrimonio (como el art. 16 de la Declaración Universal de los Derechos Humanos o, en Europa, el art. 12 del Convenio Europeo de Derechos Humanos), sino los más recientes, y modernos por cuanto expresivos de la nueva realidad social, como lo fue, en Europa, el art. 9 de la Carta de derechos fundamentales de la Unión Europea, que consagrará, más abiertamente, *«el derecho a casarse y el derecho a crear una familia»*. Con ello no se imponía el matrimonio paritario. Se trataba de un texto neutro (y neutral), que ni abría, ni cerraba la puerta al matrimonio «homosexual», dejando que fuese el Derecho interno de cada Estado miembro de la Unión Europea el que la abriera o la mantuviera cerrada, como así lo dice la propia Constitución Europea en la remisión de su inciso final (en su *«según las leyes nacionales que regulen su ejercicio»*); máxime cuando ya en el momento de su redacción existía heterogeneidad de normas dentro del ámbito europeo que respetar: unas pocas permitiendo ya el matrimonio «homosexual» (Bélgica y Holanda, por entonces), precisamente porque no había texto constitucional que lo impidiera, y otras, la mayoría, exigiendo la intersexualidad, porque –tampoco es casual– su texto constitucional histórica y literalmente la imponía. Ya en el Informe del *Praesidium* –único intérprete auténtico– de la Convención se advirtió que *«este artículo* –el 9– *no prohíbe ni impone el que se conceda el derecho matrimonial a la unión de personas del mismo sexo»*. No obs-

17. Para mayor detalle al respecto, véanse los estudios de GONZÁLEZ VEGA, J. A.: «Interpretación, Derecho Internacional y Convenio Europeo de Derechos Humanos: a propósito de la interpretación evolutiva en materia de autodeterminación sexual», en *Revista española de Derecho internacional*, 2004, pp. 163-184; y el más reciente de CERVILLA GARZÓN, M.ª D.: «La transexualidad en la jurisprudencia del TEDH: apuntes sobre una evolución», en *La Ley Derecho de Familia: Revista jurídica sobre familia y menores*, núm. 30, 2021, pp. 21-44.

tante, siendo tal la intención del Constituyente europeo, poco tiempo después aquellas normas europeas sobre derechos fundamentales han sido, de nuevo, actualizadas por obra de la jurisprudencia europea (tanto del Tribunal Europeo de Derechos Humanos, como del Tribunal de Justicia de la Unión Europea), para concluir en la necesidad, por parte de los países europeos, de reconocer legalmente a las uniones entre personas de igual sexo, con la única opción de elegir entre si hacerlo bajo la forma matrimonial o bajo la de otro tipo de uniones, según se estime la conveniencia, o no, de la filiación, la posibilidad de que tales uniones del mismo sexo puedan, o no, tener hijos.

6. INTERPRETACIÓN EVOLUTIVA DE PRINCIPIOS

Admitido que la norma suprema, como es la Constitución, sea interpretable conforme a la realidad social del tiempo en que se aplica, también pueden serlo sus propios cimientos, que también lo son del resto y entero ordenamiento jurídico: me refiero a los principios generales del Derecho (cfr., el art. 1.4 CC).

No hace mucho, sin embargo, que Salvador Coderch[18] negaba que el art. 3.1 CC pudiera aplicarse a los principios generales del Derecho, como tampoco a las costumbres, porque «ni son palabras a las que quepa atribuir sentido ni son texto que tenga un contexto»[19]; una afirmación de la que solo cabe discrepar, pues una cosa es que por su singular morfología no quepa aplicarles algún elemento interpretativo (como el gramatical, sin duda), y otra bien distinta es que, sin más, no sea interpretable por ningún otro canon hermenéutico; a saber:

Conocida es la *vexata quaestio juris* –que decía De Castro (p. 408 ss.)– sobre si los principios generales del Derecho son, o no, normas jurídicas (lo que en un inicio se negaba, fundamentalmente, por su superlativa abstracción sustancial y por su falta morfológica de exteriorización, lo que, precisamente, dificultaba su

18. En su «Comentario al art. 3.1 CC», en *Comentarios al Código Civil*, dir. M. Albaladejo García y S. Díaz Alabart, p. 523.

19. Decía íntegramente: «El art. 3.1 comienza con las palabras "normas". Tradicionalmente se hablaba de interpretación de la *ley* o, más ampliamente, del *derecho*. Con la expresión citada se recoge, tal vez, la orientación doctrinal que había señalado que "la interpretación es necesaria respecto a toda regla jurídica" y no solo a la ley en sentido estricto. Concretamente se hacía referencia a la necesaria interpretación de la costumbre y de los denominados principios generales del Derecho. Mas se trata de actividades heterogéneas: una ley puede interpretarse, una costumbre puede describirse o explicarse y un principio general se enuncia. Así, el texto comentado parece manifestar que acoge o presupone el concepto amplio de interpretación doctrinal y no el estricto de interpretación lingüística. Mas, en contra de la concepción que se acaba de reseñar, cabe señalar que el art. 3.1 dice que las normas se interpretan "según el sentido propio de sus palabras, en relación con el contexto": la costumbre, desde luego, y los principios generales, con toda probabilidad, ni son palabras a las que quepa atribuir sentido ni son texto que tenga un contexto».

aplicación directa para la resolución de casos concretos)[20]. No es, desde luego, este el lugar donde retomar tal cuestión. Basta, al único propósito de este estudio, con recordar que aceptada hoy mayoritariamente[21] la distinción entre principios y reglas dentro de un concepto más amplio de norma jurídica, los principios generales del Derecho vendrían a ser normas jurídicas, aunque diversas de las reglas jurídicas (que vendrían representadas por las leyes, los reglamentos, ...), que como tales encuentran reconocimiento normativo, en el propio Derecho positivo de hoy, entre las fuentes del Derecho (cfr., los arts. 1.1 y 1.4 CC); y que en su función informadora (que reconoce expresamente aquel art. 1.4 CC, al declararlos como fuente supletoria *«sin perjuicio de su carácter informador del ordenamiento jurídico»* [22]), son fuente de estrictas reglas, son normas informadoras –motivadoras– de la regla jurídica.

Por otro lado, de entre las clasificaciones hechas de los Principios, desde que entre nosotros la introdujera Clemente de Diego (en su conocido trabajo: «El método en la aplicación del Derecho Civil», publicado en *RDP*, 1916, p. 298), es hoy admitida, unánimemente también, la distinción entre Principios implícitos o latentes en el sistema (que Larenz llamaba abiertos), y Principios explícitos

20. Siendo muy difícil hacer un elenco de obras fundamentales sobre los Principios, tal vez pueda, al menos, remitir al lector a obras recientes donde se compendia, ordenadamente, todo el panorama doctrinal, patrio y extranjero, habido al respecto (con referencias a Esser –como máximo exponente de la negación del valor normativo de los principios–, Larenz, Crisafulli, Ripert y Boulanger...). Para ello, y aun cometiendo el pecado de olvidar otras importantes, me parecen de aconsejable lectura las obras de PRIETO SANCHÍS, L. (*Sobre principios y normas. Problemas del razonamiento jurídico*, Madrid, 1992, pp. 29 ss., y 56 ss.); de ARCE Y FLÓREZ-VALDÉS, J. (*Los principios generales del Derecho y su formulación constitucional*, Madrid, 1990, pp. 66 ss.); de GRAU, E. (*Interpretación y aplicación del Derecho*, Madrid, 2007, p. 141 ss.); y la más reciente de TARDÍO PATO, J. A. (*Los principios generales del Derecho. Su aplicación efectiva como normas jurídicas*, Madrid, 2011, pp. 190 a 206, sobre todo). Aun siendo bastante, según creo, con dicha remisión, no me resisto a invitar a la lectura –crítica– que, de la obra de Esser, en su día hizo DE CASTRO («Fuentes del Derecho e interpretación jurídica. Observaciones alrededor de un libro», en *ADC*, 1958, pp. 242 y 243, especialmente), a quien dará la razón su discípulo DÍEZ-PICAZO (en la recensión a la obra de su maestro: «Los principios generales del Derecho en el pensamiento de F. de Castro», en *ADC*, 1983, pp. 1263-1268). Así como tampoco me resisto a proponer la obra de DEL VECCHIO G. (*Los principios generales del Derecho*, trad. y Apéndice de J. Ossorio Morales, Barcelona, 1933); con un prólogo de CLEMENTE DE DIEGO, quien también hará una de las primeras más importantes aportaciones en la doctrina española (en «El método en la aplicación del Derecho Civil», en *RDP*, 1916); junto con DE CASTRO (ya en su *Derecho Civil de España, cit.*, pp. 417 ss.).

21. Según hace notar con rotundidad, RUIZ SANZ, M. (*Sistemas jurídicos y conflictos normativos*, Madrid, 2002, p. 106 ss.).

22. Donde, según decía LACRUZ (p. 198), los principios funcionan como «motivación del precepto». Ya mucho antes, incluso antes de que existiera el actual art. 1 CC, con sus apartados 1 y 4, CLEMENTE DE DIEGO (p. 293), definió los Principios Generales del Derecho como «el motivo determinante, la razón informadora del Derecho (*ratio* iuris)». Y de un modo más poético, diría DE CASTRO (p. 420): «Los principios informan a todas las normas formuladas: las convierten de *flactus vocis* o de pintados signos en mandatos y reglas de conducta, y hacen un conjunto orgánico de las frases descosidas de un inconexo articulado».

o positivados (normativos, según Larenz[23])[24]: son estos últimos, en buena parte, los que aparecen en las Exposiciones de Motivos (según veremos luego –en el epígrafe 10.2 del siguiente cap. IV–), los que constituyen normas jurídicas, aunque carentes de aplicación directa por no expresarse en reglas jurídicas (que son las del articulado de la ley motivada), aunque sí contenidas implícitamente en ellas (desde la *ratio* reflejada en la parte expositiva). Eso explica que, al carecer de aplicación inmediata (cfr., de nuevo, los arts. 1.1 y 1.4 CC), desde tal perspectiva (que lo es del sistema de fuentes), los principios así expuestos aparezcan como normas jurídicas de inferior grado jerárquico (según dicen aquellos arts. 1.1 y 1.4 CC para los principios, y la doctrina oficial sobre las Exposiciones de Motivos, según veremos luego también). Vendrían, así expresados, a estar tales principios en un lugar intermedio: entre el limbo etéreo al que naturalmente pertenecen y del que proceden (o en la convicción social, si se quiere dar una visión menos iusnaturalista), y su estricta positivación en las reglas, en las normas regladas (o articuladas en leyes, reglamentos, ...), donde –solo– formalmente aparece disfrazada su naturaleza «principial»[25]. Los Principios así expuestos, como los Motivos de la ley, quedaría positivados, normativizados, aunque no reglados.

23. Aunque en su opinión, tales principios expresados en reglas se confunden con ellas, de modo que no solo contienen la *ratio legis*, sino que ellos mismos son ya la *lex* (con su supuesto de hecho y su consecuencia jurídica, al menos implícitas).
24. De lo que, en su día, explicara con detenimiento CLEMENTE DE DIEGO (p. 298), sobre la distinción entre principios explícitos e implícitos, me limito a traer aquí el siguiente extracto: «en los primeros se ostenta desde luego la cualidad de precepto o norma que esconde y no oscurece su virtud de principio; en los segundos hállese más exaltada al pronto su cualidad de principio que no obsta a que pueda tener valor normativo y a que se muestre luego como tal norma». También son interesantes sobre la positivación de los principios generales del Derecho (refiriéndose, en particular, a los del Derecho natural), las explicaciones de DE CASTRO (pp. 416 y 417), pues, en su opinión (pp. 422 y 423), no debiera confundirse la distinción entre Derecho natural y estatal con la habida entre Derecho extrapositivo y positivo. También cabe remitirse a GARCÍA VALDECASAS, G. («Los principios generales del Derecho en el nuevo Título Preliminar del Código Civil», en *ADC*, 1975, pp. 332 y 33; y en «La positivación del Derecho y la vertiente sociológica de la ciencia jurídica», en su discurso de apertura, pp. 20 a 26). Una distinción, sin embargo, de la que discrepaba BOBBIO, N.: *Teoría general del Derecho*, trad., Madrid, 1991, pp. 251 y 252, por estimar que todo principio está de algún modo expresado, aunque deba extraerse por abstracción, por interpretación de normas específicas, y aún no haya sido aplicado. Por su parte, en la actualidad, TARDÍO PARDO (pp. 92 ss.), disminuye la importancia de la distinción por los problemas que pueden plantearse en caso de contradicción entre los principios implícitos y las reglas jurídicas. Sobre la posibilidad de tales antinomias, baste con decir que no por existir el problema cabe negar la realidad de que hay principios contenidos en las reglas jurídicas. Otra cosa, es si la continua positivación de los principios permite, aún, hablar de la existencia de principios implícitos (cuestión, por supuesto, que no corresponde tratar en esta obra).
25. Digo «formalmente», porque en sustancia sigue habiendo un principio, aunque expresado –que no encerrado– en una norma determinada, como, por lo demás, puede el mismo principio estar expresado en otras muchas reglas, en muchas otras normas. Como dicen DÍEZ-PICAZO y GULLÓN (en su *Sistema de Derecho* Civil, Madrid, 2005, p. 146), «que el principio general del derecho no se lo da la norma que la formule, ni el rango o categoría del

Bien mirado, son el modo y el lugar más idóneos para su positivación: sin permanecer en su natural dimensión abstracta, tampoco se convierten en regla, para subsistir en ella solo espiritualmente. En cuerpo y alma, como tales principios se mantienen en las Exposiciones de Motivos.

Así positivados los principios, es verdad que, aunque mantengan sus *status* como normas en el sistema de fuentes, pierden cierta «frescura» (sobre todo, la mutabilidad que les confiere su natural carácter ideal, abstracto, ...). Tal vez exagere, pero me atrevería a decir que podrían hasta perder cierta «justicia», cierta libertad en la decisión, en cada caso, de lo que es o no justo. Pero se gana, en cambio, en seguridad y certeza (el otro gran pilar del Derecho; cfr., arts. 1.1 y 9.3 CE). Las Exposiciones de Motivos, por un lado, convalidan la *ratio* intrínseca de los principios con la *auctoritas* que les otorga la ley (aunque tal convalidación, rectamente, ni la requieran ni los convierten en ley)[26], y, por otro, como su consecuencia, proporcionan al intérprete cierta seguridad en el entendimiento de la ley, de la razón y los principios que la informan y motivan[27]. La STS de 18 mayo 1963, aunque probablemente lo dijera de pasada, llegará a entender la Exposición de Motivos como una *«norma segura de interpretación»*.

texto que lo haya recogido, en el caso de que lo haya recogido. A los principios generales del Derecho quien les dota de valor es la conciencia social –dicen–, que es quien los crea y quien en definitiva los mantiene. Ahora bien, al positivarse no hay duda de que se convierte en una norma básica, principal, formuladora de un deber ser jurídico, sin ligarse a un supuesto de hecho concreto o ligándose a un supuesto de hecho muy general o indeterminado». Lo mismo dirán, contra opiniones hoy ya superadas, GORDILLO CAÑAS, A. (*Ley, Principios Generales y Constitución: Apuntes para una relectura, desde la Constitución, de la teoría de las fuentes del Derecho*, Madrid, 1990, pp.71, 72, 83 y 84); y siguiéndoles a él y a Díez-Picazo, ARCE Y FLÓREZ-VALDÉS (pp. 94 a 96), refiriéndose ambos a los principios generales del Derecho constitucionalizados, y concluyendo GORDILLO (en p. 72), que los principios, aun positivados, «son fuente, pero, más que fuente formal, fuente material del Derecho».

26. Ya decía DE CASTRO (p. 48), que mientras en la ley destaca el rasgo de la *auctoritas*, en los principios destaca su *ratio* innata. Aunque, por supuesto, el principio positivado no se legitima única, ni siquiera principalmente, por aquella autoridad que solo reconoce, descubre el principio, pero no lo crea, ni inventa. Como dice, a tal respecto, DIEZ-PICAZO (*Experiencias jurídicas y teoría del Derecho*, 3.ª ed., Barcelona, 1993, p. 219), refiriéndose a lo que él llama normas «principiales», frente a los principios en sentido estricto (que no es más que otro modo de referirse, respectivamente, a los principios explícitos y a los implícitos): «Las normas "principiales" pueden ser legales o pueden ser simplemente consuetudinarias. Su carácter normativo les es dado por su propia fuente de producción, pero su carácter "principial" es ajeno a ella. El carácter "principial" no descansa en la autoridad del Estado, ni tampoco en la de quienes han creado el uso. Tiene su fundamento en la comunidad entera, en la medida en que es ella misma, a través de las convicciones, creencias o juicios de valor que profesa, quien le confiere este carácter». Lo mismo dirá GORDILLO (pp. 69 y 70), refiriéndose a los principios generales del Derecho contenidos en nuestra Constitución.

27. También lo dirá quien ha sido Magistrado del TC español, ARAGÓN REYES (que aquí tomo de DE LA HIGUERA GONZÁLEZ, L. M.ª: «Las normas jurídicas, fuentes, interpretación, aplicación y eficacia general», en *Instituciones de Derecho Privado, Tomo I, vol. 1.º: Personas*, coord. J. F. Delgado de Miguel, Madrid, 2003, p. 258), al decir de los principios contenidos en la Constitución, que «su positivación reduce ciertamente los riesgos del subjetivismo en su conformación, poniendo coto a un excesivo activismo judicial. Es cierto que la

No en vano, la jurisprudencia les confiere a tales Exposiciones un valor interpretativo auténtico; aunque a la par no vinculante (que ya se verá –en el epígrafe 10.2 del cap. IV–).

Porque positivación no significa desnaturalización ni encorsetamiento de los principios, ni siquiera cuando tales principios, en lugar de expuestos (en los Preámbulos de la ley), son reglados (articulados); pues nada impide que sigan siendo interpretados e interpretables, como la realidad social misma que también se expone y contiene los preámbulos (según veremos); mucho menos, que por su expresión escrita tal interpretación deba ser siempre la literal (sin posibilidad de emplear otro criterio), del mismo modo en que tampoco la falta de morfología de los principios implícitos impide su posible interpretación, haciéndola tan solo más difícil. El legislador, al positivar de aquel modo los principios, no puede negar su origen (ideal y abstracto), ni, por tanto, su posterior desarrollo, no solo a través de otras leyes reformadoras, sino por obra de la propia doctrina y de la jurisprudencia. El legislador-intérprete solo guía, pero sin imponerse, al jurista-intérprete[28]. Y qué duda cabe de que, entre tales mecanismos interpretativos de los principios, antes que algunos otros (como el literal, desde luego), tiene mayor cabida el sociológico o evolutivo.

Recientemente lo ha advertido Carretero Sánchez (p. 151), para quien «el principio –precisamente– por ser intemporal, tiene una adaptación que le permite el criterio sociológico de la norma y no otros». Pues, como dijera ya hace tiempo Esser (p. 420), «los principios del derecho no viven en un mundo aparte, sino que siguen la tendencia social de la vida».

Entre nosotros, dirá lo propio De Castro (p. 420), para quien los principios generales del Derecho son «la parte permanente del Derecho y también la cambiable y mudable que determina la evolución jurídica». En su conocida clasificación tripartida de los principios (entre principios de Derecho natural, principios tradicionales –o, en sentido amplio, sociales– y principios políticos), nada impide que cualquiera de ellos sea interpretable en general, y adaptable en particular a la realidad social del tiempo en que se apliquen, inclusive los principios

---

conformación jurisprudencial de los principios generales no es, en rigor, una actividad de libre creación y que mediante ella "el Derecho se descubre, no se inventa", mas también lo es que la necesidad y la capacidad de "descubrimiento" doctrinal se reduce si el Derecho escrito deja menos territorios incógnitos». Ya lo decía antes GORDILLO CAÑAS (p. 41), sobre idéntica positivación en la Constitución de los Principios Generales del Derecho (refiriéndose él a los del Derecho Natural): «Desde luego está fuera de toda duda que la inclusión de los Principios generales en el elenco de las fuentes no responde a la deferente obsequiosidad de la ley, que, con reconocimiento de su propia limitación, quisiera rendir tributo al fundamento que, limitándola, la sostiene; se trata, por el contrario, de adjuntar a la Ley la válvula de seguridad que garantice su reinado absoluto».

28. De este modo, le puede suceder a los principios lo que, para el propio art. 3.1 CC, decía DE CASTRO («Naturaleza de las reglas para la interpretación de la ley», en *ADC*, 1977, pp. 1116 y 1117): «le ocurre lo que al alguacil alguacilado de Quevedo, el precepto interpretativo habrá de ser interpretado».

naturales. El propio Derecho natural es «de raíz perenne, pero de contenido variable», decía Francisco Suárez[29]; es universal y son sus exigencias y plasmación concretas las que varían en cada momento, *hic et nunc*. Es lo que ocurre, por ejemplo, con la aplicación de la equidad como elemento de ponderación en la aplicación de una norma: la idea inmutable es la de justicia, lo variable es su concreta aplicación *super casum*. No hay en ello contradicción alguna, como tampoco debe haber una confrontación irreconciliable entre el Derecho natural y la historicidad, o la realidad social vigente que a la norma rodea.

De ahí la importancia de admitir que la Constitución misma sea interpretable evolutivamente, pues, como dice Pérez Luño (p. 276), cuando se interpretan sus normas, se interpretan sus valores.

En el fondo de todo ello porque, siguiendo de nuevo al maestro De Castro (p. 459), toda norma es interpretable, y la costumbre y los principios, que son normas, también son susceptibles de interpretación, aunque por su carácter no escrito, «ofrecen sus propias dificultades interpretativas» (según decía). Que generalmente solo se hable de la interpretación de la ley, decía allí De Castro, «se explica porque lo que más preocupa a la doctrina es el valor que en la organización jurídica tiene la ley y porque, en suma, por lo que se lucha en las discusiones teóricas es por la manera de asegurar o debilitar el monopolio jurídico del legislador». De ahí que en tantas ocasiones el Derecho se refiera en sentido amplio a la *«ley»*, para entender incluida en ella a cualquier norma jurídica. Lo que, por cierto, no sucede con el art. 3.1 CC al emplear la expresión de *«norma»* (aunque tampoco de este dato, meramente literal, quiero hacer argumento).

7. E INTERPRETACIÓN SOCIOLÓGICA DE COSTUMBRES

Por igual razón, también la costumbre, en cuanto norma no escrita, puede ser objeto de interpretación sociológica:

29. Aquí tomado de BASCUÑÁN VALDÉS: *Introducción al estudio de las Ciencias Jurídicas y Sociales*, Santiago de Chile, 1960, p. 95. De inmutable, pero dúctil lo califica, recientemente, CARRETERO SÁNCHEZ (p. 149), como límite particular de la interpretación sociológica. También hace poco, FASSÓ (p. 1037), al considerar que los principios del Derecho Natural se encuentran ínsitos en la Constitución, los estima como principios inviolables, pero no por ello supra-históricos e inmutables, sino que pueden mutar, como expresión de la conciencia social, siendo al respecto su más auténtico intérprete, no el legislador, ni el gobierno, sino el Tribunal Constitucional. En contra de todo ello, el canonista Gregorio DELGADO (pp. 133 y 134), en la posible interpretación evolutiva del Derecho canónico hay que respetar dos límites: uno, como realidad inmutable, es el Derecho Natural, que no puede cambiar sustancialmente por muy cambiante que sea la realidad social; y otro, que el cambio de la realidad social, parte integrante de la norma, sea tan sustancial y radical, que no quepa interpretarla, sino derogarla o reformarla (conforme a los mecanismos que sean aptos para tal fin). Dejemos, sin embargo, el derecho Canónico, como el islámico o cualquier otro, y vayamos a nuestra Constitución, dando al César lo que es del César (pues así lo exige el art. 16 CE).

Así ya lo defendí, en particular, en un trabajo sobre el conocido Fuero del Baylío[30], de régimen matrimonial de comunidad absoluta, único caso de genuino derecho consuetudinario vigente en nuestro actual Derecho privado en algunas comarcas extremeñas, para una vez interpretado sociológica y sistemáticamente, concluir que aquel régimen comienza, no ya con la cópula carnal según se requería en sus orígenes (cuando, por entonces, tal momento era el constitutivo de cualquier matrimonio), sino tras las nupcias, y que su disolución no cabe hoy ya solo por muerte de uno de los cónyuges, sino también en caso de divorcio.

Más allá de este ejemplo, en la propia jurisprudencia hay algunos otros, como el de la STS de 20 diciembre 1984, en materia de comunidad germánica gallega[31] (como, por ejemplo, puede verse también en las llamadas «serventías», que no son servidumbres, sino comunidades de paso).

Otro caso es el de la STS de 7 de marzo de 1992, sobre la solidaridad presunta en el aval (o fianza mercantil), que la fundamenta en la *«práctica mercantil»*[32].

---

30. Titulado: «¿Cuándo comienza a regir la comunidad universal matrimonial del Fuero del Baylío? La difícil interpretación, e integración, de una norma –aún– consuetudinaria (Comentario a la RDGRyN de 6 mayo 2015)», en *Revista Crítica de Derecho Inmobiliario*, 2016, n.º 755, pp. 1569-1590.
31. Cuando afirma, en su Cdo.4.º: *«Que lo precedentemente expuesto, conducente a la estimación del motivo segundo en que se apoya el recurso de casación de que se trata, viene corroborado por el resultado obtenido en juicio ya resuelto definitivamente con relación a otras de las parcelas afectadas por la indicada división realizada en el año mil ochocientos noventa y dos, reveladora de continuidad posesoria de adjudicatario en ella; aparte que si a tenor de lo normado en el párrafo primero del artículo séptimo del Código Civil, tienen amparo los derechos que se ejerciten conforme a las exigencias de la buena fe, teniendo la consideración de costumbre "los usos jurídicos que no sean meramente interpretativos de una declaración de voluntad", cual establece el párrafo segundo del número tres del artículo primero del citado Código, unido a que en la aplicación de las normas jurídicas, como pone de manifiesto el párrafo segundo del artículo tercero del mencionado Cuerpo legal sustantivo, haya de considerarse la realidad social del tiempo en que son aplicados, atendido fundamentalmente el espíritu y finalidad de aquellos, es de apreciar que la singularidad de una distribución de dominio del monte en cuestión, con asignación de parcelas mediante operaciones particionales llevadas a cabo hace más de un siglo, con posesión indiscriminada entre los adjudicatarios de las parcelas asignadas conforme al ámbito temporal de disfrute que el terreno posibilitaba según sus características, no es significativo más que de una situación fáctica emanante de una manifestación comunitaria de disfrute en modalidad germánica arraigada en Galicia y singularizada, a efectos de atribución de dominio, mediante secuencias sucesorias y reflejo en partijas y transmisiones documentadas pública o privadamente y con efectividad provocada con actividades posesorias continuadas o intermitentes adaptadas a las características de la finca, su producción y posibilidades de disfrute».*
32. Entre otros fundamentos, al decir, en parte de su Fto. D.º 3.º: *«...además debe tenerse en cuenta el carácter mercantil de la fianza al estar constituida por una entidad crediticia dentro de las actividades de su tráfico mercantil, lo que determina su carácter solidario "según la práctica mercantil y la jurisprudencia –sentencias de 4 de diciembre de 1950, 7 de diciembre de 1968, 25 de abril de 1969 y 16 de junio de 1970–, siendo su consecuencia que el fiador*

O el caso de la STS 10 junio 1991, al condenar por responsabilidad por daños a una empresa de esquí que no cumplía las medidas de seguridad, rechazando además que no hubiera relación contractual con la víctima por ser ésta un menor no emancipado: «... *tesis inaceptable por contraria a los usos sociales imperantes en la actualidad ya que resulta incuestionable que los menores de edad no emancipados vienen realizando en la vida diaria numerosos contratos para acceder a lugares de recreo y esparcimiento o para la adquisición de determinados artículos de consumo, ya directamente en establecimientos abiertos al público, ya a través de máquinas automáticas, e incluso de transporte en los servicios públicos, sin que para ello necesite la presencia inmediata de sus representantes legales, debiendo entenderse que se da una declaración de voluntad tácita de éstos que impide que tales contratos puedan considerarse inexistentes, teniendo en cuenta "la realidad social del tiempo en que han de ser aplicadas (las normas), atendiendo fundamentalmente al espíritu y finalidad de aquéllas" (art. 3.1 del Código Civil), y siendo la finalidad de las normas que sancionan con la inexistencia o anulabilidad de los contratos celebrados por los menores, una finalidad protectora del interés de éstos*».

* * *

Más allá de los casos indicados, y de otros posibles, y frente a la opinión contraria en tal sentido, como la ya citada de Salvador Coderch (en el epígrafe anterior), así como la de Santi Romano[33], sí lo admite, en Alemania[34], Karl Larenz (pp. 354 ss.), diciendo que, a diferencia de la interpretación de la ley, en la de la costumbre «no se trata de la interpretación de un texto previamente dado, se trata más bien de formular lingüísticamente la norma indicada por la conducta social», y que esta puede hacerse desde la propia jurisprudencia como expresión de la convicción de la opinión pública (en su efectivo comportamiento social), y no solo en la de los juristas; aunque, en nuestra opinión, puede extraerse tal realidad social de cualquier otro mecanismo que así la revele como consolidada jurídicamente.

---

mercantil carece de los beneficios de excusión y de división de que goza el fiador civil. Sin que por ello se desconozca cierta corriente jurisprudencial que entiende que la fianza mercantil no goza del carácter de solidaria en nuestro ordenamiento jurídico, a pesar de la corriente casi unánime de la doctrina científica que lo entiende así; criterio este último que debe apoyarse en nuestra época, al amparo del artículo 3, párr. 1, del Código Civil, dada la necesidad de garantías firmes en las transacciones mercantiles y el auge que tiene la obligación solidaria en otros ámbitos jurídicos (por ejemplo, en materia de seguros, y de las obligaciones extracontractuales), precisamente en beneficio de la seguridad jurídica en la realidad social de nuestro tiempo caracterizada por la complejidad y multiplicidad de variantes en las relaciones jurídicas, tanto dentro del comercio como fuera de él" [sentencia de 20 de octubre de 1989]...».

33. En su «Interpretación evolutiva», en *Fragmentos de un Diccionario Jurídico*, trad. S. Sentis Melendo y M. Ayerra Redín, Buenos Aires, 1964 (p. 212), donde solo admite que de la costumbre se haga una interpretación histórica (o de mea comprobación de su existencia y alcance).

34. Así también, en Italia, autores como DEGNI (pp. 2 y 3), o BETTI (pp. 306 ss.), o, entre nosotros, DUALDE (pp. 252 ss.).

Más claro, por ello, nos resulta Degni (pp. 2 y 3), cuando defiende la interpretación de las costumbres, pero por medios y un fin diversos a los de la ley, pues mientras en esta se parte de una norma que permanece idéntica (en su sentir literal, cuando menos) y se presenta como abstracta o general, que hay que interpretar y aplicar por deducción a casos concretos, en la norma consuetudinaria, en cambio, el intérprete parte directamente de la consciencia popular y de sus manifestaciones concretas para determinar, en este caso por inducción, el verdadero contenido general de la norma consuetudinaria.

Decía, por su parte, Betti (pp. 306 y 307): «Si el comportamiento consuetudinario, considerado en su tipicidad social, es informado por una máxima de conducta insertable en el ordenamiento jurídico, y si tal máxima se inspira a su vez en un criterio de valoración que constituye su *ratio iuris*, reflejando la *opinio necessitatis*, es claro que los criterios hermenéuticos para la interpretación de la ley en general encuentren, sin duda alguna, aplicación a las normas consuetudinarias... Al examinar la cuestión es preciso tomar en cuenta, también, a la sociedad contemporánea, al intérprete, no solo aquella en que la costumbre tuvo su génesis».

Admitida, así, la posibilidad de interpretar sociológica o evolutivamente una costumbre, más difícil resulta, sin embargo, deslindar la costumbre de la realidad social, y, más allá de tal delimitación, saber dónde hallar dicha realidad social. Es hora, por fin, de abordar tal cuestión, que encierra el conocido riesgo de la inseguridad y de la consiguiente posible arbitrariedad.

IV

Una realidad social «juridificada»

SUMARIO: 8. ENTRE LA «CONCIENCIA SOCIAL COLECTIVA» Y LA «CULTURA JURÍDICA»: UNA «REALIDAD SOCIAL JURIDIFICADA» EN EL ORDEN INTERNO-NACIONAL. *8.1. La necesidad de una nueva realidad social, directa o indirectamente, positivada. 8.2. No a la doctrina y al puro dato sociológico. El jurista como intérprete –solo– de la norma jurídica. 8.3. Sí a la jurisprudencia (evolutiva).* 9. REALIDAD SOCIAL Y *RATIO LEGIS*: INTERPRETACIÓN SOCIOLÓGICA Y CONTEXTO JURÍDICO (HISTÓRICO Y SISTEMÁTICO). 10. REALIDAD SOCIAL Y *OCCASIO LEGIS*. *10.1. En busca de la occasio legis ¿perdida?. 10.2. Con valor interpretativo auténtico, en los Preámbulos nacionales y en los Considerandos europeos. 10.3. (Relativamente) en los «materiales prelegislativos» (y en las disposiciones in fieri o en devenir). 10.4. Y en el Derecho comparado (internacional y autonómico), integrado internamente.*

8. ENTRE LA «CONCIENCIA SOCIAL COLECTIVA» Y LA «CULTURA JURÍDICA»: UNA «REALIDAD SOCIAL JURIDIFICADA» EN EL ORDEN INTERNO-NACIONAL

8.1. LA NECESIDAD DE UNA NUEVA REALIDAD SOCIAL, DIRECTA O INDIRECTAMENTE, POSITIVADA

Hablaba la STS de 21 noviembre 1934 (vanguardia de la interpretación evolutiva, recuérdese), de *«la aplicación del que suele llamarse elemento sociológico, integrado* –decía– *por aquella serie de factores –ideológicos, morales y económicos– que revelan y plasman las necesidades y el espíritu de la comunidad en cada momento histórico»*; esto es, lo que comúnmente, desde aquella época, ha venido a denominarse «conciencia social colectiva» (y que aquella STS de 1934 refería como *«la conciencia moral de un pueblo»*). No podía ser de otra forma: no son sino los mismos factores que inciden en la labor legislativa, aunque ahora con la peculiaridad, y con su consiguiente riesgo (arriba advertido –en el epígrafe 3 del cap. II, sobre fines y peligros–), de que no se trata de crear una ley nueva por quien tiene legitimación para ello, sino de aplicar la norma ya existente a una realidad nueva por quien carece de potestad normativa.

Pero ¿dónde hallar expresada esa nueva conciencia social colectiva?

Es, precisamente, esa indeterminación o imprecisión de la realidad social, como dato fáctico, como tal, extrajurídico, y, por ello, interpretable, germen de posibles arbitrariedades y subjetivismos, la que supone uno de los mayores riesgos de la interpretación sociológica, y que, precisamente, justifica la posición contraria de muchos al empleo mismo de tal canon hermenéutico[1].

En la STC n.º 198/2012, de 6 noviembre, el TC admite una «*lectura evolutiva de la Constitución*» fundada en «*la noción de cultura jurídica, que hace pensar en el Derecho como un fenómeno social vinculado a la realidad en que se desarrolla... Pues bien, la cultura jurídica no se construye sólo desde la interpretación literal, sistemática u originalista de los textos jurídicos, sino que también contribuyen a su configuración la observación de la realidad social jurídicamente relevante, sin que esto signifique otorgar fuerza normativa directa a lo fáctico, las opiniones de la doctrina jurídica y de los órganos consultivos previstos en el propio ordenamiento, el Derecho comparado que se da en un entorno socio-cultural próximo y, en materia de la construcción de la cultura jurídica de los derechos, la actividad internacional de los Estados manifestada en los tratados internacionales, en la jurisprudencia de los órganos internacionales que los interpretan, y en las opiniones y dictámenes elaboradas por los órganos competentes del sistema de Naciones Unidas, así como por otros organismos internacionales de reconocida posición*».

Pero ¿son realmente manejables todos esos materiales para que el intérprete –no el legislador– conozca la «*realidad social*» a que se refiere el art. 3.1 CC? ¿Acaso el intérprete –medio– tiene tiempo y aptitudes para manejar hábilmente todos esos materiales, algunos de los cuales son más propios de la Sociología que de la técnica jurídica[2]?

---

1. Así, entre nosotros, VALVERDE (pp. 145 y 146), apoyándose en Dualde; CASTÁN (pp. 109 y 110); DE LA VEGA BENAYAS (p. 132); apoyándose en Martínez de Aguirre, SALVADOR CODERCH (p. 520), quien sobre la realidad social a que se refiere el art. 3.1 CC, dice: «tan nombrada como poco identificada y descrita con un mínimo de rigor: ¿qué es?, ¿cómo se conoce?»; también PÉREZ ALGAR (p. 80 ss.), quien, tras preguntarse (en p. 80), «¿qué porcentaje de opiniones son las que definen la realidad social? ¿El 90 por ciento o el 70 por ciento?», concluirá (en p. 87), diciendo que «lo social, por su propia esencia es algo contradictorio, complejo y, por lo mismo, sólo parcial y difícilmente cognoscible». De modo irónico lo advierte PÉREZ ÁLVAREZ (p. 14), cuando afirma que muchas veces la realidad social ha sido empleada por el Tribunal Supremo y, sobre todo, por las Audiencias Provinciales a modo de «polvo de estrellas o –como– el pelo de nomo» de un brebaje mágico.
2. Entre los nuestros, mostrándose por tal razón contrario al criterio sociológico, dirá DE LA VEGA BENAYAS (p. 132), que «el juez no tiene tiempo, ni medios, de hacer un sondeo de opinión». Más crítico, y agrio, aunque no falto de razón, se manifiesta SALVADOR CODERCH (p. 529), cuando también del juez considera que es «perito exclusivamente en Derecho y funcionario no elegido, que carece de legitimación científica o democrática para adoptar decisiones autónomas como si fuera legislador». Parecen unas palabras inspiradas en LACRUZ (p. 283), cuando este considera que «los jueces carecen de medios específicos de averiguación de la realidad social, así como de legitimación constitucional para determinar por sí mismos los valores que han de regir la convivencia».

Aunque la propia STC 198/2012, de 6 noviembre, advierte que *«la observación de la realidad social jurídicamente relevante* –no– *signifique otorgar fuerza normativa directa a lo fáctico»*, ella misma, creemos, cae en su propio error al tener presente elementos puramente fácticos, que solo sería legítimo usar para un legislador que crea *ex novo* una norma destinada a esa nueva realidad que –solo– existe en el mundo real, fáctico, aún sin trascendencia normativa. Pero que no son aptos para un aplicador e intérprete de la norma ya creada *ex ante*, como en aquel caso le sucedía al propio TC en la interpretación que hacía del art. 32.1 CE, para llegar incluso a concluir en algún pasaje que el matrimonio «homosexual» *«puede tener cabida en el art. 32 CE interpretado de acuerdo con una noción institucional de matrimonio cada vez más extendida en la sociedad española y en la sociedad internacional, aunque no sea unánimemente aceptada»*. Con tal confesión final, nos parece, se olvidaba de lo que ya decía la STS de 21 noviembre 1934, al exigir que tal interpretación debiera partir *«no de estados de conciencia todavía nebulosos o en vías de formación, sino de tendencias o ideas que han penetrado ya»* (*«para no dar trascendencia a estados o tendencias no fijados»*, añadirían luego otras, como las SSTS de 8 marzo 1982, 28 febrero 1989, o las de 7 enero y 25 abril, ambas de 1991, ...). Mas, ¿cómo sabe el intérprete que sin duda se encuentra ante una realidad social nueva ya consolidada?

Para una adecuada interpretación sociológica es necesario que la nueva realidad social esté de algún modo ya recogida en la legislación, que se deduzca del propio sistema jurídico y así se integre perfectamente dentro de él, sin oponerse a ninguna otra norma[3]. Con ello, queda, en parte, aquel método hermanado y conectado con el sistemático, por su necesario empleo.

Así ya fue advertido desde un principio por la STS de 21 noviembre 1934, cuando, tras admitir la fuerza interpretativa de la conciencia social colectiva, precisaba –repetimos– que *«su aplicación se hace más segura y decisiva cuando se trata, no de estados de conciencia todavía nebulosos o en vías de formación, sino de tendencias o ideas que han penetrado ya* –añadía– *en el sistema de la legislación positiva o han obtenido su reconocimiento, de manera inequívoca, en la Ley Suprema del Estado»* (refiriéndose implícitamente en este último caso, recuérdese, al art. 43 de la Constitución republicana de 1931).

No hacía con ello su Ponente, Castán Tobeñas, sino casi reproducir las palabras de su musa inspiradora, el Prof. italiano De Ruggiero (pp. 146 y 147), para quien «será autorizado el intérprete a considerar todo esto –relativo a los factores sociales, ...– cuando de tales sentimientos nuevos haya penetrado algo en la legislación».

3. Lo exigía FERRARA (p. 238), que el sentido nuevo de la norma no se contradiga con otras normas, precisamente por estar en armonía con el sistema, de modo que la interpretación evolutiva sea una exigencia cuando es el sentido originario de la norma el que ya no se adapta a la dirección de la nueva legislación.

Así lo exigía antes la autoridad italiana en este método, Degni[4], quien ponía como su «condición o límite (impuesto por la necesidad de evitar el subjetivismo del intérprete) de no conceder a los elementos sociales eficacia jurídica sino en tanto en cuanto no hayan obtenido su reconocimiento, directo o indirecto, en el sistema de la legislación positiva».

Y así lo considera hoy el común de la doctrina[5], y también –como dato legal, *ergo* determinante– el art. 3.1 CC cuando acoge en tal sentido el método histórico-evolutivo, rechazando el de la Escuela libre del Derecho[6], al condicionar que la realidad social, así como los demás elementos interpretativos de la norma, sea empleada *«atendiendo fundamentalmente al espíritu y finalidad»* de la propia norma interpretada y, por extensión, del entero ordenamiento jurídico; aunque tal vez haya que justificar tal límite, no solo para evitar la arbitrariedad (según el temor que muestra en sus palabras reproducidas Degni), sino también para impedir que, en el terreno meramente aplicativo –no creativo– de la norma, lo fáctico sea convertido en jurídico por quien carece de legítimo poder para ello y debe, en cambio, someterse a las fuentes jurídicas ya existentes (cfr., el art. 1.7 CC, o el 117.1 CE). Es, precisamente, la razón que aduce la STC 198/2012, de 6 noviembre, pero que ella misma, según creemos, incumple.

Con esta exigencia, que limita la libertad del intérprete, se asegura el carácter estrictamente jurídico del método sociológico o evolutivo, y se evita, en particular, que tal interpretación sea tachada de extrajurídica, ideológica o política[7]. Entre la realidad social desnuda, puramente fáctica, y la realidad normativa, o jurídica, hay que reservar ese espacio propio, sin valor normativo, pero

4. En reiteradas ocasiones (pp. 217, 219, 220, 286 a 288, 338, 347 y 348).

5. RUGGIERO (pp. 146 y 147); FERRARA (p. 238); BETTI (p. 115); entre nosotros, apoyándose en Degni y Ferrara, CASTÁN (pp. 285 y 186); y también VALVERDE Y VALVERDE (I, pp. 122 y 123); DE CASTRO (p. 462); PÉREZ ÁLVAREZ (p. 42); o PABÓN DE ACUÑA (p. 14), quien llegará a decir que «la acción de "actualización" de preceptos legales anticuados se revelará básicamente a través de interpretaciones contextuales y analógicas que toman como punto de partida normas próximas y más recientemente renovadas. La realidad social será la mayor de las veces expresión de una nueva realidad jurídica positivizada». En nuestra opinión, aunque hable de interpretaciones analógicas, a la vista de los ejemplos que luego indica acerca de las mismas (p. 105 ss.), como la aplicación a los vídeos del antiguo art. 1 de la Ley de Propiedad Intelectual, por su analogía con las películas de cine, o como la asimilación del promotor al constructor para hacerle responsable *ex* art. 1591 CC, más bien parece referirse a una interpretación extensiva. No en vano, estima aquellos casos como lagunas ocultas o impropias (en terminología de LARENZ). A ello volveremos al final de este trabajo (en el epígrafe 11.3, el último del cap. V y último).

6. Según la explicación que, conforme a la exégesis del art. 3.1 CC, ofrece con detalle PÉREZ ÁLVAREZ (pp. 57 ss.), según expusimos arriba (en el epígrafe 4.3 del cap. II, contra el culto a la letra de la ley).

7. Que fue, precisamente, la crítica más común contraria a la constitucionalidad de la Ley 13/2005, sobre el matrimonio «homosexual». Entre muchísimos otros, y al margen del tono más agrio o moderado empleado, pueden citarse: SERRANO ALONSO, E. (*El nuevo matrimonio civil. Estudio de las leyes 13/2005 y 15/2005...*, Madrid, 2005, pp. 23 y 27); ESPEJO

con función interpretativa, a lo que podría denominarse la «realidad social positivada, normativizada o juridificada»[8].

Expuesto así, en general, el límite, queda, sin embargo, por saber dónde hallar, en particular, aquella realidad social positivada. Veámoslo.

8.2. NO A LA DOCTRINA Y AL PURO DATO SOCIOLÓGICO. EL JURISTA COMO INTÉRPRETE –SOLO– DE LA NORMA JURÍDICA

A la vista de lo dicho, resulta impropia, inadmisible, la referencia a la doctrina, en que, sin embargo, se apoyaría la STC 198/2012, de 6 noviembre (en el caso de la Ley del matrimonio «homosexual»[9]), y cuyo papel conformador de la realidad social, defendía, no por casualidad, uno de los padres de la Escuela libre del Derecho: Saleilles, en su Prólogo a la obra de Geny[10]. Ni siquiera valdría el dato doctrinal, aunque hubiera indubitada unanimidad científica –la clásica *communis opinio doctorum*– (que, desde luego, no había en el caso de aquella STC). Hace ya mucho que la opinión de los doctores dejó de ser fuente creadora normativa en cuanto expresión de la conciencia popular.

Es de reconocer, sin embargo, que, a veces, nuestra jurisprudencia sí se ha apoyado en la doctrina científica como expresión de una nueva realidad social (no solo en aquella STC 198/2012, de 6 noviembre, sino también en las SSTS de 30 junio 1959 y 5 abril 1963, sobre objetivación de la responsabilidad por daños del art. 1902 CC, en la de 7 marzo 1992, sobre la solidaridad del avalista,

LERDO DE TEJADA, M. («Matrimonio legal: ¿un nombre vacío? A propósito de las reformas del CC en julio de 2005», en el *Libro-homenaje al Prof. Amorós Guardiola*, T. I, Madrid, 2006, pp. 1467 ss.); siguiéndole en mucho, MARTÍNEZ VÁZQUEZ DE CASTRO, E. (*El concepto de matrimonio en el CC*, Navarra, 2008, pp. 64, 65, 68 y 69); DE VERDA Y BEAMONTE, J. R. (*Comentarios a las reformas de Derecho de familia de 2005*, Navarra, 2005, pp. 48 y 49); DE LOS MOZOS, J. L. («El matrimonio de los homosexuales: una tergiversación de los derechos fundamentales», en *La reforma del modelo de familia en el CC español*, Granada, 2005, p. 62); GARROTE FDEZ-DÍEZ, I. (p. 143); MARTÍNEZ DE AGUIRRE Y ALDAZ, C. (pp. 31 ss., 48, 49 y 73 ss.) ...

8. Refiero tal denominación inspirándome en la STS de 16 julio 1993 cuando, en el caso que resolvía, decía que el recurrente, que pretendía ampararse en una interpretación sociológica, confunde «realidad social» y «realidad normativa».

9. Máxime cuando había en ella una viva polémica todavía existente, aunque la propia STC pareciese negarlo: *«Acudiendo a la doctrina* –según dice– *para perfilar la noción de matrimonio que se asume en nuestra cultura jurídica, hay que constatar que entre los juristas especializados en la materia no existe una posición unánime respecto de la cuestión que nos ocupa, si bien se verifica una tendencia creciente a reconocer que el hecho de que el matrimonio entre personas del mismo sexo se integre en la institución matrimonial, es una realidad susceptible de ser asumida en nuestra cultura jurídica, existiendo matices distintos respecto del vínculo constitucional de la institución así configurada»*.

10. Aunque precisando que, a fin de evitar posibles arbitrariedades e interpretaciones subjetivas, tal doctrina tuviese encaje en la ley interpretada y estuviese en armonía con el conjunto del sistema jurídico. Por su parte, ASCARELLI (p. 108), hablará de la importancia de la evolución de la norma en la conciencia de la ciencia jurídica («coscienza della scienza giuridica», dice).

o en la de 10 febrero 2005, sobre temporalidad de la pensión compensatoria, ...); aunque siempre lo ha hecho empleando el dato doctrinal como argumento *ad abundantiam* (a veces, incluso, como mero prurito), no como única *ratio decidendi*, como en aquellos casos es la propia jurisprudencia habida con anterioridad iniciada, con base en nuevas leyes, más recientes o en devenir, que abren el camino de la evolución: así, en materia de responsabilidad por daños por la ingente legión de leyes especiales que, en muy variados ámbitos y materias, desatiende o, cuando menos, atempera el requisito de la culpa; en materia de avales, por la solidaridad que la legislación especial mercantil y la propia jurisprudencia venían ya imponiendo en la fianza de otros contratos (de seguros, por daños, ...); o en materia de pensión compensatoria, ante la inminente reforma que al CC en materia de separación y divorcio haría la Ley 15/2005, donde se hará explícita la posibilidad de una pensión compensatoria temporal, ...

En todo ello, relativo a extraer la realidad social de la opinión de los autores, se comete, según creemos, un anacronismo, el retorno a un pasado –romano, sobre todo, y también medieval–, hoy solo vigente en cierto Derecho islámico, en que la opinión de la doctrina –en algunas épocas, solo la de ciertos jurisconsultos (la conocida como *communis opinio doctorum*)– se acataba como interpretación auténtica del Derecho, si no como la tradición, la costumbre –o cuasicostumbre, según propugnaba Savingy, tan contrario a la codificación (momificación para él) del Derecho– (pues ese era, precisamente, el antiguo significado de la llamada *interpretatio*), que incluso hubo tiempos en que podía ser *contra legem*, y creadora de fuente normativa.

Cosa bien distinta es que esa doctrina sea fuente o causa nutriente para la conformación de una nueva realidad tendente a la evolución del propio Derecho, mas sin formar por sí sola esa nueva realidad social[11]. Tal vez ello justifique, por ejemplo, la Disposición Adicional de nuestro CC (redactada ya en 1889, y aún hoy en teórico vigor, cuando no existía un precepto correlativo al actual art. 3.1 CC), en su previsión de la Comisión de Codificación como revisora decenal del texto codicial, y que tan olvidada ha sido en su aplicación real.

* * *

Por su absoluta extra-juridicidad idéntica irrelevancia tienen para considerar la realidad social con valor interpretativo los sondeos de opinión, las estadísticas, sean o no oficiales, y los datos obtenidos de otras ramas científicas (como la Ciencia médica o la Psicología, tan empleadas en temas como las parejas de igual sexo, la transexualidad, ...), ni siquiera cuando constituyan opinión mayoritaria

11. Para una exposición detallada del valor progresivamente decadente de la doctrina, véase, por todos, la monografía de RUBIO GARRIDO con un título muy revelador de cuanto venimos diciendo sobre ella: *La doctrina de los autores. De fuente jurídica primaria a la vulgarización e irrelevancia*, Granada, 2006, en la cual, en definitiva, como ya dijera DE CASTRO, la interpretación tiene «la autoridad que le dé el prestigio de su autor».

o común[12]. De lo contrario, como criticaba el Magistrado del TC Ollero Tassara, en su voto particular a la STC 198/2012, de 6 noviembre[13], se «incurre en lo que se ha llamado *falacia naturalista*, o en su arcaica versión jurídica de la *fuerza normativa de lo fáctico*, al pretender que determinadas pautas o conductas sociales hayan de condicionar la interpretación constitucional»; cuando rectamente no dejan de ser datos «meta-jurídicos» (que diría en su voto particular contra aquella STC de 2012, otro Magistrado del TC, Rodríguez Arribas).

En ningún caso es cuestión de números, de fenómenos mayoritarios o minoritarios; ni siquiera cuando haya certeza y fiabilidad absolutas u objetivas sobre tales datos (cuya dificultad, o casi imposibilidad, en conocerlos, constituye para muchos un grave peligro en el uso de la interpretación sociológica[14]; mas eso les ocurre por entenderla apoyada en la pura o desnuda realidad social).

---

12. En cambio, MARTÍNEZ DE AGUIRRE (p. 219), sí cree en las «encuestas serias» como reflejo de la realidad social, aunque reconociendo «que exceden de las posibilidades del juzgador, y encarecerían y alargarían excesivamente los procedimientos judiciales»; y confiando, por tal dificultad, en el «conocimiento que de la realidad social tiene quien debe juzgar, por propia experiencia», con lo que, sin embargo, tropezamos de nuevo con los riesgos de arbitrariedad e inseguridad. Siguiéndole, aunque con un tono más crítico, y agrio, se manifiesta SALVADOR CODERCH (p. 529).
13. Cuando en dicha sentencia el TC hacía acopio de numerosas estadísticas en su apoyo –que espero se nos excuse de citar aquí–, *«aunque todas estas cifras* –termina reconociendo– *no sean por sí solas un elemento determinante para valorar la constitucionalidad de la Ley sometida a nuestro examen»*.
14. Así, por ejemplo, el propio GENY (p. 527), lo rechazaba por «la dificultad, casi improbable de hecho, de una constatación convincente del estado de la opinión pública», y porque, aunque lo fuera (p. 528), «no podría pretender representar la verdad de las cosas»; en particular de la opinión pública decía (en la p. 565), que era engañosa, vaga, mentirosa, muchas veces pura apariencia; y proponía, por ello, buscar la realidad social en «la naturaleza positiva de las cosas» (una idea que aceptará entre nosotros, SANTOS BRIZ, J.: «La aplicación de las normas jurídicas en el nuevo Título Preliminar del Código Civil», en *Libro-Homenaje a R. M.ª Roca Sastre, vol. I*, Madrid, 1976, pp. 766 a 768); aunque, finalmente, no tendrá más remedio Geny que observarla, no solo en las Ciencias morales y sociales, que él llama (donde incluye la Sociología, la Psicología, la Filosofía, la Historia, ...), sino en las propias Ciencias jurídicas, especialmente, en los principios y valores sociales que la inspiran. Acerca de la interpretación sociológica de los textos constitucionales, son reseñables las reflexiones contrarias de SAGÜÉS (p. 1023), quien, precisamente sobre el tema de las estadísticas y encuestas en particular, se pregunta constantemente en su trabajo: «¿cuándo hay consenso?»; ¿ha de ser unánime o mayoritario?; y de bastar el mayoritario, ¿cuándo hay mayoría: con el 50%,...?, ¿mayoría simple, absoluta o casi unánime (del 90 ó 95%, tal vez)?; y si se trata de una norma supranacional, ¿cómo se determina el consenso, que ya no puede ser solo nacional?; y, en todo caso, ¿cómo se conoce dicho consenso?, ... O entre los nuestros, las reflexiones de VALVERDE Y VALVERDE (pp. 158 ss.), quien, como el francés Geny, rechazaba identificar realidad social con opinión pública por su variabilidad, influenciabilidad y volubilidad, y porque la realidad social no tiene que ser probada con estadísticas; o las de PÉREZ ALGAR (pp. 80 ss.), quien, tras preguntarse (en p. 80), «¿qué porcentaje de opiniones son las que definen la realidad social? ¿El 90 por ciento o el 70 por ciento?», concluirá (en la p. 87), diciendo que «lo social, por su propia esencia es algo contradictorio, complejo y, por lo mismo, sólo parcial y difícilmente cognoscible».

El aplicador del derecho, como jurista, es intérprete de la norma, pero no ha de serlo también de la realidad social no reflejada en la norma; no es sociólogo –decía Lipari, según nos recuerda Lacruz (p. 283)[15]–, como tampoco ha de ser filólogo o lingüista a fin de realizar una adecuada interpretación gramatical de la norma, ni historiador para interpretarla históricamente, ni filósofo para averiguar la lógica del Derecho; ciencias y técnicas todas ellas (incluidas la Sociología y la Historia) también interpretables[16], pero cuyo profundo conocimiento no corresponde dominar al jurista. El único operador jurídico competente para interpretar la realidad social es el legislador que crea normas para cubrir esa realidad social, tomándola el intérprete de la norma tal como le viene dada por el legislador[17], garantizándose así cierta seguridad, al menos, la certeza de tomar como parámetro social el que admite el legislador y contiene la propia norma. No hay, pues, que confundir interpretación sociológica con sociologismo jurídico[18] (según lo advierte el Magistrado Aragón Reyes, en su voto particular favorable al fallo de la STC 198/2012, de 6 noviembre, pero discrepante por su modo de argumentar). Las estadísticas, las conductas sociales, ... sólo tendrían relevancia como posible prueba de que se ha gestado alguna nueva costumbre, que, como tal norma, debidamente probada (*ex* art. 1.3 CC), pudiera servir para

---

15. O, según nos dice más recientemente, SALVADOR CODERCH, P. (p. 530), que «un juzgado no es un gabinete de estudios sociológicos», y que el juez es «perito exclusivamente en Derecho y funcionario no elegido, que carece de legitimación científica o democrática para adoptar decisiones autónomas como si fuera legislador». Parecen unas palabras inspiradas en LACRUZ (p. 283), cuando este considera que «los jueces carecen de medios específicos de averiguación de la realidad social, así como de legitimación constitucional para determinar por sí mismos los valores que han de regir la convivencia».
16. Afirma DE LOS MOZOS, J. L. (*Metodología y Ciencia en el Derecho privado moderno*, Madrid, 1977, pp. 159 y 160), que las conclusiones de los sociólogos son revisables, meras aproximaciones, con valor indiciario y parcial (no necesariamente exactas), a modo de simple diagnóstico, no un pronóstico, de la realidad social.
17. Así opina DE LA VEGA BENAYAS, C. (p. 134), quien sobre cómo interpretar, conocer, la realidad social, dice: «Esto es tarea fácil para el legislador, quien antes de elaborar una ley puede –y debe– auscultar a la ciudadanía. El juez, por el contrario, ha de correr el riesgo de su interpretación social, pues no tiene medios, ni el tiempo, para hacer un sondeo de opinión».
18. A que abocaron las tesis sociológicas del Derecho en su mayor radicalismo. Al inicio, en efecto, la investigación sociológica se entendía como elemento auxiliar en la labor del jurista que, sin ceñirse solo a ella, debía observar la realidad que rodea a la norma. Bajo este método, moderado, se enmarcaron la Escuela científica francesa, en la que destaca Geny, la italiana, donde sobresale Degni, y la Escuela alemana de Derecho libre, entre cuyos padres destaca Enrlich. Pero la «evolución» hacia el sociologismo puro, radical (como la de los franceses Levy-Bruhl o Gurwitch, entre otras corrientes), supuso la polarización del Derecho en torno a lo estrictamente fáctico, lo que llevó a entender el Derecho como ciencia descriptiva, no valorativa, y a disolver la ciencia jurídica en sociología (según calificación de LATORRE SEGURA: *Introducción al Derecho*, Barcelona, 1974, 15.ª ed., p. 162), convirtiendo al jurista en sociólogo. Del anterior positivismo jurídico se pasaría así a un positivismo sociológico; del conceptualismo, al realismo. El Derecho, en vez de regir la sociedad, se convierte, así, en un hecho social más entre otros tantos.

la interpretación sociológica; porque si ni siquiera forma costumbre, a lo sumo, servirían para hacer propuestas *de lege ferenda*[19].

Ninguno de estos datos, *extra* o metajurídicos, es válido para la interpretación de una norma, ni siquiera como argumento *ad abundantiam*, si no ha tenido algún reflejo normativo. En cambio, sí lo tendrá cuando aquel dato –estadístico, científico, ...– quede de algún modo positivado o juridificado.

Por eso resulta llamativo el caso del matrimonio entre personas de igual sexo, donde había un dato médico con reflejo normativo que, sin embargo, no fue del todo considerado en su defensa. Aunque con antecedentes, como, *a.e.*, en la Resolución del Parlamento Europeo de 1 octubre 1981, será a partir del 1 de enero de 1993 cuando la OMS estime, al excluirla de su listado de patologías, que la homosexualidad –y también la bisexualidad– no es una enfermedad, sino una orientación, una opción sexual más, diversa, pero tan legítima y sana como la heterosexualidad, que se fundamenta en el libre desarrollo de la personalidad, en la intimidad personal y en la libertad. En lo jurídico esta nueva estimación científica se traduciría, entre otros ejemplos, en una definitiva despenalización, dejando de ser para el Derecho la práctica homosexual un delito. A ello se unirá la conocida Resolución Europea de 8 febrero 1994, promoviendo como pionera la legitimación jurídica de las parejas entre personas del mismo sexo. En su apartado 14 se aconsejaba –porque no es Directiva, ni Reglamento– *«poner fin... a la prohibición de contraer matrimonio o de acceder a regímenes jurídicos equivalentes a las parejas de lesbianas o de homosexuales; la recomendación debería garantizar los plenos derechos y beneficios del matrimonio»*; y también se recomendaba *«poner fin... a toda restricción de los derechos de las lesbianas y homosexuales a ser padres, a adoptar o criar niños»*. A esta Resolución siguieron otras (como las de 1998, de 2000 y de 2003) en el mismo sentido[20]. Curiosamente, esta realidad, científica y normativa, no fue ni mencionada en la Ley 13/2005, donde ni siquiera se hablaba una sola vez de la homosexualidad, haciendo tan solo mención de la Resolución europea de 1994; ni tampoco fue referida dentro de la amalgama de datos contenidos en su apoyo por la propia STC 198/2012, de

19. Así lo advierten, en general, CASTÁN (pp. 101 a 110), refiriéndose a la aptitud de la sociología para hacer propuestas de reforma legislativa, que puede también servir para estudiar e investigar el Derecho, pero no para interpretar una norma ya existente; o DE LOS MOZOS (pp. 156, 159 y 160), quien se refiere a la Escuela libre del Derecho como «criptosociología»; o SOLER, S. (*Interpretación de la ley*, Barcelona, 1962, pp. 129 y 130).

20. Aunque, como advierte DE AMUNÁTEGUI RODRÍGUEZ, C. («Argumentos a favor de la posible constitucionalidad del matrimonio entre personas del mismo sexo», en *RGLJ*, 2005, p. 368, nota 13), sin una idéntica línea definida tendente solamente al matrimonio entre personas de igual sexo. Así, la Resolución de 17 diciembre 1998 vino a celebrar que varios Estados miembros hubiesen regulado las relaciones de pareja y a pedir la eliminación de cualquier tipo de discriminación de homosexuales y lesbianas, *«en particular en lo que se refiere a la mayoría de edad sexual, los derechos civiles, el derecho al trabajo, los derechos sociales y económicos, etc.»*. También es ilustrativa la Resolución del Parlamento Europeo de 29 diciembre 2000, en la que se solicitaba a los Estados miembros que garantizasen a las parejas

6 noviembre (que sólo una vez mencionaba una *«evolución* –que– *parte de la despenalización...»*). Y, sin embargo, nos resulta imprescindible destacarlo, cuando como juristas (o doctores en Derecho, no en Medicina, ni en Psicología), debemos aceptar y manejar el dato científico ya reflejado en la ley (el de la homosexualidad como sana orientación sexual, y como tal despenalizada).

Sí fue, en cambio, más acertado el intérprete en el caso, más reciente, de la transexualidad, donde la interpretación correctora que de la Ley de 2007 hizo la Instrucción de 23 octubre 2018 de la DGRyN se justificó sencilla, pero sustancialmente porque desde tal fecha según la OMS para la Ciencia oficial, médica y psicológica, la transexualidad no era ya una enfermedad, sino una «condición» sexual: una «incongruencia de género» entre el sentido y el asignado, que puede darse en edad adulta, en la adolescencia o en la infancia[21]. Tal dato científico lo apoyará en una batería de datos estrictamente jurídicos (que iremos analizando, en general y en este caso concreto: como proyectos normativos, jurisprudencia nacional e internacional, ...); aunque obviando otros que le hubieran servido también de apoyo (como algunas Resoluciones del Parlamento europeo). No se apoyará, sin embargo, en un dato determinante y muy considerado científica-

del mismo sexo la igualdad de derechos con respecto a las parejas y a las familias tradicionales, *«especialmente por lo que se refiere al Derecho fiscal, a los regímenes patrimoniales y a los derechos sociales, entre otros»;* les instaba a que reconocieran *«la convivencia registrada de personas del mismo sexo»,* confiriéndole los mismos derechos y obligaciones que a las parejas registradas heterosexuales; y consideraba necesaria una reflexión para lograr el reconocimiento mutuo de las distintas formas de convivencia –matrimoniales y no matrimoniales–, independientemente del sexo de los convivientes. En fin, la Resolución del Parlamento Europeo de 15 enero 2003 insistirá en la lucha contra la discriminación de los homosexuales, recomendando a los Estados miembros *«que reconozcan las relaciones no matrimoniales, tanto entre personas de distinto sexo como entre personas del mismo sexo, y que concedan a las personas que mantienen estas relaciones los mismos derechos que a las que celebran matrimonio»,* e insta a la Unión Europea *«a que incluya en la agenda política el reconocimiento mutuo de las relaciones no matrimoniales, así como de los matrimonios entre personas del mismo sexo, y a que desarrolle propuestas concretas al respecto».*

21. Así lo explicaba la Instrucción en su Preámbulo: *«Es importante destacar que en la época en que se aprobó la citada Ley 3/2007 la transexualidad estaba clasificada como una enfermedad entre los "trastornos de la personalidad de la conducta y del comportamiento del adulto" según la Clasificación Internacional de Enfermedades de la OMS (CIE-10, que data del año 1990, y en cuyo epígrafe F64 se comprendían trastornos de la identidad sexual, transexualismo, travestismo de doble rol, y trastorno de la identidad sexual psicológico). Por el contrario, en la actualidad, tras la publicación por la OMS del CIE-11 (que entrará en vigor en enero de 2022), la misma no aparece calificada como enfermedad, sino como "condición", en el epígrafe dedicado a las "condiciones relacionadas con la conducta sexual", denominándola "incongruencia de género", y caracterizándola como una marcada y persistente incongruencia entre el género experimentado por un individuo y el género que se le asigna. Resulta también interesante constatar cómo se describen dentro de dicho epígrafe dos situaciones: la incongruencia de género de la adolescencia y edad adulta, y la de la infancia. Lo anterior implica que la regulación de la Ley de 2007, en la que se asocia la transexualidad con una enfermedad o trastorno de la personalidad, que puede y debe ser médicamente diagnosticada y tratada para posibilitar su reflejo en el Registro Civil, y que sólo puede producir efectos legales en relación con los mayores de edad, está superada en el actual estado de la ciencia médica, y por tanto obliga a una interpretación correctora de dicha norma».*

mente, pero que era oficioso, y, por tanto, inoperativo a los efectos interpretativos jurídicos: el punto 18 de los Principios de Yogyakartam de 2007[22].

8.3. SÍ A LA JURISPRUDENCIA (EVOLUTIVA)

Rechazada la doctrina y la opinión social o científica desnuda, o no positivada, como expresión de una nueva realidad social con valor jurídico interpretativo, no podría, en cambio, decirse lo mismo de la jurisprudencia (aunque antaño también fuese estimada como costumbre por ser el reflejo o la expresión de la opinión pública, de la realidad –no en vano, también llamada *usus fori*, interpretación «usual» o jurisprudencia «consuetudinaria»–), por la sencilla razón de que la estricta jurisprudencia, a diferencia de la doctrina científica, aunque carente como ella de valor normativo –al menos– como fuente formal del Derecho, a diferencia de la simple doctrina sí complementa oficialmente a la norma, como expresión de la ley «oficialmente» interpretada (según la describen hoy los arts. 1.6 CC y 477 LEC en sus aps. 3 y 4, o según la denominaba, como «doctrinal legal», la anterior LEC del siglo XIX, en sus arts. 1686 ss. al regular también el recurso de casación[23]).

Lo ha dicho, en cierto modo, el propio Tribunal Supremo en sus SSTS de 3 enero 1990 y, reproduciéndola, en la de 18 abril 1995: *«El artículo 1.6 del Código Civil atribuye al Tribunal Supremo la función de interpretar y aplicar las leyes, creando de un modo reiterado doctrina jurisprudencial que complemente al ordenamiento jurídico; y dentro de esta función, e implícitamente contenida en ella, está la de evolucionar los criterios hermenéuticos en relación con los antecedentes históricos y la realidad social del tiempo en que se han de aplicar las normas, pudiendo cambiar de orientación, siempre que este cambio se funde en una nueva interpretación razonable y no arbitraria, e incluso, siendo saludable la revisión constante de la propia doctrina, en paridad con la evolución de la sociedad a la que ha de aplicarse»*.

Y volverá a exponer la misma idea en la STS de 26 noviembre 2007, que en el caso rechazó la interpretación sociológica en que la Audiencia Provincial recurrida fundamentó su fallo, recordando que la jurisprudencia *«representa, por consiguiente, la aportación de esta Sala y del conjunto de los tribunales civiles, en el ámbito del Derecho privado, al proceso continuo de transformación del Derecho,*

22. Donde se dice que «ninguna persona será obligada a someterse a ninguna forma de tratamiento, procedimiento o exámenes médicos o psicológicos, ni a permanecer confinada en un centro médico, por motivo de su orientación sexual o identidad de género. Con independencia de cualquier clasificación que afirme lo contrario, la orientación sexual y la identidad de género de una persona no son, en sí mismas, condiciones médicas, y no deberían ser tratadas, curadas o suprimidas».

23. Aunque estricta y técnicamente fuesen cosa distinta la doctrina legal y la jurisprudencia, según explicación detallada de CASTRO (pp. 502 ss.), a la que me remito.

participa de su carácter evolutivo y, dentro de los límites impuestos por la naturaleza de la función jurisdiccional, responde a una actitud dialéctica y de constante observación y corrección, propia, en cierta medida, de la llamada lógica normativa».

Y con tal valor ha sido a veces, efectivamente, empleada la jurisprudencia como muestra –jurídica– de algún cambio en la realidad social que fundamente la interpretación sociológica de la ley:

Así lo hizo, por ejemplo, la Instrucción de la DGRyN de 23 octubre 2018, sobre el caso transexual, apoyándose en la progresiva flexibilización del propio Tribunal Supremo en la interpretación de la Ley de 2007, al considerar, por un lado, la prevalencia del sexo psicosocial sobre el morfológico y, por otro, la consiguiente relajación en los requisitos para solicitar la rectificación de la mención registral del sexo sin necesidad de someterse a ningún tratamiento médico (así, desde la STS de 17 septiembre 2007, pasando por el Auto del TS de 10 marzo 2016)[24]. Resolviendo el conocido recurso de inconstitucionalidad interpuesto en su momento contra la Ley de 2005, reguladora del matrimonio «homosexual», en su referencia a la *«cultura jurídica»*, incluía el TC *«la jurisprudencia de los órganos internacionales»*; aunque, lógicamente, también habría de incluirse la jurisprudencia nacional nutrida de aquella otra internacional (especialmente, cuando afecta a derechos fundamentales, por debida aplicación del art. 10.2 CE); entre ellas, tal vez, la Instrucción de la DGRyN debiera haber citado, entre otras, las SSTEDH de 10-3-2015 (caso Y.Y. contra Turquía) y de 6-4-2017 (asuntos acumulados A.P. Garçon et Nicot contra Francia), muy en la línea de nuestro reciente TS, anterior, incluso, a tales sentencias europeas, y que la STC

24. Dirá, en efecto, la Instrucción en su Preámbulo: *«Asimismo, la Jurisprudencia de nuestro Tribunal Supremo ha sido constante en la línea de flexibilizar la interpretación y requisitos para la autorización del cambio de sexo y de nombre. Así, la Sentencia de 17 de septiembre de 2007, de la sala de lo Civil, posteriormente seguida por otras varias (28 de febrero y 6 de marzo de 2008, 22 de junio de 2009, etc.* –cabría añadir la STS 15 enero 2014–*) apuntan a la prevalencia de los factores psicosociales sobre los morfológicos para la determinación del sexo, y la facultad del individuo de conformar su identidad sexual de acuerdo con sus sentimientos profundos, de forma que la concepción del sexo como estado civil se ha debilitado, perdiendo toda su relevancia la idea del orden público como limitadora de dichas modificaciones, toda vez que el reconocimiento y protección de los derechos fundamentales de los ciudadanos constituye el núcleo fundamental del mismo Orden Público. Y resulta muy significativo el Auto del Pleno de la Sala Civil del propio Tribunal Supremo, de 10 de marzo de 2016, que plantea la eventual inconstitucionalidad de la exclusión de acceso al cambio de sexo para los menores de edad que establece la Ley 3/2007, de 15 de marzo, por cuanto a los razonamientos derivados de las anteriores Sentencias se añade la importante idea de que no sólo los menores son igualmente titulares, sin restricción alguna, de los mismos derechos fundamentales, sino que a ello se añade la importante consideración de los problemas inherentes a la etapa de la infancia y la adolescencia, que requieren un cuidado especial, para evitar daños al libre desarrollo de su personalidad»*.

99/2019, de 18 julio, con más acierto aquí que la Instrucción, sí menciona[25] (aunque excediéndose, tal vez, en su referencia a la jurisprudencia alemana[26], que solo cabe admitir como argumento *ad abundantiam*[27]).

El propio TS, en otro caso referido a la responsabilidad de navieros y consignatarios en el transporte marítimo de mercancías, en su sentencia de 26 noviembre 2007 rechazará la interpretación sociológica pretendida por la Audiencia Provincial recurrida por ser contraria a la consolidada interpretación que venía haciéndose *«por el Tribunal Supremo en los años 90, de donde se deduce que no ha existido un cambio radical en la realidad social sobre la que se proyectan los artículos citados, con lo que se ha desconocido la jurisprudencia sobre la prudencia en la aplicación del elemento sociológico de interpretación»*. Es un rechazo que, precisamente, el TS fundamenta en la interpretación sociológica que del Derecho marítimo había venido haciendo el propio Tribunal Supremo y que debía mantenerse, a pesar de los varios intentos de reforma legislativa habidos sobre el tema y que, no en vano, fueron todos ellos fallidos[28].

25. Cuando dice: *«Este nexo entre decidir sobre la identidad de uno mismo y el goce por la persona de autonomía para organizar su propia vida y sus relaciones personales es reconocido y afirmado por diversas instituciones de nuestro entorno jurídico, lo que muestra que sobre este vínculo existe un extendido consenso y así el TEDH, cuya jurisprudencia tiene un valor hermenéutico especial para este Tribunal, al abordar reclamaciones en que es relevante la situación de transexualidad alude expresamente a la protección del desarrollo personal y la pone en relación con "el derecho a establecer y consolidar relaciones con otros seres humanos y con el entorno que le rodea" (por todas, STEDH de 10 de marzo de 2015, Y.Y. c. Turquía, § 57). En el mismo sentido el Tribunal ha destacado en numerosas ocasiones que el concepto de "vida privada" incluye no solo la integridad física y mental de la persona, sino que también puede en ocasiones comprender aspectos de la identidad física y social del individuo. Elementos tales como la identidad de género, el nombre, la orientación sexual y la vida sexual caen dentro de la esfera personal protegida por el art. 8 CEDH. Esto ha conducido a reconocer, en el contexto de la aplicación de este principio a las personas transgénero, que ello implica un derecho a la autodeterminación, que la libertad de definir la propia identidad sexual es uno de los elementos esenciales más básicos y que el derecho de las personas transgénero a su desarrollo personal y a la seguridad física y moral está garantizada en el art. 8 (STEDH A.P. Garçon y Nicot contra Francia, de 6 de abril de 2017)»*.
26. Cuando dice: *«El Tribunal Federal Alemán se ha pronunciado varias veces acerca de situaciones en las que pueden verse las personas transexuales (1 BvR 938/81, de 16 de marzo de 1982; 1 BvL 38/92, de 26 de enero de 1993; 1 BvL 3/03, de 6 de diciembre de 2005; 1 BvL 1/04, de 18 de julio de 2006; 1 BvL 10/05, de 27 de mayo de 2008; 1 BvR 3295/07, de 11 de enero de 2011 y 1 BvR 2019/16, de 10 de octubre de 2017). En todas ellas el marco básico de análisis ha sido el derecho general a la propia personalidad (arts. 1.1 y 2.1 GG)»*.
27. Como veremos luego (en el epígrafe 10.4 de este mismo cap. IV), cuando nos refiramos al Derecho comparado como posible expresión de una nueva realidad social consolidada.
28. Según dice: *«El elemento sociológico de interpretación (art. 3.1 CC) es el que ha determinado que determinadas sentencias de esta Sala ya citadas se hayan inclinado por la interpretación favorable a entender que el consignatario no asume la responsabilidad del porteador por el mero hecho de ser su representante. Sin embargo, el Pleno de la Sala, ponderando las distintas premisas concurrentes, considera que el elemento sociológico, que debe ser utilizado con pruden-*

* * *

Como puede apreciarse en algunos de tales ejemplos, no es solo que el Tribunal Supremo interprete oficialmente la realidad social (pasada y actual) de la ley de forma constante y uniforme (esto es, que él mismo haga interpretaciones evolutivas que cualquier intérprete de la norma pueda –y deba– emplear), sino que también es la propia interpretación jurisprudencial resultante la que genera una nueva realidad social, jurídicamente relevante por su papel complementador del sistema jurídico, que el intérprete (menor, o no oficial), puede, y en cierto modo debe, atender[29]. No se olvide el estrecho parentesco de la jurisprudencia con la interpretación auténtica, como obra esta del legislador, en su origen decimonónico francés atribuido a un órgano dependiente directamente del Legislativo (el llamado *Référé legislatif* en los tiempos iniciales del *Code*), antes que se delegara tal función interpretativa nomofiláctica en los Tribunales de casación por toda Europa, creados a tal fin, para evitar la parálisis del poder legislativo a cada duda que para entender y aplicar cada ley tuviera cada juez en cada caso.

Todo ello al margen de que la propia casuística resuelta en aquella jurisprudencia, en cuanto probada ante los jueces inferiores y tomada por el Tribunal Supremo, y así juridificada, sea por sí misma también realidad social que el intérprete deba tener en cuenta. Así, en cierto modo, es advertido en el Preámbulo del Real Decreto de 1974, que vino a reformar el Título Preliminar del CC, justificando, en particular, su nuevo art. 1.6 CC, cuando reconoce *«a la jurisprudencia* –dice– *la tarea de interpretar y aplicar las normas* –sigue diciendo– *en contraste con las realidades de la vida y los conflictos de intereses»*, lo que la hace *«adquirir* –termina diciendo– *cierta trascendencia normativa»*, justificativa en el

---

cia, no permite con claridad, a la vista de la regulación legal sobre la que es menester proyectar la actividad hermenéutica, una modificación por vía jurisprudencial del régimen jurídico específico de la responsabilidad del consignatario. La regulación de esta materia parece, en efecto, llamada, como ha sugerido de manera más o menos franca la doctrina, con ocasión de la crítica dirigida contra la expresada jurisprudencia, a una modificación normativa que el legislador por ahora no se ha decidido a introducir, mientras que, como es notorio, la ha abordado decididamente en relación con determinados contratos mercantiles de gestión».

29. Refiriéndose a la *ratio legis*, se preguntaba –y respondía– ESSER (p. 223): «¿Quién determina su "espíritu", sus ideas directrices, sus criterios específicos de valor, que imprimen su sello histórico a las soluciones que se dan a las cuestiones generales?... nuestra respuesta es clara: la jurisprudencia del presente. Ella "toma" de las codificaciones los principios que ningún legislador ha metido en ellas, mientras que las ideas básicas del texto, que son expresión de la ideología de la época, las va dejando de lado a medida que envejecen». Y añadirá luego (en p. 335): «Los conflictos que se plantean entre una solución legal, originariamente satisfactoria, y nuevas concepciones vitales o nuevos fenómenos sociales, tampoco pueden resolverse apelando al espíritu de una doctrina tan ligada a su época. Para entresacar de las palabras de la ley las normas jurídicas ocultas en ellas, no hay que mirar hacia atrás con objeto de hacer vivir y conferir vida independiente al espíritu que duerme en el texto legal, sino que hay que practicar una jurisprudencia orientada en la realidad social actual e inspirada por la conciencia jurídica de su tiempo… En ella, y no en la angosta concepción doctrinal, radican las fuerzas capaces de deducir "pensamientos fundamentales"».

sentir hoy común de su consideración como fuente material del Derecho, expresiva, a nuestro propósito, de la realidad social, que permanece o que cambia.

9. REALIDAD SOCIAL Y *RATIO LEGIS*: INTERPRETACIÓN SOCIOLÓGICA Y CONTEXTO JURÍDICO (HISTÓRICO Y SISTEMÁTICO)

Exigida, así, que la realidad social se encuentre de algún modo, directa o indirectamente, juridificada o positivada, se suscitan, sin embargo, por muchos autores algunas objeciones que, para ellos, son insalvables:

Como primera objeción: si la realidad social para adaptar a ella una norma ha de extraerse y conformarse a partir de la propia realidad jurídica, esto es, de otras normas circundantes a la interpretada, ¿no se confunde la interpretación sociológica con la sistemática? El propio De Castro, en su primer trabajo sobre el art. 3.1 CC (en *ADC*, 1977, pp. 832 y 833), denunciaba de la pionera STS de 21 noviembre 1934 que su fundamento (basado en la pretendida realidad social extraída de la Constitución republicana para interpretar una norma anterior, como era el CC de 1889), era, en realidad, sistemático[30]. De admitirse dicha crítica, cabría, en principio, extenderla a una abundantísima jurisprudencia actual que emplea el criterio sociológico para interpretar viejas leyes desde otras posteriores[31].

---

30. También, LACRUZ (p. 278). Y lo mismo opinaban GORDILLO CAÑAS («Comentario a la STS de 30 enero 1995», en *CCJC*, n.º 38, 1995, pp. 685 ss.); y PÉREZ ÁLVAREZ (pp. 157 y 162), sobre las SSTS de 23 febrero 1988 y 30 enero 1995, al entender ambas sentencias que el juego de azar practicado reglamentariamente, al amparo –por entonces– del Decreto-Ley 16/1977, escapaba a la prohibición de los arts. 1978 ss. CC y obligaba, por tanto, civilmente a quien perdía en dicho juego. En general, denuncian esta confusión entre interpretación sociológica y sistemática, como muy habitual en la jurisprudencia española, PÉREZ ÁLVAREZ (p. 156 ss.), quien, no obstante, criticará (en p. 49, nota 96), la objeción hecha por De Castro a la famosa STS de 1934, pues por entonces no había más remedio que acudir al argumento sociológico al carecer, por entonces, las Constituciones de fuerza normativa directa.

31. Por ejemplo: interpretando el art. 944 del Código de Comercio desde el art. 1973 CC y una legión de posteriores leyes mercantiles, para así admitir en dicho ámbito mercantil la interrupción de la prescripción por reclamación extrajudicial de la deuda (y no solo judicial, como *ex laettere* prevé aquel art. 944), según puede verse en las SSTS de 20 octubre 1988, 4 diciembre 1995 o en la de 2 noviembre 2005, sobre todo; así también podría decirse de la solidaridad del aval a la vista de que dicho régimen rige legalmente en otros contratos por razón de favorecer al acreedor (como en seguros, responsabilidad por daños,...), según puede verse en la STS de 7 marzo 1992; o, precisamente, piénsese en la abundantísima jurisprudencia habida que progresivamente ha objetivado el régimen de responsabilidad por daños hasta prescindir de la exigencia de la culpa, en contra de lo que expresamente exige el art. 1902 CC: así desde la STS de 31 marzo 1978, pasando luego en tantas otras, por las SSTS 23 septiembre 1988 (esta aplicando el art. 1903 CC), 8 mayo 1990, o en la de 21 mayo

Junto a esta objeción, se suele añadir una segunda: ¿cómo extraer la realidad social de las nuevas leyes para interpretar sociológicamente las anteriores si no es por interpretación histórica de aquellas?

Ambas objeciones –que lo son al modo en que aquí estamos entendiendo la interpretación sociológica– son, sin embargo, salvables si se deslindan con precisión las fronteras que existen entre todos esos criterios interpretativos indicados –sociológico, histórico y sistemático–:

Ante todo, solo si se entiende el criterio sistemático en sentido amplio cabría en él incluir, efectivamente, el sociológico, como, en el fondo, cabría incluir en aquel sentido tan amplio, y tan heterogéneo, todos los demás elementos hermenéuticos del Derecho, por cuanto todos ellos deben mostrarse, en su resultado, en armonía con todo el ordenamiento jurídico [32]. La propia vaguedad de la

---

2001 (esta sobre el art. 1910 CC). También haría una interpretación sociológica-sistemática, en su caso del art. 135 CC, la RDGRyN de 26 diciembre 1968 al interpretar dicha norma desde el nuevo espíritu contenido en el art. 129 LRC (de 1957), y desde el Derecho Civil catalán, por entonces recientemente Compilado. O más reciente el caso de la STS de 18 diciembre 2008, que, interpretando sociológicamente el art. 17 LPH, admite la instalación de un ascensor en favor del interés general de la comunidad de vecinos, aun no habiendo acuerdo unánime al respecto por el voto en contra de un solo vecino, con fundamento aquella sentencia en la realidad social y en *«las normas sobre construcción* –que– *exigen su existencia cuando en un edificio se elevan tres o más plantas, cuyo presupuesto viene también impuesto por el mercado inmobiliario, y con referencia a fincas antiguas, aparte de satisfacer las referidas necesidades de personas minusválidas, es un elemento esencial para la utilización de un edificio, que redunda en beneficio, sin excepción, de los propietarios de un inmueble, no solo a los efectos de las mentadas atenciones y del bienestar material, sino también porque incrementa el valor de los pisos o apartamentos y revaloriza la finca en su conjunto, y resultaría abusivo que la contribución a su pago no tuviera que ser asumida por todos los condueños»*.

32. Así lo advertían DE CASTRO (p. 460), y luego SOLER (p. 112 ss.), al indicar el carácter sistemático de toda interpretación, que se ha de mostrar conforme al canon de la totalidad del ordenamiento (que, en Italia, defendieran BETTI, p. 115, al hablar del «canon de la totalidad»; y SANTI ROMANO, pp. 210 y 211, por entender este que estrictamente cuando se interpreta una ley, en verdad se interpreta el ordenamiento jurídico, y aquella ley como parte del mismo todo). Por otra parte, a fin de observar la heterogeneidad de sentidos y de usos que tiene el canon sistemático, basta con ver la recopilación que, extraída ordenadamente de la jurisprudencia, hace PÉREZ ÁLVAREZ (pp. 162 ss.), según el modo en que dicho criterio es en ella usado: A) Unas veces, a modo de comparación entre párrafos, incisos, apartados o letras dentro de la misma norma, B) Otras veces, para determinar la *sedes materiae*, la ubicación de la norma dentro de una misma Sección o de un mismo Capítulo, Título, ...; C) Otras ocasiones, por determinación de la ley misma (del cuerpo legal o del grupo normativo), en que la norma a interpretar se ubica (esos tres primeros casos, en nuestra opinión, constituirían una especie de sistemática interna o *ad intra*); D) En otras ocasiones, se trataría de una interpretación sistemática –que el propio Pérez Álvarez llama– *ad extra*, en que la norma así interpretada se pone en relación con normas de otras leyes o de otros cuerpos legales (o con los principios que lo inspiran), aunque conectados por la misma materia (o, al menos, por su pertenencia a la misma rama del Derecho); E) Otras

palabra *«contexto»*, tan genérica e imprecisa, con que el art. 3.1 CC se refiere al canon sistemático así lo permite[33]:

De este modo, cuando se interpreta una norma según las palabras contenidas en ella misma (en sus diversos párrafos o apartados) o en otras normas que la circundan, dentro o fuera del mismo cuerpo normativo, se está haciendo –latamente entendida– una interpretación gramatical-sistemática[34] (pero estrictamente se está haciendo una interpretación gramatical *«según el sentido propio de sus palabras... atendiendo fundamentalmente al espíritu y finalidad de aquéllas»*, según reza el art. 3.1 CC); por otra parte, cuando se comparan los antecedentes de una norma con los de otras, siempre anteriores (estén o no aún vigentes), se hace –latamente– una interpretación histórica-sistemática[35] (pero estrictamente se está realizando una interpretación histórica *«en relación... con*

veces, la norma se conecta con normas o principios constitucionales, entendido –según considera la propia jurisprudencia– como el *«contexto dominante»*; E) Y, en otras ocasiones, se interpreta la norma por su conexión con el ordenamiento jurídico en su conjunto, entendido este como un todo orgánico, unitario y armónico. En esta visión total de conjunto, PÉREZ ÁLVAREZ (p. 173 ss.), observa diversos matices: unas veces se señala la necesidad de considerar las leyes coetáneas y las posteriores a la interpretada; otras veces son atendidas las normas que tratan idéntica materia o institución; y otras el Derecho vigente en el momento de aplicar –e interpretar– la norma en cuestión. Y en todo ello, finalmente, PÉREZ ÁLVAREZ (p. 182), ve además que: unas veces se recurre al canon sistemático en sentido horizontal (donde las normas se encuentran en igualdad jerárquica); y que en otras ocasiones se recurre al canon sistemático en sentido vertical (donde hay normas a que se atiende con primacía por su superioridad jerárquica).

33. Y que según SALVADOR CODERCH (p. 524), «permite distinguir el contexto lingüístico y extralingüístico o situación; o entre contexto en cualquiera de los dos sentidos anteriores y sistema; este último puede subdividirse entre sistema externo o interno, ...».

34. Ese era, precisamente, para LARENZ (pp. 341 y 342), el significado de «contexto», cuando el sentido y significado literal de una ley no se halla en ella misma, sino en conexión con otras leyes que se refieran a la misma materia.

35. Ya el propio SAVIGNY (p. 150), consideraba el criterio histórico como latamente sistemático, porque: «El histórico tiene por objeto el estado del Derecho existente sobre la materia, en la época en que la ley ha sido dada; determina el modo de acción de la ley y el cambio por ella introducido». Por eso, no se entiende bien la distinción que entre interpretación sistemática y método histórico-evolutivo hace LAZZARO, G. (*L'interpretazione sistematica della legge*, Turín, 1965, pp. 139 a 143), al considerar que la interpretación histórico-evolutiva debe fundarse exclusivamente en las nuevas exigencias sociales, pues si se fundamenta en nuevas normas posteriores o sucesivas, se trataría de una interpretación sistemática, del mismo modo que si se fundamentara en normas precedentes, anteriores, sería una interpretación histórica. Dicho sea de paso, creemos que aquí se ha de incluir el caso, de supuesta interpretación sociológica, hecha por la jurisprudencia al art. 135 CC (sobre reconocimiento de la paternidad), cuando en realidad lo que hizo fue una interpretación histórica, al interpretar dicha norma con generosidad (negando así su originaria restricción), al entender que aquel art. 135 CC había introducido una novedad acorde con la nueva realidad social frente al Derecho histórico (más restrictivo en materia de reconocimiento forzoso de hijos naturales), que, precisamente, recogía el art. 127 del proyecto de CC de 1851 y la Base 5.ª de la ley de Bases de 11 mayo 1888, y que, precisamente, vino a romper el art. 135 CC (según puede verse explicado con detenimiento en las SSTS de 25 mayo 1945, 24 mayo 1956, 16 mayo 1963, 24 enero 1966,...).

los antecedentes históricos y legislativos... atendiendo fundamentalmente al espíritu y finalidad de aquéllas», según dice el art. 3.1 CC); ...

Porque solo habrá estricta interpretación sistemática cuando la interpretación de una norma se haga conectando su lógica –su *ratio legis*– con la de otras normas, siempre vigentes (pues de estar derogadas, se haría una interpretación histórica), ya sean dichas normas anteriores, coetáneas o posteriores, superiores o inferiores jerárquicamente, a aquella norma sistemáticamente interpretada, y ya se contengan o no en su mismo cuerpo normativo (*«en relación con el contexto* –normativo, entiéndase, en el decir del art. 3.1 CC–... *atendiendo fundamentalmente al espíritu y finalidad de aquéllas»*).

¿Y acaso en tal concepción precisa de la interpretación sistemática encaja la sociológica? Evidentemente, no. La interpretación sociológica no atiende a la realidad normativa circundante a la norma interpretada (lo que solo se hace desde una estricta interpretación sistemática)[36], sino a la realidad social contenida en dicha normativa; supondrá la actualización de una norma en su lógica –en su *ratio legis*–, y, en su caso, una reinterpretación de su tenor literal, desde otras normas, coetáneas o posteriores, en principio vigentes[37] (pues de ser anteriores o estar ya derogadas, se estaría ante una estricta interpretación histórica); atendidas tales normas no solo en su propia lógica, sino en la realidad social a la que esa lógica dio respuesta legislativa [38].

Mas, ¿dónde hallar jurídicamente expresada tal realidad social? Este es, en nuestra opinión, el verdadero *quid* de la cuestión, que, sin mayor dilación, pasamos a tratar.

36. Como advierte PABÓN DE ACUÑA (pp. 85 a 88), la realidad social puede comprender la realidad jurídica (normativa), como fenómeno social en sí que es, pero no se identifica necesariamente con ella solamente. De lo contrario, se confunde la realidad social con el sistema de fuentes y con otros mecanismos aplicadores de la norma, como la interpretación sistemática o la analogía.

37. Decimos «en principio», por lo que luego (en el epígrafe 10.3 de este miso cap. IV), diremos sobre la posibilidad de interpretar sociológicamente normas en vigor a partir de otras normas en devenir, próximas a entrar en vigor, o simplemente en tramitación.

38. Se trataría de una especie de «interpretación sistemática actual» (en expresión de SOLER, p. 115). Así, incluso, aparece, en parte, aceptada la idea finalmente por DE CASTRO (p. 469), cuando refiriéndose de nuevo a la conocida STS de 21 noviembre 1934, la incluye entre los casos de interpretación finalista. También lo dice el propio PÉREZ ÁLVAREZ (aunque oculto en la nota 166 de la p. 156), al considerar que la realidad social, inspiradora de la normativa, cabe extraerla de la *occasio legis* (se trate de terrorismo, desempleo, parejas de hecho, ...), como exponente de una realidad, bien, como luego veremos, de proyectos de ley que prueben una realidad ya existente. Más rectamente, aunque entendida la diferencia con matices propios, diversos en parte al nuestro, lo explica PABÓN DE ACUÑA (pp. 92 y 93): «La visión de conjunto sería común a las actitudes sistemáticas y sociológicas, pero el modo de operar el conjunto sería distinto: en una visión sistemática al modo clásico, lo que importaría son los textos concretos y la medida de la interpretación estaría representada por un juicio de vigencias. El término que reflejaría con propiedad este modo de hacer sería el de lo "contextual" que emplea precisamente el art. 3.1 CC. (...) En una visión sociológica

10. REALIDAD SOCIAL Y *OCCASIO LEGIS*

10.1. EN BUSCA DE LA *OCCASIO LEGIS* ¿PERDIDA?

Ya hemos dicho que la realidad social ha de estar contenida en la propia norma, siempre posterior a la interpretada sociológicamente, pero sin limitarse a su lógica, a su *ratio legis* (pues en tal caso, se estaría ante una estricta interpretación sistemática-finalista), ni a la mera *voluntas legislatoris* (pues, en tal caso, se estaría ante una interpretación histórica); sino atendiendo a su *occasio legis*, a las necesidades y circunstancias (sociales, políticas, económicas, culturales,...), ya existentes[39] a que dicha norma responda[40], a «los acontecimientos que han sido la ocasión de una ley –decía Savigny (p. 254)–, pero que hubieran podido dar lugar a medidas diferentes –como, según creemos, puede suceder también con la interpretación sociológica[41]–, las consideraciones de personas y

"el conjunto" no descendería al detalle de los textos, y la medida de la interpretación la ofrecería una especie de idea "impresionista" del propio conjunto que se aproximaría en mayor o menor medida a la pura vigencia social. La unidad del derecho no vendría propiciada por un elemento lógico formal revelado en los textos, sino por el elemento vivo de la vigencia o aplicación efectiva o incluso por la percepción de unos datos que permiten describir una tendencia evolutiva del ordenamiento a la que la interpretación sociológica se incorpora a veces de un modo apresurado».

39. No ya así si es la propia Ley la que pretende *ex novo* crear una nueva realidad social a partir del mandato legal, por entender necesario cambiar la realidad social existente. En este sentido, MARTÍNEZ DE AGUIRRE (p. 218), ante el riesgo de que automáticamente se identifique toda reforma legislativa como expresión de una nueva realidad social, propone (en p. 219), como antídoto, «que las reformas legislativas sólo pueden considerarse como exponente de la realidad social cuando en su génesis y contenido respondan a exigencias derivadas de la misma realidad, y sólo en la medida en lo hagan».

40. Así, en cierto modo, DEGNI (p. 245), con la siguiente reflexión, que creemos merece ser enteramente reproducida: «É necesario, innazi tutto, accertare, per quanto é possibile, lo scopo a cui la legge era ordinata, ed a cui, naturalmente, si collegano i motivi che determinarono il legislatore a dettarla. Quindi, il lavorio logico d'interpretazione deve prendere, come suo punto di partenza, la natura del rapporto a cui il legislatore ha voluto dare l'ordinamente giuridico, ponendo la legge in relazione con tutte le circonstanze che, determinandola, fanno risaltare le esigenze sociali, morali, politiche, economiche, a cui essa doveva soddisfare, per darle quell'applicazione che é conforme agli scopi che si proponeva, e che ne rappresentano, perciò, il motivo, il fondamento razionale (*ratio legis*). Questa ricerca, difficile e complessa, é, come s'intende, fondamentale in ogni metodo d'interpretazione, dappoichè, senza di essa, non é possibile dare al precetto legislativo quella sfera di applicazione che risulta dalla stessa causa della sua formazione, non é possibile rendersi esatto conto dell'ordinamento giuridico di quei rapporti che il legsialtore ha avuto in animo di regolare.(...) Ma, questa stessa ricerca non puó prescindere dall'accompagnarsi ad un'altra, di ordine più esteso, cioè quella che, mouvendo dall'esame dell'ambiente sociale e giuridico, in mezzo a cui la legge si é formata, ne indaga le condizioni storiche che la determinarono, che ne furono l'occasione inmediata (*occasio legis*), la esamina, cioè, in relazione a tutti gli scopi dell'utillità sociale che ne determinarono la formazione».

41. En su monografía sobre la interpretación evolutiva, PABÓN DE ACUÑA (pp. 224 y 225), pone como ejemplo el de la diferencia habida entre la jurisprudencia francesa y la española en materia de responsabilidad por daños causados en accidentes de vehículos de motor conducidos por menores de edad: la jurisprudencia francesa exonera a los padres, mientras que la española los hace responsables por el riesgo asumido.

de circunstancias que determinen al legislador á establecer una regla general y permanente».

Por supuesto, que Savigny, y con él hoy muchos (incluso de entre quienes defienden el método sociológico[42]), negaba toda oportunidad interpretativa a la ocasión de la ley, del mismo modo en que otorgaba un papel secundario en la interpretación jurídica a los motivos de la ley; mas porque, ante todo, recuérdese que entre sus métodos hermenéuticos, que serían el modelo a seguir posteriormente por el resto de la doctrina y del propio Derecho continental, no se incluía aún el criterio sociológico, solo el lógico (para el que, en su opinión, solo sirve la *ratio legis*, quedando así desechada la *occasio legis*)[43]; y, en particular, porque sobre tal ocasión, como sobre el motivo de la ley, al no formar parte ninguno de ellos del contenido «general y permanente» de la ley, sino accidental y externo, no habría nunca certeza alguna en conocerlos[44].

42. El propio CASTÁN TOBEÑAS (pp. 240 y 241), al distinguir entre *ratio legis* y *occasio legis*, dirá de esta que tan «sólo significa la circunstancia histórica que determinó la formulación del precepto legal y que tiene importancia muy secundaria en orden a la función interpretativa». Lo decía apoyándose, una vez más, en RUGGIERO, aunque este literalmente (p. 141), dijera –tan solo, lo que es evidente–: «que la *ocassio legis*, si ayuda a la reconstrucción del pensamiento legislativo, tiene, sin embargo, una importancia más limitada frente a la *ratio*», lo que es como decir que la interpretación histórica está siempre supeditada a la teleológica o finalista, lo que, sin duda, es cierto (al menos, en el caso del Derecho español, *ex* art. 3.1 CC *in fine*).

43. De la ocasión de la ley, dirá (en p. 154), a continuación de lo dicho en texto: «Estos hechos subjetivos no deben tener influencia alguna sobre la interpretación de la ley, ni aun siquiera la influencia restringida atribuida a los motivos; solamente puede hacerse de ellos un uso negativo, esto es, probar por este medio la ausencia de un motivo verdadero y rechazar los motivos imaginarios que se intenten buscar». A lo dicho añadirá luego (en p. 154), la frecuencia con que la ocasión de la ley obedece a «consideraciones de personas y de circunstancias accidentales», a «hechos subjetivos», dirá, lo que, sin embargo, en nuestra opinión hoy solo impediría su extensión analógica al tratarse de normas temporales o singulares (cfr., el art. 4.2 C), como él mismo termina diciendo (en aquella misma p. 154), al comienzo de esta nota reproducido.

44. Decía, en efecto, el propio SAVIGNY (p. 152): «Puede ser más o menos cierto y evidente el motivo de la ley, pero nunca es necesario que se encuentre expresado en ella, y aunque esto se verifique, permanece siempre distinto de su contenido, sin que pueda en ningún caso formar parte integrante suya». Son, precisamente, las mismas razones que llevarán a GENY (pp. 278 ss.), a rechazar la *occasio legis* en su método: al principio, al referirse (en p. 278), a la necesidad de observar el entorno vital –que llama– de la ley desde elementos externos a ella, dice (p. 279): «surge –así– a la observación del intérprete el medio social y jurídico en que la ley nació, determinado por los precedentes históricos, por el motivo preciso de la ley (la *occasio legis*), por las ideas reinantes en la mente de sus autores». Pero luego, tras rechazar la sociología, por su carácter, por entonces, tan embrionario e incierto, y aceptar el recurso a la analogía *iuris*, a la realidad extraída del entero sistema jurídico, rechazará al respecto que tal extracción se haga desde la *ocassio legis*, que es accidental y casual (dice, p. 568), entendiendo (en p. 569), que debe hacerse desde «las consideraciones de política legislativa; es decir, desde los motivos de orden moral, social, económico, tendiendo a satisfacer la justicia concreta o la utilidad general, que han inspirado la regla, sirviendo de tipo y modelo (*ratio legis*)».

¿Entonces?

10.2. CON VALOR INTERPRETATIVO AUTÉNTICO, EN LOS PREÁMBULOS NACIONALES Y EN LOS CONSIDERANDOS EUROPEOS

Ambos obstáculos indicados, sin embargo, están hoy superados, al menos en el Derecho español[45]: por un lado, el criterio de la realidad social está expresamente recogido en el art. 3.1 CC, donde –recuérdese– la *occasio legis* (la *«realidad social»*), no supera ni reemplaza a la *ratio legis*, sino que se subordina a ella (*«atendiendo fundamentalmente al espíritu y finalidad de aquéllas»*, según dice el art. 3.1 CC)[46]; y, por otro lado, entre nosotros resulta posible hallar con cierta certeza aquella *occasio legis*, como también resulta posible hallar la *ratio legis*, casi siempre contenida en las Exposiciones de Motivos –o en los Preámbulos[47]– que preceden al articulado, al cuerpo de la norma, como práctica parlamentaria tan habitual en España (que hoy es ya obligada por imperativo del art. 129 de la Ley 39/2015, de Procedimiento administrativo común de las Administraciones Públicas); así también sucede con los Considerandos de las normas de la Unión Europea[48].

45. En cambio, ni en Francia, ni en Italia, contaban con el doble argumento que se explicará en texto. Obligados por ello, se tendrá en tales países que buscar otros recursos. GENY (*cit.*), hace un gran elenco de materiales posibles (que hemos visto y veremos). DEGNI (*ult. cit.*), por su parte, en su intención de indagar tanto en la razón de la ley, como en su ocasión, dará (en pp. 256, 257 y 259), un valor de interpretación cuasi-auténtica a los trabajos preparatorios de la ley, aunque advirtiendo que deben ser manejados con mucha cautela. Lo que, desde luego, podría estar en sintonía con la tesis subjetivista en su tiempo aún reinante, pero que no parece admitirse actualmente (sobre todo, en el valor que Degni le reconoce a tales antecedentes históricos de la norma). A ello, sin embargo, volveremos luego, en el siguiente epígrafe.

46. Como, por lo demás, lo admiten quienes defienden el método histórico-evolutivo (como DEGNI, *cit.*; DE RUGGIERO, p. 141; y, siguiendo a ambos, CASTÁN, pp. 240 y 241).

47. Permítasenos tal equiparación entre Exposición de Motivos y Preámbulos, que muchos distinguen, porque aunque nominal y procedimentalmente pueda hacerse tal distinción (empleándose la expresión de «Exposición de Motivos» para cuando la norma se propone y tramita, y la de «Preámbulo» una vez la norma es aprobada y publicada oficialmente), sustancialmente carece de repercusión práctica dada la identidad de valor jurídico (que ahora veremos), que ambos textos, expositivos o preambulares, presentan. Por lo demás, conviene advertir que todo cuanto a continuación se diga es un resumen parcial y fragmentado de todo cuando ya expuse y defendí en mi monografía *Principio, realidad y norma: el valor de las exposiciones de motivos (y de los preámbulos)*, con Prólogo de C. Rogel Vide, Méjico-Madrid, 2015.

48. En efecto, esa doble presencia de la *ratio legis* y de la *occasio legis* también se encuentra en los Considerandos de los Reglamentos y Directivas europeos. Según dispone la Guía Práctica Común del Parlamento Europeo, del Consejo y de la Comisión, en su punto 10.2 (*«La motivación de los reglamentos, directivas y decisiones es obligatoria. Tiene por objeto dar a conocer a toda persona interesada las condiciones en que el autor del acto ejerció la competencia relativa al acto en cuestión [véase el asunto 24/62] y conceder la posibilidad a las partes de un*

Nadie puede negar, desde luego, que en tales textos hay mucha literatura (no siempre de calidad, por cierto), donde se entremezclan afirmaciones de muy variada índole (social, política, de técnica jurídica, cultural, económica, de oportunidad y legitimación –muy habitual, por ejemplo, en España, a fin de legitimar la norma, como estatal o como autonómica–,...); aunque no siempre tales apreciaciones resultan pertinentes (cuando, por ejemplo, contienen más referencias de mero oportunismo que de oportunidad, de mera propaganda –muchas veces electoralistas o enaltecedoras de la patria, como sucede con los preámbulos de las Constituciones[49] y con el de algunos Estatutos de Autonomía–, o, en definitiva, conteniendo más moralina que estricta moral, más demagogia que pedagogía).

De ahí que a veces extraer algo en claro de tales textos sea, sin duda, una labor ciertamente ardua; pero tal dificultad no la hace imposible, y, en cualquier caso, el esfuerzo –veremos– merece la pena (tanto como lo es, en el mundo jurídico, escindir en las sentencias los hechos de los fundamentos de derecho y, dentro de éstos, los *obiter dicta* y la *ratio decidendi*, cuya búsqueda, aunque muchas veces delicada, resulta imprescindible para hallar en ella contenida la jurisprudencia). Porque también en los Preámbulos y en los Considerandos se encuentran dos tipos de argumentación, aunque casi siempre entremezcladas[50], que también responden al porqué –al motivo– de la ley misma. Porque tras la oportuna trilla podrá observarse que en tales textos: por un lado, se hace exposición de los hechos (con descripción de la realidad, pasada, actual y la

litigio de defender sus derechos, así como al Tribunal de Justicia de las Comunidades Europeas de efectuar su control»), y en el punto 10.3 (*«Si es necesario recordar el contexto histórico del acto, el relato seguirá el orden cronológico de los hechos. Los elementos de la motivación de las disposiciones específicas del acto siguen el orden de éstas. [...] El esquema ideal de la motivación de los actos consiste en: [...] – una exposición concisa de los elementos de hecho y de Derecho que deben tomarse en consideración; [...] – la conclusión de que, por lo tanto, es necesario u oportuno adoptar las medidas contempladas en la parte dispositiva»*).

49. Véanse, entre otras, las explicaciones de RODRÍGUEZ-ZAPATA PÉREZ, J.: «El preámbulo del Tratado por el que se establece una Constitución para Europa», en *Libro I: La UE; el Derecho de la UE; Competencias de la UE; las Instituciones*, dirs. E. Álvarez Conde y V. Garrido Mayol, Valencia, 2004, p. 114: «Las Constituciones testimonian siempre una gran empresa en la vida de un pueblo; eso explica que sus preámbulos adopten el lenguaje barroco, ornamental, y a menudo emocional que suele acompañar a los festejos». Y recordará la Teoría de los tres estratos de Peter HÄBERLE, al observar que, en los Preámbulos Constitucionales, junto al lenguaje técnico propio de los juristas que en él se puede emplear, se combinan también el lenguaje usual y el conmemorativo o grandilocuente.

50. Para ROVIRA FLÓREZ DE QUIÑONES, M.ª C. (*Valor y función de las «exposiciones de motivos» en las normas jurídicas*, Santiago de Compostela, 1972, pp. 43 y 76), las Exposiciones de Motivos tienen, en cambio, un triple modo de razonar: en relación con el ordenamiento jurídico, con la sociedad y con la obligatoriedad de la norma; o lo que es igual, las funciones de ser *vis* directiva de la norma, de demostrar su legalidad y legitimidad y de razonar acerca de su necesidad. Por su parte, MARTÍN CASALS, M. («Preámbulo y disposiciones directivas», en *La forma de las leyes: 10 estudios de técnica legislativa*, Barcelona, 1986, p. 66), considera, muy influenciado por las denominadas Disposiciones Directivas alemanas, que las Exposiciones de Motivos deben dar información sobre los siguientes

deseablemente futura, con la consiguiente finalidad –social, política, económica, ...[51]– a la cual la norma responde); y, por otro, se exponen los argumentos de Derecho (con descripción del ámbito de aplicación, de los principios y reglas o técnicas jurídicas elegidos y dispuestos para la solución de aquélla problemática a cuya solución viene la norma)[52].

Se contendrán, en fin, en aquellas Exposiciones y Preámbulos la *occasio legis* y la *ratio legis*, respectivamente, de las que siempre nos han hablado los grandes maestros del Derecho, aun sin saber a ciencia cierta dónde se encontraban; sin que por ello pueda, de nuevo, confundirse con la interpretación sistemática (salvo que, una vez más, quiera dársele a dicho criterio un sentido lato para así incluir, también, dentro de él y del *«contexto»* a que se refiere el art. 3.1 CC, las Exposiciones de Motivos y los Preámbulos). Rectamente, el uso de tales textos expositivos o «preambulares» en provecho del canon sociológico sirve para interpretar normas desde la realidad (no desde la razón legal)[53], expuesta en otras leyes, coetáneas o posteriores, en principio vigentes.

Si, en cambio, se atendiera a la *ratio legis*, contenida también en las Exposiciones de Motivos y en los Considerandos, sí estaríamos ante una estricta interpretación sistemática; y si se atendiera a la realidad social expresada en el

---

extremos: A) Delimitación y análisis de la realidad social a regular y definición de los objetivos (el ser, y el deber ser, del problema –dirá luego–). B) Contenido esencial de la ley. C) Alternativas a la actividad legislativa. Y D) Efectos derivados de la ley; dentro de los cuales, considera (en pp. 68 ss.), hay que distinguir entre los efectos económicos (los costes que ocasione la ley), la legitimación de su competencia y constitucionalidad, y los propios costes sociales.

51. En definitiva, el Bien Común, al que alude recurrentemente ROVIRA FLÓREZ DE QUIÑONES (pp. 109 ss., 117 y 118), recordando la noción de ley de Santo Tomás de Aquino (*«Ordinario rationis ad bonum commune...»*).

52. Lo dice brevemente la definición que de las Exposiciones de Motivos ofrece la Nueva Enciclopedia Jurídica, cuando concluye que «la mayor parte de las veces la exposición de motivos queda reducida a un simple preámbulo donde se mencionan escuetamente los presupuestos de hecho y de Derecho que han dado lugar a la nueva disposición». En cierto modo, ya lo decía la STS de 4 noviembre 1957: *«Que, siendo elemento de las disposiciones legales a tener en cuenta, como parte integrante de las mismas e indispensablemente para sus debidas o acertadas interpretaciones, en constituido por sus preámbulos o exposiciones de motivos, al expresar o poder deducirse de ellos, generalmente, el espíritu que las ha inspirado y, los verdaderos alcances o fines a que fueron debidos»*. Tal estructuración es incluso exigida para los Considerandos de las Directivas y Reglamentos Europeos. Según dispone la Guía Práctica Común del Parlamento Europeo, del Consejo y de la Comisión, en sus puntos 10.2 y 10.3 (en una nota anterior reproducidos).

53. Según TAJADURA TEJADA (en *El preámbulo constitucional*, Granada, 1997, p. 38), el empleo interpretativo de las Exposiciones de Motivos no implica una interpretación sistemática por no ser aquéllas estrictas normas jurídicas (que solo se contienen en el articulado de la ley). Conviene, no obstante, advertir que, aun sin formar jurisprudencia (y probablemente lo diga en *obiter dictum*), hay una STS, la de 27 febrero 2001, que conecta el valor interpretativo de las Exposiciones de Motivos con el criterio sistemático, aunque también lo relaciona con el histórico, cuando tal explicación (veremos a continuación), está ya superada.

texto expositivo de la propia norma a interpretar o en otras anteriores a ella, vigentes o no, entonces estaríamos ante una interpretación histórica.

Porque tampoco cabe confundir ambos cánones hermenéuticos, ni negar la utilidad sociológica de los Preámbulos, por el hecho de contenerse aquella realidad social plasmada en una Exposición de Motivos, considerada tradicionalmente por muchos como trabajo preparatorio de la ley que, por eso mismo, sirve para su interpretación histórica, para indagar en la búsqueda de la *voluntas legislatoris*, incardinada en los *«antecedentes... legislativos»* –no en los *«históricos»*– a que se refiere el art. 3.1 CC[54]. En la propia jurisprudencia, así lo consideró la STS de 25 febrero 1943, al calificar las Exposiciones de Motivos como *«precedentes y material legislativos»*.

En nuestra opinión, sin embargo, que es además la opinión de otra buena parte de la doctrina[55] y de la jurisprudencia (incluida la constitucional, como se verá luego), tal explicación resulta hoy rechazable: a diferencia de los estrictos antecedentes históricos y legislativos, sean estos más remotos o más próximos a la ley (como pueden ser el Derecho histórico, el propio Derecho comparado cuando ha sido influyente en la redacción de la ley, las Leyes de Bases, los debates parlamentarios, y tantos otros antecedentes), las Exposiciones de Motivos, en cambio, aunque preceden a la ley (a su articulado, a la norma jurídica

54. *Vid.*, por todos, CASTÁN (pp. 245 y 246), a quien siguen PUIG BRUTAU, J. (*Introducción al Derecho Civil*, Barcelona, 1980, pp. 308 y 309), y SANTOS BRIZ, J. («La aplicación de las normas jurídicas en el nuevo Título Preliminar del Código Civil», en *Libro-Homenaje a R. M.ª Roca Sastre, vol. I*, Madrid, 1976, p. 765); o el mismo DE CASTRO (pp. 448, 449 y 472); y por algunos hoy, como SANTAOLALLA LÓPEZ, F. («Exposiciones de Motivos de las Leyes: motivos para su eliminación», en *Revista Española de Derecho Constitucional*, n.º 31, 1991, pp. 60 y 61); o, sobre todo, SALVADOR CODERCH, P. («Los materiales prelegislativos: entre el culto y la polémica», en *ADC*, 1983, pp. 1657, 1658, 1679 y 1680).

55. Como ya lo intuyera ALBALADEJO GARCÍA, M. (*Derecho Civil, I: Introducción y Parte General, vol. 1.º: Introducción y Derecho de la persona*, 9.ª ed., Barcelona, 1983, p. 164, nota 2); y, ya con más argumentación, por todos, ROVIRA FLÓREZ DE QUIÑONES (insistentemente, en pp. 25 a 28, 44, 94 y 96); también, TAJADURA TEJADA (1997, p. 29 ss.), aunque antes (en p. 12), acepta la semejanza de las Exposiciones con los trabajos preparatorios a fin de averiguar la voluntad del autor de la ley; o EZQUIAGA GANÚZAS, Fco. J. («Concepto, valor normativo y función interpretativa de las exposiciones de motivos y los preámbulos», en *Revista vasca de Administración Pública*, n.º 20, 1988, pp. 33, 41, 42 y 47), aunque matizando que también sirven a la interpretación histórica, junto a la teleológica, a diferencia de los trabajos preparatorios que, en su opinión, sirven tan solo para la llamada interpretación psicológica. En parte, también en esa posición, algo híbrida, de ver en las Exposiciones una interpretación histórica y lógica, HERNÁNDEZ GIL (*El cambio político español y la Constitución*, Barcelona, 1982, pp. 305 y 306). En mi opinión, que indicaré en texto como resumen de mi anterior trabajo («El [relativo] valor interpretativo de los materiales prelegislativos», en *ADCL*, 2019, pp. 747-792), antes que mezclar ambos argumentos, tal vez sea más adecuado ver en las Exposiciones de Motivos un tránsito de la interpretación histórica a la lógica. Por último, para cerrar el elenco de doctrina, resulta curioso que, en su monografía sobre este tipo de interpretación, PÉREZ ALGAR no haga ninguna referencia a las Exposiciones de Motivos; al menos, cuando define y describe, en general, los antecedentes legislativos, no las incluye. O tal vez no las haya yo encontrado en tal obra mencionada.

stricto sensu), no son mero precedente de la ley. Son formalmente tan «material legislativo» como la propia ley que motiva. En ellas no se refleja la gestación de la ley (con sus debates, enmiendas, ...), sino la ley misma, ya debatida y gestada, tanto en su articulado como en su Preámbulo. Estas no representan el pasado de la Ley, sino su presente.

Separados, así, formalmente, los trabajos preparatorios de los Preámbulos, en tal distinción también la hay sustancial, sin que pueda estimarse que las Exposiciones arrastran con ella la voluntad del legislador, ni mucho menos la de su autor material. No se trata, por tanto, aquí, de resucitar viejas teorías subjetivistas sobre la interpretación con fundamento en las Exposiciones de Motivos. Una vez estas son aprobadas, y publicadas como el Preámbulo de la ley, se emancipan e independizan de su autor material, y de su *iter* formativo, como la ley misma a la que motivan. Se ha producido, entonces, un tránsito, una transformación: si *ab initio*, en su propuesta y tramitación parlamentaria, la Exposición de Motivos contenía la *voluntas legislatoris* (de la Comisión redactora con el fin de convencer al Gobierno o al Parlamento), tras su debate y aprobación, ya recoge, junto con ella, la *ratio legis* (la de la propia ley ante sus destinatarios finales: los ciudadanos y los Poderes Públicos), que la ley explica en su Preámbulo, donde vendría a comprenderse una especie de *mens legis*. De este modo, aquella parte expositiva de la ley vendrá a contener, no los *«antecedentes... legislativos»*, a que se refiere el art. 3.1 CC, sino el *«espíritu y finalidad»*, el alma del cuerpo legal, a que se refiere aquel art. 3.1 CC, así como la realidad social (la *ocassio legis*), a que responde[56]. Se erigen, así, las Exposiciones de Motivos y Preámbulos

56. En palabras de ROVIRA FLÓREZ DE QUIÑONES (p. 44), «la Exposición de Motivos contiene el espíritu de la norma tal y como ha sido entendida en la mente del legislador». De ahí la importancia que para él tienen las Exposiciones y Preámbulos (p. 125): «Porque por medio de la *mens legislatoris* dan a conocer la *ratio legis*, elemento imprescindible para interpretar el sentido y alcance de la norma». Y es así hoy, en cierto modo, como lo entiende TAJADURA (1997, p. 29), al considerar «que los textos preambulares pueden desempeñar un papel fundamental para la interpretación tanto sicológica como teleológica, de cualquier texto normativo»; (p. 30), «en el texto preambular confluyen la voluntad del autor de la norma y, en tanto ésta queda plasmada de forma objetiva, también la voluntad de la norma en sí». En la jurisprudencia, son multitud de SSTS las que así lo entienden: que las Exposiciones contienen una interpretación auténtica de la *ratio legis*, o de la *mens legis* –dirán las SSTS de 16 diciembre 1982 y 19 junio 1992 (de la *mens legislatoris,* dirán las SSTS de 12 junio 1974 y 23 mayo 1975)– en cuanto explicación de aquella razón (así, entre otras muchas, las SSTS de 25 septiembre 1964, 12 junio 1974, 23 mayo 1975, 16 diciembre 1982, 6 febrero 1986, 13 octubre 1998, 19 junio 1992, 27 febrero 2001). Y a todas ellas cabe sumar, dentro de la propia jurisprudencia constitucional, la STC 31/2010, de 28 junio, cuando afirma: «... *El valor jurídico de los preámbulos de las leyes se agota, por tanto, en su cualificada condición como criterio hermenéutico. Toda vez que, por tratarse de la expresión de las razones en las que el propio legislador fundamenta el sentido de su acción legislativa y expone los objetivos a los que pretende que dicha acción se ordene, constituye un elemento singularmente relevante para la determinación del sentido de la voluntad legislativa* –dice–, *y, por ello, para la adecuada interpretación de la norma legislada*». No en vano, multitud de recientes SSTC han elogiado la conveniencia de las Exposiciones de Motivos en los Decretos-Leyes, a fin de justificar *«la extraordinaria y urgente necesidad» que* les exige el art. 86 CE (así, entre otras, puede verse en las SSTC 68/2007, de 28 marzo, 137/2011, de 14 septiembre, 39/2013, de 14 febrero, o en las SSTC 96/2014, de 12 junio y 109/2014, de 26 junio).

como punto de encuentro, y conciliación, en la clásica disputa entre teorías subjetivistas y objetivistas de la interpretación.

Precisamente, tales textos expositivos y preambulares, según tiene declarada la jurisprudencia (tanto del Tribunal Supremo como del Constitucional), tienen un valor interpretativo auténtico, por provenir del propio legislador, aunque no vinculante, porque carecen de valor normativo, no son estrictas normas (pues solo lo son las que se contienen en su articulado y en sus disposiciones –adicionales, finales,...–), porque, como revela el propio lenguaje en tales textos empleado –aunque sea técnico-jurídico–, no hay en ellos consecuencias jurídicas concretas, que dispongan, ni mucho menos impongan, efectos precisos a determinados hechos (cuando estos, en general, vienen también referidos en los textos expositivos de un modo siempre general y abstracto). Todo lo cual justifica que dicha parte expositiva de la norma carezca, no solo de obligatoriedad o imperatividad (como es muy común decir), sino de toda posible aplicación directa (sea dispositiva o imperativa). Tales textos expositivos tan solo tendrán un valor interpretativo (auténtico, ciertamente, pero no vinculante), de la estricta norma que se contiene en el texto articulado.

Y de esa consecuencia se derivarán otras, como la imposibilidad de fundar exclusivamente en los textos expositivos o preambulares la interposición de una demanda, o de un recurso de casación o de inconstitucionalidad[57]; lo cual, en

57. Limitando la cita a la jurisprudencia constitucional vertida sobre el valor de las Exposiciones de Motivos y de los Preámbulos de la ley, son destacables, al respecto, entre algunas otras, las SSTC 36/1981, de 12 noviembre (sobre el Estatuto de Autonomía del País Vasco), la 212/1996, de 19 diciembre (sobre la Ley de Reproducción Humana Asistida española de 1988), y la STC 31/2010, de 28 junio (sobre el Estatuto de Autonomía de Cataluña). Como compendio y recordatorio de todas las anteriores, merece ser reproducida de esta última buena parte de su Fundamento Jurídico 7.°, donde dice: «*Ciertamente hemos repetido desde la STC 36/1981, de 12 de noviembre, FJ 2, que un "preámbulo no tiene valor normativo", siendo por ello innecesario, y hasta incorrecto, hacerlo objeto de "una declaración de inconstitucionalidad expresa que se recogiera en la parte dispositiva" de una Sentencia de este Tribunal (ibid.). Esa carencia de valor normativo tiene como consecuencia, en efecto, que, como afirmamos en la STC 116/1999, de 17 de junio, FJ 2, los preámbulos "o exposiciones de motivos carecen de valor normativo y no pueden ser objeto directo de un recurso de inconstitucionalidad (SSTC 36/1981, fundamento jurídico 7; 150/1990, fundamento jurídico 2; 212/1996, fundamento jurídico 15; y 173/1998, fundamento jurídico 4)". Ahora bien, carencia de valor normativo no equivale a carencia de valor jurídico, del mismo modo que la imposibilidad de erigirse en objeto directo de un recurso de inconstitucionalidad no supone que los preámbulos sean inaccesibles a un pronunciamiento de nuestra jurisdicción en tanto que posible objeto accesorio de un proceso referido principalmente a una disposición normativa. De hecho, en la propia STC 36/1981 hicimos una declaración expresa sobre el valor interpretativo del preámbulo entonces examinado, bien que proclamándola en la fundamentación jurídica y sin llevarla formalmente al fallo.(...) Nuestro proceder en la citada STC 36/1981 es consecuencia de la naturaleza jurídica de los preámbulos y exposiciones de las leyes, que, sin prescribir efectos jurídicamente obligados y carecer, por ello, del valor preceptivo propio de las normas de Derecho, tienen un valor jurídicamente cualificado como pauta de interpretación de tales normas. Su destinatario es, pues, el intérprete del Derecho antes que el obligado a una conducta que, por definición, el preámbulo no puede imponer. El valor jurídico de los preámbulos de las leyes se agota, por tanto, en su*

nuestra explicación de las Exposiciones de Motivos como portadoras de una realidad social, se justifica perfectamente con la consideración de que los recursos de casación y de inconstitucionalidad no son recursos de estricta jurisdicción contenciosa, de resolución de hecho s concretos (harto es sabido, y advertido por el propio TS, que la casación no es una tercera instancia), sino recursos de control de la legalidad (de su correcta interpretación, y aplicación, por los jueces, en el caso del recurso de casación, y de su conformidad con la Constitución, en el otro tipo de recurso).

Otra consecuencia es la prevalencia de lo dispuesto, o impuesto precisamente, en el articulado de la norma, si con ello se contradice lo –tan solo– dispuesto en su texto expositivo. El Preámbulo solo tendrá algún valor interpretativo siempre y cuando el texto expositivo tenga reflejo en el articulado (pues suele negarse cualquier función integradora de posibles lagunas contenidas en la propia ley), y no se contradiga con él (pues en tal caso, suele darse prioridad a dicho articulado frente al texto expositivo); exigencias ambas que aceptamos aquí sin objeción ni matización alguna (aunque las pueda merecer[58]), sobre todo, porque se está pensando en las Exposiciones de Motivos como portadoras de una *ratio legis* que, sin embargo, pueda no contenerse o armonizarse con el mismo texto legal (con su articulado), al que la parte expositiva motiva. Pero no es, desde luego, ese el aspecto de las Exposiciones de Motivos que aquí y ahora, en esta obra, nos interesa, sino aquel otro en que aquellas muestren una realidad social desde la que interpretar –sociológicamente–, no la propia norma motivada (en cuyo caso estaríamos ante una interpretación histórica), sino otras normas que sean coetáneas o anteriores –siempre vigentes– a la motivada. En tal caso, es posible la contradicción entre normas (entre las realidades sociales a que cada una responde), o la imprevisión en una norma anterior ante la existencia de nuevas realidades sobrevenidas; y en ambos casos, el problema sería resuelto desde la norma, cuya Exposición de Motivos refleje la realidad social más actual. De ahí que, como venimos viendo, quepa una interpretación correctora (no solo extensiva o restrictiva), de la norma así interpretada, o que (como veremos luego –en el epígrafe 11.3 del cap. V y último–) la interpretación sociológica sirva como punto de partida para la analogía.

---

cualificada condición como criterio hermenéutico. Toda vez que, por tratarse de la expresión de las razones en las que el propio legislador fundamenta el sentido de su acción legislativa y expone los objetivos a los que pretende que dicha acción se ordene, constituye un elemento singularmente relevante para la determinación del sentido de la voluntad legislativa, y, por ello, para la adecuada interpretación de la norma legislada».

58. Sobre tal cuestión, relativa a las posibles antinomias habidas dentro de una misma norma, entre su Preámbulo y su articulado, me remito, de nuevo, a mi monografía citada sobre el valor de las Exposiciones de Motivos (pp. 102 ss.).

Todo lo dicho acerca del valor interpretativo de Preámbulos y Exposiciones de Motivos es predicable también de los Considerandos que preceden a los Reglamentos y a las Directivas de la Unión Europea[59].

Conocida, así, por el intérprete la realidad social desde el conocimiento –la interpretación– que de ella proporciona el propio legislador en aquellos Preámbulos y Considerandos[60], podrá aquel intérprete limitarse a lo que es su genuina función: la de interpretar la norma desde aquella realidad que ya le viene dada, interpretada *ex lege*, sin la necesidad de entrar en investigaciones más propias del sociólogo –aunque sea jurídico– que del auténtico jurista, que es aplicador –antes que investigador– del Derecho.

Dicho esto, conviene de inmediato hacer la siguiente aclaración: que la interpretación de la realidad social contenida en la Exposición de motivos sea auténtica[61], no quiere decir que sea vinculante –para el futuro, desde luego,

---

59. Así lo dice la Guía Práctica Común del Parlamento Europeo, del Consejo y de la Comisión, en su punto 10.1 *in fine*: *«Se entiende por "considerandos" la parte del acto que contiene la motivación de éste y que se incluye entre los vistos y la parte dispositiva del acto. La motivación comienza por "Considerando lo siguiente:" y continúa con puntos numerados (véase la directriz 11) formados por una o por varias frases completas. Se formula de modo no imperativo ya que no debe confundirse con la parte dispositiva»*. Ya en una consulta hecha el 31 julio 2002 a la Comisión (en la Pregunta escrita P-2403/02, de Wolfgang Ilgentriz, hecha sobre el valor de los Considerandos de una Directiva europea, en el caso, sobre blanqueo de capitales), acerca de si los Considerandos tienen un valor normativo o solo explicativo, el Comisario, por entonces, Bolkestein respondería, en nombre de la Comisión (en Respuesta de 4 septiembre 2002), diciendo: «El propósito de los considerandos de una directiva es explicar el razonamiento seguido por la autoridad o autoridades legislativas que adoptaron la medida. (...) Las obligaciones impuestas por una directiva se establecen en los artículos, mientras que los considerandos no tienen, en realidad, fuerza de ley».
60. En la doctrina, suele, en efecto, indicarse –ya desde el propio LARENZ (p. 328)– como una de las funciones de las Exposiciones de Motivos (amén de otras que ahora no importa traer), la de ser fuente de conocimiento, de información y aclaración de la ley: tanto de la realidad de los problemas (sociales, económicos, políticos,...) que dicha ley viene a resolver, como de los medios (técnico-jurídicos), que emplea para resolverlos, y que tales mecanismos responden a una legitimidad material (de justicia y seguridad), y formal (o competencial). Así, entre los nuestros, ROVIRA FLÓREZ DE QUIÑONES, pp. 31 ss.); o, más recientemente, DÍEZ-PICAZO GIMÉNEZ, L. M.ª («Los preámbulos de las leyes [En torno a la motivación y la causa de las disposiciones normativas]», en *ADC*, 1992, p. 502, como conclusión).
61. Lejos quedan ya aquellos tiempos en que parte de la doctrina, e incluso alguna aislada STS (como la de 14 octubre 1965, al estimar tales Exposiciones como *«opiniones personales de alguien que estuvo en íntimo contacto con la obra legislativa»*), consideraba que las Exposiciones de Motivos tenían un valor doctrinal, científico. Así lo decía el propio redactor de la Exposición de Motivos de la LH-1861, don Pedro GÓMEZ DE LA SERNA (en sus *Comentarios a la LH, I*, pp. 166, 181 y 182), ante el elogio que a la misma hizo el Ministro de Gracia y Justicia de aquel entonces, D. Santiago Fernández Negrete, que la calificó como *«el mejor preámbulo y más autorizado comentario de la ley»*. En tal negación de Gómez de la Serna, que muchos seguirían después, latía: por un lado, la reverencia a unos tiempos en que el legislador era unipersonal (y en donde la interpretación pretendía la búsqueda de la *voluntas legislatoris*), y, por otro, el miedo al restablecimiento ya anacrónico e ilegítimo de la doctrina,

pero tampoco en el presente–. Así lo afirma la propia jurisprudencia del TC[62]. La razón, en general, de esa falta de obligatoriedad es evidente: no solo porque los textos expositivos carezcan de valor normativo, sino también porque, *in abstracto*, ninguna interpretación auténtica, aunque esté contenida en una regla jurídica, es vinculante (salvo que se trate de normas interpretativas claras y armónicas con las demás, en cuyo caso, en verdad, no requieren de estricta interpretación[63], y su imperatividad les viene dada sustancialmente por dicha claridad y armonía, no formalmente por su continente normativo). En definitiva, toda norma, incluida la interpretativa, es susceptible de interpretación[64]. Negarlo sería como negar la propia labor interpretativa en el aplicador del Derecho (más propia de aquellos tiempos de Emperadores y Reyes que temían ver tergiversadas sus leyes en manos de los jueces, y que, para evitarlo, prohibían cualquier interpretación, la delegaban en jurisconsultos de prestigio, o ellos mismos dictaban otras normas, al modo de los rescriptos y las constituciones justinianeas, para interpretar las suyas propias anteriores[65]).

Ese último es, precisamente, el caso genuino, y más problemático, de la llamada interpretación auténtica en Derecho comparado: el de la norma que se interpreta a sí misma en su propio articulado y, especialmente, el caso en que una norma posterior viene a interpretar auténticamente una norma anterior (delicada cuestión, sobre todo, cuando el legislador de una y otra norma es diverso)[66]. Todos los problemas que suscitan y todas las objeciones que reciben

común o de ciertos autores, como fuente del Derecho (fuere por su estimación como estricta jurisprudencia o como expresión de la costumbre). Pero hoy, abstracción de quien sea el autor de dicha Exposición de Motivos, o del propio articulado de la ley, lo que ya poco importa ante la colectividad y la colaboración que existe en todo legislador (sea el Parlamento, el Gobierno, por sí o a través de Comisiones redactoras, ...), las Exposiciones de Motivos forman parte de la ley y, como tales, son igualmente objeto de enmiendas, debate y votación junto al articulado de la ley.

62. En una anterior nota reproducida. También es afirmación común en la jurisprudencia del TS.

63. Conforme a la conocida máxima *«in claris non fit interpretatio»*. Lo que, ciertamente, sí presupone una interpretación, más en sentido amplio, que concluye en aquella indubitada claridad y armonía. *In sensu lato*, es verdad, toda norma es interpretable, aunque, estrictamente, solo lo son las normas que no presentan dicha claridad y armonía.

64. Así ya advertido, conforme a los clásicos, desde ESCRICHE, J. (en su voz «Interpretación auténtica» de su *Diccionario Razonado de jurisprudencia*, París 1858, p. 951), al decir que las interpretaciones auténticas «no excluyen la interpretación usual ó por vía de costumbre, ni la judicial o por vía de doctrina, como enseñan Gregorio López, en la glosa a la dicha Ley 14, tít. 1, Partida 4.ª, y don Sancho de Llámas y Molina en el comentario de la Ley 1.ª de Toro, n.º 628». Más modernamente, cabría citar a DE CASTRO (en *ADC*, pp. 1125 y 1127), y a tantos otros después que recuerdan aquel texto de CELSO consagrando la libertad del intérprete, más que como regla hermenéutica, como su propio fundamento: *«Scire leges non est earum verba tenere, sed vim ac potestatem»*.

65. Remito, al lector, a las explicaciones que, sobre la interpretación auténtica de las leyes, daba Francisco SUÁREZ (pp. 623 y 624).

66. Que, como dijera SAVIGNY (p. 147), «no está en la marcha ordinaria de las cosas que cada ley vaya seguida de otra que la explique». Para una explicación de los problemas que plan-

tales modos de proceder del legislador-intérprete, se evitan con las Exposiciones de motivos contenidas en la propia ley motivada, o incluso en otras posteriores. Frente a la incuestionable contradicción, tan conocida y agudamente denunciada por Dualde, que presenta la interpretación auténtica (porque «si es auténtica, no es interpretación, y si es interpretación, no es auténtica»)[67], y frente a quienes exigen que sea normativa la interpretación para que sea verdaderamente auténtica (y vinculante)[68], en nuestro caso no habría contradicción ninguna: puesto que la interpretación está contenida en la Exposición de la propia ley es interpretación auténtica, pero puesto que en ella se contienen realidades (sin valor normativo), tal interpretación, aunque auténtica, no es vinculante.

Además, en el caso, particular, de la Exposición de Motivos de una ley, anterior, como reveladora de una pasada realidad social, negar su reinterpretación para el futuro desde la realidad social expuesta en otras leyes, posteriores a aquella, sería negar la virtualidad de la propia interpretación sociológica. Y obsérvese que, en dicho caso, la reinterpretación de la realidad social se hará siempre desde las interpretaciones auténticas hechas sobre ellas por el propio legislador, aunque lógica –cronológicamente– dando prioridad a la de las leyes posteriores sobre las anteriores, no tanto por aplicación de la regla de que la ley posterior derogue a la anterior (que solo es aplicable a las normas, no a los hechos, que nunca pueden borrar el pasado, el tiempo transcurrido), sino por ser la de la posterior el reflejo de una realidad social más actual, más reciente, y cercana *«del tiempo en que han de ser aplicadas»* las normas, según reza el art. 3.1 CC.

Lo mismo cabría decir si la realidad social expuesta en una ley no ha devenido con el tiempo en anacrónica, y por tanto irreal, sino que ya originariamente, desde un primer momento, no responde a la verdadera realidad (por malinterpretación, o incluso por manipulación, del propio legislador en su visión de la realidad expuesta muchas veces de forma interesada, propagandística y demagógica en aquellos textos preambulares). El intérprete tampoco en tal caso que-

tean, amén de la manualística y a falta de una monografía patria, siguen siendo muy sugerentes las reflexiones de DUALDE, J. (en «La interpretación auténtica», en *Una revolución en la lógica del Derecho [Concepto de la interpretación del Derecho privado]*, Barcelona, 1933, pp. 24 ss.).

67. En «La interpretación auténtica», *cit.*, pp. 24 ss. Ya mucho antes, lo había advertido, según recuerda el propio DUALDE (p. 27), SAVIGNY (p. 147): y, entre nosotros, GÓMEZ DE LA SERNA, P. y MONTALBÁN, J. M. (*Elementos de Derecho Civil y Penal de España, Tomo I*, 9.ª ed., Madrid, 1870, p. 308, nota 3): «La interpretación que los autores llaman auténtica, que es la dada por el legislador, ... es más que interpretación una nueva ley». O GUTIÉRREZ FERNÁNDEZ, B. (*Códigos o estudios fundamentales sobre el Derecho Civil español, T. I*, 3.ª ed., Madrid, 1871, p. 98), al decir del legislador que «sus declaraciones son algo más que una interpretación; son leyes».

68. Como DÍEZ-PICAZO GIMÉNEZ (1992, pp. 519 y 520), y antes, en Italia, BETTI (pp. 179 y 180), quien hace residir la obligatoriedad de tal interpretación, no en su razón, sino en la fuerza que le da la propia norma.

dará vinculado por aquella realidad, que es falsa. Pero tampoco aquí se le debe exigir un sobreesfuerzo (de entrar a enjuiciar la realidad verdadera, a modo de sociológico ya cuasi divino, vidente de la verdad más absoluta). Su rebeldía ante la realidad expuesta en la ley solo podrá fundarla en la que se expresen en otras leyes que, por sí mismas o en su conjunto, sí parezcan ser, al menos, más próximas a la auténtica realidad (y entre los cuales, veremos –en el epígrafe 10.4 de este mismo cap. IV–, puede haberlas nacionales o internas, pero también internacionales).

10.3. (RELATIVAMENTE) EN LOS «MATERIALES PRELEGISLATIVOS» (Y EN LAS DISPOSICIONES *IN FIERI* O EN DEVENIR)

También pueden tener un cierto (o relativo) valor interpretativo sociológico los llamados «materiales prelegislativos»[69], en cuanto antecedentes, próximos o cercanos a la ley (y que el art. 3.1 CC expresa en su genérica mención a los *«antecedentes legislativos»*), entre los que la común opinión[70] suele incluir los proyectos y anteproyectos, las actas o memorias justificativas de las comisiones técnicas, también las Leyes de bases[71], los discursos, dictámenes y debates parlamentarios, ... (con exclusión, en nuestra opinión, de las Exposiciones de Motivos por cuanto, según dijimos en el epígrafe anterior, forman parte de la propia ley).

69. En todo lo que sigue me remito *in extenso*, con nota abundante de doctrina y jurisprudencia a mi trabajo, ya citado arriba, sobre «El (relativo) valor interpretativo de los materiales prelegislativos», en *ADC*, 2019, pp. 747-792.

70. Con FADDA y BENSA (en WINDSCHEID: *Diritto delle pandette, vol. IV*, Turín, 19261926, p. 13 ss.); así también, entre los nuestros, CASTÁN TOBEÑAS (p. 247); VALVERDE Y VALVERDE (p. 110); DE CASTRO (p. 472); PÉREZ ALGAR (pp. 46 y 48, nota 27); SALVADOR CODERCH (*ADC*, 1983, p. 1657 y ss.), quien, sin embargo, advierte (en pp. 1658 y 1678) de la relatividad, y en cierto modo de la arbitrariedad, del concepto habido sobre los materiales prelegislativos, al depender de las reglas –contenidas en las Constituciones modernamente– que en cada momento rijan para la elaboración de normas. Y hecha tal advertencia, hará (en pp. 1679 y 1680), diversas clasificaciones de materiales prelegislativos (según su autor, su contenido y finalidad, ...), a fin de demostrar dicha heterogeneidad.

71. Porque una vez la ley delegada es aprobada y publicada (como Decreto-legislativo), respetando los límites que le impone la Ley de Bases, esta última perderá ya todo su vigor normativo para convertirse en otro antecedente –legislativo, ciertamente, en su caso lógico (cfr., art. 3.1 CC)– de la ley delegada; «como medio de interpretación histórico finalista», decía BONET RAMÓN, Fco. («La Ley de Bases del Código Civil», en *Anales de la Real Academia de Jurisprudencia y Legislación*, n.º 19, 1988, p. 344), refiriéndose en particular a la Ley de Bases de 11 de mayo de 1888, mas siendo trasladable tal afirmación a cualquier otra Ley de Bases cualquiera. Y así, antes, lo había destacado constante jurisprudencia del TS negándole a la Ley de Bases de 11 de mayo de 1888 su posible utilidad como fundamento de Derecho en cualquier demanda o recurso, así como en cualquier sentencia judicial (así, desde la STS de 24 junio 1897, pasando por las SSTS de 10 noviembre 1902, 21 noviembre 1934, 27 diciembre 1935, 10 febrero 1947 y de 22 enero 1948, que la secundan, y reproducen literalmente, en tal negación de su posible valor legal).

Y, ¿qué duda cabe de que, para conocer tal contexto histórico, y así comprender la norma, los debates en las comisiones, los parlamentarios y demás precedentes pueden ser de gran utilidad?[72] Así como el intérprete no debe ser sociólogo para conocer la realidad social desde la que interpretar evolutivamente las normas, tampoco debe de ser historiador para conocer el contexto en que se gestó una norma pasada. No es su misión hacer, investigar Historia, sino conocer aquella realidad histórica de una norma pasada a que el propio legislador de aquel momento, en su propia percepción de aquella realidad, atendió para luego legislar sobre ella[73]. Y precisamente para observar esa realidad percibida por el propio legislador sirven al intérprete aquellos antecedentes a que se refiere el art. 3.1 CC (borradores, proyectos, discusiones, enmiendas, ...), hasta la propia realidad descrita en sus Exposiciones de Motivos. Solo de este modo, conocida por el intérprete la realidad social desde el conocimiento –la interpretación– que de ella proporciona el propio legislador, podrá aquel intérprete limitarse a lo que es su genuina función: la de interpretar la norma desde aquella realidad que ya le viene dada, interpretada *ex lege*, sin la necesidad de entrar en investigaciones más propias del historiador –aunque sea jurídico–, que, del auténtico jurista, que es aplicador –antes que investigador– del Derecho. Con la ventaja, aunque también con la dificultad, en su atención particular a los debates en Comisiones y Parlamentos, de que con ellos la reconstrucción de aquella realidad se hará, además, desde la pluralidad de opiniones, muchas veces diferentes e incluso opuestas, vertidas en aquellos debates.

Por supuesto, no alcanzará dicho material el mismo valor interpretativo que el de la realidad social expuesta en un Preámbulo normativo (que es interpretación auténtica de aquella realidad, aunque no vinculante), pero la comparación de prismas ofrecidos en aquellos debates, habidos en las comisiones y en sede parlamentaria, sí permitirá en el intérprete una visión crítica, no necesariamente acorde con la realidad expuesta –no siempre coincidente con la verdadera– en el preámbulo de la propia norma.

Tómese, a tal respecto, como claro ejemplo la multitud de ocasiones en que el propio Tribunal Constitucional encuentra justificada *«la extraordinaria y urgente nece-*

72. Así lo reconocía, en general, DEGNI (p. 254): «I lavori preparatori, anche nel metodo storico-evolutivo, possono avere una notevole importanza, in quanto servono a detemrinare le condizioni che circondarono la formulazione di una legge, per dedurne il motivo occasionale». Y, entre nosotros, así también VALVERDE Y VALVERDE (p. 110): «no cabe duda de que los trabajos dichos –los preparatorios– pueden servir para determinar las condiciones históricas del pueblo y las causas que impulsaron a obrar al legislador y los efectos que se propone éste conseguir con la publicación de la ley».

73. Ya decía GENY (p. 281): «cuando para aclarar el texto legal se da intervención a la Historia, lo que hay que buscar no es la pura verdad histórica, sino únicamente el *estado de espíritu histórico* del legislador, en la medida en que ha determinado su voluntad soberana». En la misma línea, mucho después dirá LARENZ (p. 328), que en la interpretación histórica ha de atenderse a «la situación normativa encontrada por el legislador de entonces, es decir, a aquellos datos reales de los que él quiso dar cuenta».

sidad» que el art. 86 CE exige a todo Decreto-Ley, en elementos tales como *«los que quedan reflejados en la exposición de motivos de la norma, a lo largo del debate parlamentario de convalidación, y en el propio expediente de elaboración de la misma»* (según dicen, por ejemplo, las SSTC 29/1982, de 31 mayo (RTC 1982, 29), 182/1997, de 28 octubre (RTC 1997, 182); 11/2002, de 17 enero (RTC 2002, 11); 137/2003, de 3 julio (RTC 2003, 137); 332/2005, 15 diciembre (RTC 2005, 332), 68/2007, de 28 marzo (RTC 2007, 68), 215/2015, de 22 octubre (RTC 2015, 215), 26/2016, de 18 febrero (RTC 2016, 26), y 84/2016, de 28 abril (RTC 2016, 84), entre otras muchas otras, según han recordado dos recientes SSTS de 6 marzo 2018 (RJ 2018, 949) y (RJ 2018, 1065), siguiendo a otras varias anteriores, todas ellas de la Sala de lo Contencioso-administrativo).

O recuérdese aquel famoso caso, el de la expropiación de RUMASA, donde las SSTS (de la Sala de lo Contencioso-Administrativo) de 18 marzo, 23 mayo y 19 septiembre 1997 (RJ 1997, 1930), (RJ 1997, 4353) y (RJ 1997, 6918), respectivamente) constataban *«la concurrencia de una situación de grave crisis en el Grupo con riesgo potencial de desestabilizar el sistema financiero, teniéndose en cuenta, a tal fin, un informe del "Banco de España" y los propios debates parlamentarios que precedieron a la convalidación del Real Decreto-ley (STC 111/1983, F. 6)»*.

* * *

Con todo, también aquí conviene «aquilatar»[74] ese valor interpretativo de los debates técnicos, políticos, y demás precedentes, como expresión de la *occasio legis*, que en no pocas ocasiones solo lo es puramente histórico (limitado al *«precedente histórico»*, pero sin extenderse a la *«realidad social»*, a que se refiere el art. 3.1 CC)[75]. Pues transcurrido el tiempo desde la promulgación de la norma, puede que en muchos aspectos aquella realidad a que la norma respondía ya haya quedado desfasada, obsoleta, anacrónica, ..., haciendo incluso

74. Como decía, en general, DE CASTRO (p. 472).

75. Como decía DE CASTRO (p. 472): «Las discusiones parlamentarias, los discursos de presentación de la ley, proyectos y anteproyectos, todos los trabajos previos a la promulgación importan; pero ha de tenerse en cuenta que son solo un dato, entre los que han de tenerse en cuenta en la interpretación, que *–in recto–* se dirige a fijar la finalidad actual de la norma, no en el momento de su origen». Y antes (en p. 462), decía: «La interpretación de la ley no es una investigación histórica, y es necesario reconocer que el sentido de una ley puede variar, pero esta variación no es presumible ni admisible arbitrariamente; el principio de seguridad jurídica mantendrá el sentido originario, aceptado en la vida jurídica, y solo se admitirá su sustitución por otro cuando sea impuesto por nuevas leyes o por principios superiores». En tal idea insiste hoy SALVADOR CODERCH (*ADC*, 1983, p. 1680): «Es tradicional recalcar su importancia –la de los materiales prelegislativos– cuando la ley es nueva... y no han cambiado las circunstancias históricas. Con el tiempo, en cambio, irían normalmente perdiendo trascendencia... al principio los materiales juegan primariamente un papel dogmático mientras que luego asumen uno que ya es solamente (o preponderantemente) histórico: fijan el marco histórico de la ley, aclaran los usos lingüísticos de la época

que así también lo esté la *occasio legis* originaria aún mantenida, sin embargo, en el texto de la ley, siendo, entonces, posible que hoy aquella interpretación histórica sea superada, vencida y corregida por la realidad social posterior, esto es, mediante una interpretación sociológica o evolutiva fundada en una nueva realidad social: mientras que conforme a la interpretación histórica se pretende averiguar el sentido histórico de la norma, la realidad social existente en el momento en que dicha norma fue promulgada, en la sociológica, en cambio, se pretende determinar el sentido actual de su aplicación, adecuándola a la nueva realidad social. En tal sentido, sí puede entenderse que los materiales prelegislativos pueden ser un mecanismo de auxilio (en tal sentido sí), de ayuda para comprender en su contexto histórico una norma que, sin embargo, habrá luego de ser interpretada desde la nueva realidad. Aquellos materiales, en cambio, solo podrán emplearse de forma aislada y suficiente para interpretar en su historia una norma, cuando esa realidad histórica a que responde y en que se inspira la norma no haya sido reemplazada por otra realidad nueva posterior.

También la realidad contenida y discutida en los debates y demás precedentes de la norma puede servir, aunque también como auxilio y en menor medida –por su carácter oficial, pero no auténtico– que la *occasio legis* expuesta en los preámbulos de las leyes, a fin de interpretar sociológicamente otras normas, coetáneas y, sobre todo, anteriores en el tiempo:

Al estudiar el canon histórico, Pérez Álvarez[76], muestra cierta sorpresa al observar que «a veces se emplean los materiales prelegislativos –sobre todo, las Exposiciones de Motivos– de una norma futura. Se trata de materiales en los que se atiende a reformar la norma que, por estar aún vigente, es aplicable al supuesto de que se trata».

Y entre otros casos, se refiere al de la STS de 21 diciembre 1989, que rechazaba la preferencia de la masculinidad en la sucesión de los títulos nobiliarios, en base a la nueva realidad social que, por entonces, se derivaba de la Propuesta de Reforma del CC (que se haría efectiva en 1990), en aplicación del principio constitucional de no discriminación por razón de sexo[77].

---

de su promulgación o las razones que entonces se adujeron como justificativas de su tenor». Estas últimas ideas ya fueron hace tiempo advertidas, en Francia, por GENY (1925) y, siguiéndole, por CAPITANT, H. («Les Travaux préparatoires et l'interpretation des Lois», en *Recueil d'etudes sur les sources du droit en l'honneur de F. Geny, Tomo II*, reedición de 1974, pp. 206 ss.); y en Italia, por FERRARA (p. 210): «Specialmente mano mano che una legge si allontana dalla sua origine, l'importanza dell'intenzione del legislatore s'indebolisce e dilegua: mutate concezioni giuridiche riempiono il tardo interprete, ed essa riceve un significato ed una portata diversa da quella originariamente voluta.»; (y p. 211) «L'interpretazione non é dichiarazione del senso storico, che il legislatore materialmente collegó al principio, ma del senso che é inmanente e vivente in esso».

76. PÉREZ ÁLVAREZ (p. 156, nota 226).
77. Diciendo: *«Dicha jurisprudencia (...) ha dispuesto la no aplicación de normas o criterios tradicionales que signifiquen vulneración de principios y valores consagrados en la Constitución*

Cabría igualmente añadir la STS de 20 abril 1999 ante la inminente reforma del art. 129 LH[78]. Y también cabría en este listado incluir un caso más reciente: el de la numerosa jurisprudencia que, desde la STS de 10 febrero y las dos de 28 abril, todas ellas de 2005, vino a admitir la temporalidad de la pensión compensatoria ante la inminencia de la reforma que expresará tal posible temporalidad en la Ley 15/2005, sobre separación y divorcio.

Otro ejemplo, muy destacable, en que la propia Constitución entró en juego interpretativo antes de tener vigencia, fue el de la STS de 15 marzo 1983, que accedió a las pruebas de investigación de la paternidad, con fundamento en los arts. 39.2 *in fine* y 53.3 CE, aunque, cuando se interpuso la demanda, la Constitución, ya aprobada, aún no había sido publicada en el BOE. Según explica en su Considerando 2.º, porque *«los indicados principios rectores del texto constitucional, no como normas aplicativas, sino como tales principios en lo que tienen de informadores de la práctica judicial, conocidas ya, pues dicha Sentencia es de 20 diciembre 1978 y la Constitución, aunque sólo entró en vigor el 29 del mismo mes (en que se publica en el BOE), estaba aprobada por las Cortes el 31 octubre y por referendum el día 6 diciembre lo que posibilitaba su conocimiento, a tener en cuenta*

y opuestos a la realidad social y jurídica del tiempo presente (artículo 3.1 del Código civil), la reciente Proposición de Ley de Reforma del Código civil en aplicación del principio de no discriminación por razón de sexo, publicada en el Boletín Oficial del Congreso de 1 de junio de 1989, vienen a eliminar las residuales menciones discriminatorias que, por razón de sexo, aún subsistía en nuestro código, explicando en su Exposición de Motivos que "La presente Ley pretende..., perfeccionar y completar el desarrollo normativo del principio constitucional de igualdad, suprimiendo las discriminaciones por razón de sexo que aún perduran en la Legislación Civil"».

78. En cuyo Fundamento 4.º decía: *«Resulta, además, como recalca la sentencia de esta Sala, cuya doctrina reiteramos, "que en el caso se conculca, por las normas reglamentarias, el principio de legalidad que establece el invocado artículo 9 de la Constitución Española, en relación con el artículo 117.3, por cuanto las dichas normas regulan un proceso de ejecución, sin respetar la 'reserva de ley' que esta disposición constitucional prevé para 'las normas de competencia y procedimiento'. En efecto, las normas procesales civiles, y éstas materialmente lo son en cuanto al objeto que regulan reclaman, formalmente, que consten en leyes (o normas equivalentes), según se desprende de lo establecido en el precepto constitucional que se cita y en el artículo 149.1.6.º, también de la Constitución Española, de modo que las normas reglamentarias de carácter procesal no pueden aplicarse". Por supuesto que la dicha "reserva de ley" no se cumple con la mera enunciación de un precepto legal, vacío de contenido normativo, que "deslegaliza" la materia remitiéndose a unas normas reglamentarias. Por tal poderosa razón ninguna modificación reglamentaria posterior, como la habida por Real Decreto 1867/1998, de 4 de septiembre, con referencia a determinados artículos del Reglamento Hipotecario, puede servir de apoyo a una presunta voluntad oficial de mantener el referido procedimiento, máxime cuando consta que la voluntad prelegislativa sobre la materia es la de abolirlo formalmente, según se desprende de la prevista "disposición final décima" del "Proyecto de Ley de Enjuiciamiento Civil" en tramitación parlamentaria, sobre "reforma de la Ley Hipotecaria" que preconiza la modificación del artículo 129 de la Ley Hipotecaria, de manera que "la acción hipotecaria podrá ejercitarse directamente ante los bienes hipotecados sujetando su ejercicio a lo dispuesto en el Título IV del Libro III de la Ley de Enjuiciamiento Civil con las especialidades que se establecen en su Capítulo V". Por todas las razones precedentes debe acogerse el motivo, sin que dado su alcance, sea necesario el examen del otro articulado».*

en la tarea interpretativa como integrante de la "realidad social" del tiempo en que las normas han de ser aplicadas, según no sólo permite, sino que preceptúa el art. 3.1 del CC».

O el caso en que la jurisprudencia ha venido aplicando, e interpretando, el art. 16 LPH (sobre cuándo es necesaria la unanimidad en las comunidades de vecinos para la adopción de ciertos acuerdos, como, por ejemplo, para la instalación de ascensores), que, progresivamente, la jurisprudencia ha venido relajando (al ir aminorando la mayoría necesaria a fin de agilizar el funcionamiento de las comunidades de vecinos), a la vista de una inminente reforma legislativa, según puede verse, entre otras, en las SSTS de 13 julio 1994, 5 julio 1995, 22 septiembre 1997, o en la de 22 noviembre 1999, siendo esta última sentencia la que, para tal interpretación sociológica, atienda, aunque ***«a título meramente ilustrativo»*** –según dice–, esto es, ***ad abundantiam***, a la explicación que de la nueva realidad social se contenía en la Exposición de Motivos de la Ley de 1999 que, de forma inminente, vendría a reformar aquel art. 16 LPH[79]. Aunque, naturalmente, las hay también que interpretan sociológicamente el art. 16 LPH conforme a su nueva redacción ya en vigor, para adaptarlo a la nueva realidad social vecinal, siempre tan cambiante: *vgr.*, en la STS de 15 marzo 2003, o en la de 17 diciembre 2008, interpretando esta evolutivamente el art. 17 LPH, cuya aplicación tiende a facilitar para así satisfacer el interés general de la comunidad frente a la negativa, en aquel caso, de un solo vecino –del local bajo–, a quien se le concedería una indemnización por soportar, a modo de servidumbre, la instalación de un ascensor[80].

79. Decía, en efecto, aquella sentencia al final de su Fundamento D.º 4.º: *«A título meramente ilustrativo, conviene recordar que la exposición de motivos de la reformadora Ley 8/1999, reformadora de la Ley 49/1960, expresa que "(...) Tanto la Ley 2/1988, de 23 de febrero, como la Ley 3/1990, de 21 de junio, significaron un gran avance en el acercamiento de aquélla a la realidad social. Sin embargo, transcurrido el tiempo, han surgido nuevas aspiraciones de la sociedad en materia de regulación de la Propiedad Horizontal. Se considera así hoy en día que la regla de la unanimidad es en exceso rigurosa, en cuanto obstaculiza la realización de determinadas actuaciones que son convenientes para la comunidad de propietarios" y, en su artículo 17.1, ha confirmado la posición jurisprudencial indicada al eliminar la exigencia de la unanimidad de los acuerdos afectantes al establecimiento o supresión del servicio de ascensor».*

80. *«En definitiva* –dirá la STS–, *el acuerdo válidamente adoptado obliga a todos los comuneros desde la óptica de que existe una norma específica que regula la instalación del servicio de ascensor, con la añadidura de que su interpretación ha de efectuarse de acuerdo con la realidad social del tiempo en que ha de ser aplicada (artículo 3 del Código Civil), y las normas sobre la construcción exigen su existencia cuando en un edificio se elevan tres o más plantas, cuyo presupuesto viene también impuesto por el mercado inmobiliario, y con referencia a fincas antiguas, aparte de satisfacer las referidas necesidades de personas minusválidas, es un elemento esencial para la utilización de un edificio, que redunda en beneficio, sin excepción, de los propietarios de un inmueble, no solo a los efectos de las mentadas atenciones y del bienestar material, sino también porque incrementa el valor de los pisos o apartamentos y revaloriza la finca en su conjunto, y resultaría abusivo que la contribución a su pago no tuviera que ser asumida por todos los condueños».*

Y un último ejemplo, más reciente, la interpretación evolutiva hecha por la Dirección General de los Registros y del Notariado, en su Instrucción de 23 octubre 2018, permitiendo el cambio de nombre al transexual, aunque sea un menor de edad y no se haya sometido a ningún tratamiento médico (hormonal, ni quirúrgico), frente a lo que, intencionada y expresamente, exigía la Ley de 2007 (en su art. 4), cuando solo permitía tal cambio a mayores de edad que, como regla general, se hubieran sometido a dicho tratamiento. Entre sus variados fundamentos, atenderá la Dirección General a la Exposición de Motivos de una proposición de ley, presentada por el partido socialista (el PSOE de Pedro Sánchez, que, sin embargo, caducó debido a la convocatoria de Elecciones Generales anticipadas), donde se alude a diversas Resoluciones del Parlamento Europeo (como las de 28 septiembre 2011 y de 22 marzo 2015), en que se insta a la despatologización de la transexualidad, como, en efecto, había hecho aquel mismo año la OMS, en 2018, al estimarla no ya como un trastorno, sino como una condición sexual que puede manifestarse a cualquier edad (no solo durante la madurez, sino también durante la adolescencia, e incluso durante la infancia)[81]. No por ello se estaba haciendo una interpretación sistemática, ni tampoco una aplicación directa de norma alguna sin vigor: se atendía a la realidad social expuesta en su Preámbulo (no a su *ratio legis*). No en vano, muchos de los fundamentos médicos y jurídicos empleados por aquella Instrucción los tomará de la Exposición de Motivos de dicha Proposición de ley socialista[82].

Otro tanto de lo mismo hará la propia Instrucción de la DGRyN interpretando una norma de la Ley de Registro Civil de 1957 –por entonces, la todavía vigente– desde la «nueva» Ley de Registro Civil de 2011, que, aun aprobada, se encontraba por entonces todavía en período de *vacatio legis*: ¿acaso, entonces, estaba la Instrucción haciendo aplicación directa, o cuando menos una interpretación sistemática, de una norma que estaba aún por entonces en *«vacatio legis»* o, más bien, estaba interpretando la nueva realidad social ya juridificada en dicha norma (como vimos antes hacía con la propuesta de ley socialista), y, a su vez, aplicando sus principios informadores con la posible función interpretativa que le permite el art. 1.4 CC? Bercovitz cree que la Instrucción hizo lo primero: aplicar una norma sin vigor para derogar la vigente[83]. En cambio, es lo segundo, en nuestra opinión, lo que pareció hacer la Instrucción, como lo demuestra uno de los pasajes de su Preámbulo, tan extenso en lo que a esta cuestión afecta,

81. Dirá, en efecto, la Instrucción en su Preámbulo: *«En la actualidad se está tramitando por el Parlamento una Proposición de Ley que previsiblemente modificará la anterior de 2007, despatologizando la incongruencia de género, y permitiendo el cambio de la constancia registral del género sentido mediante la simple expresión de la voluntad de formalizar dicho cambio por el sujeto, incluso siendo el mismo menor de edad. Ello brindará una solución más adecuada, y conforme con la realidad de las cosas, a la luz del estado actual de la ciencia médica. Pero mientras eso llega, hay situaciones actuales que demandan una solución urgente, especialmente en la medida en que afectan a menores de edad»*.

82. De cuya sola reproducción aquí espero se nos excuse por su gran extensión.

83. En efecto, dice: «La Ley del Registro Civil de 2011 no está vigente, lo que, sea dicho de paso, empieza a resultar escandaloso. La Ley 5/2018, de 11 de junio (BOE 12.6), ha pro-

cuando, en particular, dice: «*...debe analizarse la influencia que la Ley de Registro Civil de 2011 tiene en nuestro ordenamiento jurídico, por cuanto si bien la misma no entrará en vigor hasta el 30 de junio de 2020, y por tanto sus normas no son directamente aplicables, sí se pueden inducir de ella unos principios jurídicos que, en cuanto afectan a los derechos más profundos de la personalidad, deben considerarse vigentes como informadores de nuestro ordenamiento y por tanto de la interpretación de las normas que se encuentran actualmente en vigor*».

* * *

No son, sin embargo, los indicados verdaderos casos de interpretación histórica, aunque se empleen materiales prelegislativos (algunos de ellos, rectamente fundados en Exposiciones de Motivos de leyes en tramitación o en *vacatio legis*), sino más bien de interpretación sociológica. Pues nada impide que dicha interpretación evolutiva se fundamente en normas posteriores a la vigente aún sin vigor, pero de posible próxima vigencia[84] (bien porque estén proyectadas o propuestas, o ya presentadas ante el Parlamento, pero aún sometidas a debate, o porque estén aprobados y –solo– pendientes de publicación oficial, o, en fin, porque, aunque aprobadas y publicadas, estén en *vacatio legis*, ...). Porque serán «normas» que, en su *occasio legis*, reflejan una nueva realidad ya existente socialmente (aunque «jurídicamente» no vigente), conforme a la cual pueda interpretarse la norma anterior (vigente jurídicamente, pero anacrónica en la realidad social a la que daba respuesta normativa)[85].

En ningún caso, se estaría ante una especie de retroacción tácita de la norma *in fieri* o en devenir, ni ante la aplicación anticipada de una norma sin vigencia

---

cedido a la tercera o cuarta posposición de su entrada en vigor. El hecho de que la misma reconozca el derecho de las personas al nombre, y que este sea un derecho de la personalidad, no deroga el artículo 54 de la Ley del Registro Civil vigente, que no cabe saltarse tampoco diciendo que resulta contradictorio respetar el nombre acorde con la atribución registral del sexo cuando ello perjudica a la persona en cuestión».

84. En «germen», en el decir de DEGNI (p. 217). Recientemente, ha estudiado con rigor y en detalle el tema, CERDEIRA PORRAS, A. («El valor de las disposiciones sin vigor», en *RGLJ*, 2021, n.º 3, pp. 583-622).

85. Como dice CERDEIRA PORRAS (p. 598), «la realidad social contenida en su Exposición de Motivos no se encuentra en formación: no se trata de una realidad que aún esté gestándose, sino, por el contrario, se trata de una realidad ya vigente socialmente, a cuyas necesidades –actuales– se pretende dar respuesta con la entrada en vigor de dicha norma. (...) A nuestro juicio, al contrario que el articulado de la propia norma –en mayor o menor medida, en elaboración–, la *ocassio legis* reflejada en su Exposición de Motivos está ya sucediendo en la vida de los ciudadanos, y queda reflejada en una norma que, aun entrando finalmente en vigor, poseerá un Preámbulo con valor meramente interpretativo, no normativo». En su opinión, aunque se trate de normas sin vigor, ya existen, y se encuentran en simple tramitación (material o sustancial, si aún se debaten, o meramente formal, si ya solo están pendientes de su publicación oficial o en período de *vacatio legis*), en cuanto a la realidad social a que responden, ya existen y con pleno vigor social y jurídico interpretativo, aunque aún no normativo.

real, como en cambio muchos objetan[86]; porque no se trata de aplicar directamente el articulado de dicha norma en trámite o en espera de ser aplicable, para así interpretar sistemáticamente la norma anterior, sino de adecuar esta a la realidad social ya existente (y en tal sentido vigente) a que aquella otra norma, próxima a entrar en vigor (normativo), responde[87]. Máxime cuando en la mayoría de aquellos casos mencionados la realidad social era extraída de las Exposiciones de Motivos que precedían aquellas normas en tramitación o en *vacatio legis*, unos textos, los preambulares, recuérdese (de lo dicho en el epígrafe anterior), que ni siquiera cuando la norma sea aprobada, publicada y entre en

86. Entre otros, PÉREZ ÁLVAREZ (pp. 156 a 158); y PABÓN DE ACUÑA (pp. 187 a 213), a cuya lectura más detenida me remito. Téngase en cuenta del primero de los citados, que su posición general ante la interpretación sociológica es contraria a concederle valor normativo (que también niega a la interpretación histórica), de tal modo que solo cabe una interpretación por resultado derogatorio o corrector de la ley desde aquellos criterios hermenéuticos, solo si actúan en auxilio de un criterio sistemático que fundamente, como criterio principal, aquel resultado. Olvida que, en el fondo, todo criterio hermenéutico, de suyo, carece de valor normativo, como el propio art. 3.1 CC que los enuncia, como lo demuestra que no puedan ser por sí mismos fundamento exclusivo de un recurso casacional. Su fundamento, y valor, es –como sin duda expresa el propio art. 3.1 CC– interpretativo (aunque, sin duda también, con los resultados propios a que puede concluir la interpretación). Por su parte, Pabón de Acuña se basa, en síntesis, en que una retroacción tácita de la norma sin vigor o su aplicación anticipada realizada al amparo de la interpretación sociológica choca frontalmente con las reglas de vigencia temporal que impone el art. 2 CC. Pero, en nuestra opinión, dicha norma: por un lado, permite la derogación tácita de las normas (cuando dice en su ap. 2: *«La derogación tendrá el alcance que expresamente se disponga y* –añade– *se extenderá siempre a todo aquello que en la ley nueva, sobre la misma materia, sea incompatible con la anterior»*), y a tal resultado solo puede llegarse por vía interpretativa; y, por otro, cuando aquel art. 2 CC habla de retroacción en su ap. 3 y último (*«Las leyes no tendrán efecto retroactivo si no dispusieren lo contrario»*), nadie hoy duda de la posibilidad de que tal retroacción pueda ser expresa o también tácita, a lo que se arriba, de nuevo, también por vía interpretativa (véanse, respectivamente, al respecto, los trabajos de DÍEZ-PICAZO GIMÉNEZ, L. M.ª: *La derogación de las leyes*, Madrid, 1990, pp. 285 ss.; y de SUÁREZ COLLÍA, J. M.ª: *La retroactividad: normas jurídicas retroactivas e irretroactivas*, Madrid, 2006). En cualquier caso, lo que sucede con la interpretación sociológica (como decimos también en texto), es que no se trata de aplicar directamente el articulado de dicha norma en trámite o en espera de ser aplicable, para así interpretar sistemáticamente la norma anterior, sino de adecuar esta a la realidad social ya existente a que aquella otra norma, próxima a entrar en vigor, responde.

87. Así lo termina reconociendo, para algunas de las SSTS mencionadas, PABÓN DE ACUÑA (pp. 200 y 201), aunque diciendo que, finalmente, el resultado es el mismo: «A la norma posterior no se le reconoce ni aplicación directa, ni proyección retroactiva, la realidad social opera como una alternativa diferenciada de la retroactividad, pero con efectos idénticos». Hablará, así (en p. 205), de una especie de «retroacción subliminar». Lo mismo dirá de los casos que él llama de aplicación anticipada (pp. 207 y 208): «Desde el momento en que se admiten desplazamientos temporales de las normas jurídicas al margen de sus condicionamientos de vigencia, poco importará que la colisión se produzca entre dos textos con vigencia sucesiva, que entre un texto en vigor y un mero proyecto en curso. La causa del desplazamiento se cifrará en la mejor adaptación de una de las normas a la realidad y su efecto consistirá en dejar de aplicar una norma en vigor. Admitida esta última consecuencia poco importará que su causa, la realidad social, esté reflejada en una norma posterior o en una

vigor adquieren valor normativo, conservándolo tan solo interpretativo (y auténtico).

Por supuesto, si so pretexto de una interpretación sociológica se aplicase, directamente y sin más, el articulado de una disposición sin vigor, o incluso de una norma ya vigente cuando corresponde aplicar una norma anterior, aunque ya derogada (como así, en efecto, ha sucedido en algunos casos en nuestro Tribunal Supremo), no cabría más que considerar como ilegítima tal aplicación retroactiva tácita de la ley, vigente o no, que vulnera las reglas de Derecho transitorio bajo la apariencia de una interpretación evolutiva correctora, o incluso por sí sola derogatoria[88].

Como así, por ejemplo, ha sucedido: en la STS de 15 febrero 1983, donde la invocación de la realidad social permite la aplicación de los arts. 56 y 58 CC, que eran aplicables al caso según su redacción anterior a la conocida reforma de 1981, a la luz de los arts. 68 y 70 del mismo CC, según la redacción dada tras la reforma de 1981. También la STS de 19 octubre 1983, que con fundamento en la redacción del art. 173 CC vigente al tiempo de los hechos, admite demanda de suspensión de la guarda y custodia de una menor por la convivencia de la madre con persona casada, y que el TS resuelve aplicando el art. 171 CC en su nueva redacción dada por la Ley 11/1981, de 13 mayo. O el caso de la STS de 13 abril 1984[89], reconociendo el derecho a la herencia de una persona adoptada cuando el testador había fallecido en 1957, en que las leyes no reconocían ningún derecho sucesorio al adoptado. O el supuesto de la STS de 11 febrero 1985, que emplea la realidad social para interpretar el art. 105 CC conforme a la redacción otorgada al art. 82 del propio CC en su redacción recibida también por la reforma hecha con la Ley 30/1981, de 30 de julio. También cabe traer a la STS de 13 julio 1985, en la que la realidad social se emplea para interpretar el art. 814 CC a la vista de su contenido reformado por la Ley 11/981, de 13 de mayo. Así también la STS de 9 octubre 1989, donde se trae a consideración incidental la Ley 36/1988, de 5 diciembre, sobre arbitraje, como argumento *ad abundantiam* para

norma que no haya adquirido vigencia. El sentimiento de lo nuevo nacerá en ambos casos con igual fuerza». También se refiere PABÓN (pp. 212 y 213), al caso contrario, que llama de ultraactividad, en que una norma anterior, ya derogada, se aplica en lugar de la norma posterior, vigente, por interpretarse que aquella, la antigua derogada, es más adecuada a la realidad social vigente. Pero bien mirados los ejemplos jurisprudenciales que expone, o bien se trataba de aplicar normas anteriores porque, efectivamente, bajo su vigencia desplegaba efectos el acto jurídico litigioso (*vgr.*, un testamento), o bien se negaba la aplicación de la nueva norma por respeto a un derecho ya adquirido conforme a la anterior (conforme a cierta interpretación que se hace del art. 9.3 CE cuando impone la *«la irretroactividad de las disposiciones sancionadoras no favorables o restrictivas de derechos individuales»*).

88. Denuncian tales casos, los ya citados LACRUZ (p. 283, nota 9); PABÓN DE ACUÑA (p. 187 ss.); y PÉREZ ÁLVAREZ (p. 158 ss.), con exposición detallada todos ellos de los casos que a continuación mencionaremos en texto (apoyándonos, sobre todo, en la exposición de supuestos hecha, de forma más concisa, por Pérez Álvarez).

89. Que es la comentada en su trabajo dedicado a la materia, por MARTÍNEZ DE AGUIRRE (*cit.*).

interpretar el precepto de la anterior Ley de arbitraje de 22 diciembre 1953 referido al mismo supuesto de hecho; ...

Fuera de tales casos, fraudulentos todos ellos, en los demás el valor interpretativo sociológico contenido en la *ocassio legis* de las disposiciones sin vigor solo persistirá mientras la norma debatida, y ya aprobada, sea reciente, pues su madurez y pervivencia cuanto más prolongada sea en el tiempo hará que aquel valor –sociológico– vaya perdiendo paulatinamente fuerza para tornarse, también progresivamente, en un valor del pasado, puramente histórico[90].

10.4. Y EN EL DERECHO COMPARADO (INTERNACIONAL Y AUTONÓMICO), INTEGRADO INTERNAMENTE

La referencia hecha más arriba al Derecho de la Unión Europea, y a los Tratados Internacionales en general, como normas interpretables evolutivamente y como posibles referentes interpretativos de la propia realidad social (según vimos con detenimiento –arriba, en el epígrafe 5 del cap. III–), no significa que también tenga necesariamente siempre un valor interpretativo sociológico el Derecho comparado[91], como, en cambio, hizo –erróneamente, según creemos– la STC 198/2012, de 6 noviembre, sobre la Ley del matrimonio homosexual[92].

---

90. Así lo explica, entre nosotros, SALVADOR CODERCH (*ADC*, 1983, p. 1680): «Es tradicional recalcar su importancia –la de los materiales prelegislativos– cuando la ley es nueva... y no han cambiado las circunstancias históricas. Con el tiempo, en cambio, irían normalmente perdiendo trascendencia... al principio los materiales juegan primariamente un papel dogmático mientras que luego asumen uno que ya es solamente (o preponderantemente) histórico: fijan el marco histórico de la ley, aclaran los usos lingüísticos de la época de su promulgación o las razones que entonces se adujeron como justificativas de su tenor». También trata la cuestión, mas sin poder, ni querer dar un criterio, cuantitativo, ni cualitativo, general de solución, CERDEIRA PORRAS (pp. 602 y 603).
91. En cambio, GENY (pp. 586 ss.); y DEGNI (pp. 335 y 336), comprendían la legislación y la jurisprudencia comparadas para conocer lo que Geny llamaba «la naturaleza positiva de las cosas» como comprensión de la realidad social, aunque para Degni debía emplearse con mucha cautela y siempre como elemento interpretativo subsidiario. Siguiendo, precisamente, tal precisión hecha por Degni, entre nosotros, CASTÁN (p. 248).
92. En efecto, la STC 198/2012, de 6 noviembre, se apoya en él, del siguiente modo: *«Si se acude al Derecho comparado, en la balanza de la integración del matrimonio entre personas del mismo sexo en la imagen actual del matrimonio pesa el hecho de que la equiparación del matrimonio entre personas de distinto sexo y entre personas del mismo sexo se ha consolidado, en los últimos años, en el seno de varios ordenamientos jurídicos integrados en la cultura jurídica occidental. Cuando se aprobó en España la Ley 13/2005, aquí cuestionada, sólo los Países Bajos (Ley de 2000), Bélgica (Ley de 2003), y el Estado de Massachusetts en EEUU (Sentencia de la Supreme Judicial Court, Goodridge v. Department of Public Health, de 2004) reconocían el matrimonio entre personas del mismo sexo. Desde entonces la institución se ha reconocido también en otros ordenamientos como los de Canadá (Civil Marriage Act de 2005), Sudáfrica (Ley núm. 17 de 2006), Ciudad de México (Ley de 2009), Noruega (Ley de 2009), Suecia (Ley de 2009), Portugal (Ley núm. 9/2010), Islandia (Ley de 2010), Argentina (Ley de 2010), Dinamarca (Ley de 2012)*

Su empleo como método de estudio, según advirtiera ya en general Castán (pp. 104 y 105, 247 y 148), diferenciándolo de los métodos genético (o histórico) y evolutivo, tiene su mayor utilidad para hacer internamente propuestas legales de futuro (esto es, *de lege ferenda*). El Derecho comparado, en cuanto fundado en la norma extranjera, carece de valor interpretativo sociológico para la norma nacional salvo que ella misma exprese la conciencia social colectiva propia, interna que fuerce a interpretar conforme a ella la norma nacional que por sí no se adecua a dicha nueva realidad social. En otro caso, de ser influyente la norma extranjera[93], estaríamos ante un elemento interpretativo histórico o genealógico, que por su propia anterioridad en el tiempo a la norma nacional interpretada a la que inspira no puede dar idea de cambios sociales, de nuevas realidades en la conciencia colectiva.

Es, de hecho, lo que hace la jurisprudencia española cuando alude al Derecho comparado para dar una explicación sociológica de la norma española:

Así, *a.e.*, la STS de 13 julio 1985, acerca del art. 814 CC (sobre preterición), para el que, tras ser reformado en 1981, mantiene la interpretación lógica que

y en varios Estados de Estados Unidos de América, en algunos casos a resultas de la interpretación judicial, en otros de la actividad del legislador [Connecticut –2008–, Iowa –2009–, Vermont –2009–, New Hampshire –2010–, Distrito de Columbia (Washington) –2010–, y New York –2011–]. Existen además proyectos legislativos, en distinto estadio de tramitación, en Eslovenia (cuyo Tribunal Constitucional declaró en Sentencia de 2 de julio de 2009 que era inconstitucional que las uniones estables del mismo sexo no gozasen de los mismos derechos que las parejas casadas de sexo distinto) y Finlandia.(...) Siendo lo anterior cierto, no lo es menos que hasta finales de los años 80 ningún país del mundo otorgaba derechos a las uniones entre personas del mismo sexo, y que, aunque actualmente casi todas las democracias de corte occidental han elaborado algún instrumento legal que concede derechos a las parejas del mismo sexo, la opción de muchos de los ordenamientos de nuestro entorno y cultura jurídica no ha sido la misma que la escogida por el legislador español, en uso de su libertad de configuración de la institución matrimonial.(...) Así distintos Estados han reconocido efectos a la unión civil entre personas del mismo sexo, equiparando esos efectos, con mayor o menor nivel de intensidad, a los asociados al matrimonio. Sin detenernos en ese mayor o menor nivel de equiparación de efectos entre matrimonio y unión civil, hemos de recordar aquí la regulación de la unión civil que se hace, en el ámbito europeo, en Francia (1999), Alemania (2001), Finlandia (2001), Luxemburgo (2004), Reino Unido (2004), Andorra (2005), República Checa (2006), Suiza (2007) Austria (2010), o Liechtenstein (2011). En el mismo sentido varios países de la comunidad iberoamericana de naciones también han regulado o aceptado por la vía de la interpretación jurisprudencial la unión civil de personas del mismo sexo, siendo éste el caso de Colombia (2007), Uruguay (2008), Ecuador (2009), y Brasil (2011). Otros países, por fin, no han establecido regulación alguna ni de las uniones de hecho ni de matrimonios entre personas del mismo sexo».

93. A cuyo caso se referían, precisamente, DEGNI (*cit. supra*); y, también, en su conocido trabajo, HÄBERLE, P. («Principios y métodos de la interpretación constitucional. Un catálogo de problemas», en *Revista de Derecho Constitucional Europeo*, n.º 13, 2010, pp. 385 ss., 393 y 394), cuando defendían el empleo del Derecho Comparado como quinto elemento interpretativo, para explicar la génesis de una nueva institución introducida desde otro país (lo que, en nuestra opinión, encaja más bien en una estricta interpretación histórica de la norma interna, en donde la única peculiaridad, nada extraña por lo demás en tantos casos, es que el precedente histórico no es patrio, sino foráneo).

ya originariamente, desde 1889, se le daba conforme a sus precedentes legislativos extranjeros de aquel entonces; o la STS de 10 febrero 1994, que tuvo en cuenta el CC austríaco y el BGB en que se inspiró el art. 688.II CC español, haciendo la advertencia –parafraseando a Castán (p. 248), quien a su vez seguía a Degni (pp. 335 y 336)–, *«de que la cooperación interpretativa del derecho extranjero ha de tomarse con mucha cautela y sólo como elemento subsidiario»*, y en tanto haya un fondo común (en aquel caso, recibido del Derecho Romano)[94]. Hace poco, sin embargo, Pabón Acuña (p. 30), como crítica a dicha STS de 10 febrero 1994, decía que «el recurso al derecho extranjero puede representar una grave conculcación del sistema de fuentes» y, «a su vez –añadía– representa un peligro de crear una mera positividad de lo jurídico»; salvo –debemos añadir nosotros– que la norma extranjera haya sido la musa de la norma nacional (caso al que, creemos, se refería aquella STS de 1994 al mencionar el Derecho Común recibido del Derecho Romano), aunque en tal caso estaríamos ante un elemento interpretativo histórico o genealógico, que por su propia anterioridad en el tiempo a la norma interpretada a la que inspira no puede dar idea de cambios sociales, de nuevas realidades en la conciencia colectiva.

Sirva esta última precisión como otra razón para rechazar el Derecho comparado mayoritariamente mencionado en la STC 198/2012, de 6 noviembre: como antecedente (pero no como revelador de una realidad social española nueva), bien podría valer la cita de las leyes belga y holandesa, anteriores a la española; pero de nada puede servir la ingente cita de tan numerosas leyes –e incluso de proyectos legislativos– que hacía aquella sentencia, al ser todas ellas normas posteriores a la Ley 13/2005, cuando esta –como se advierte críticamente, con razón, en el voto particular del Magistrado Ollero Tassara– se vanagloriaba de contener «una ambiciosa opción vanguardista destinada a convertir a España en pionera a la hora de formular una revolucionaria propuesta». También hace tal cosa la STC 198/2012, de 6 noviembre, con otros datos (estadísticos, de Derecho internacional, ...), datados con posterioridad a la Ley 13/2005.

En general, la interpretación sistemática que *in sensu lato* presupone la sociológica de una norma ya caduca en su sentido originario sí ha de basarse en normas posteriores a ella, contemporáneas en el momento en que la anterior norma, a interpretar sociológicamente, es aplicada (*ex* art. 3.1 CC).

Por la misma razón que han de ser descartadas las normas foráneas, también han de serlo las sentencias provenientes de Cortes o Tribunales extranjeros que hayan resuelto, con anterioridad, igual o parecida cuestión. Su única posible virtualidad queda limitada a la lógica argumentativa propia de tales pronunciamientos (referida a su *ratio decidendi*, no a la de los hechos), pero por sí mismos

94. Para su mayor extenso comentario, me remito a DOMÍNGUEZ LUELMO, A.: «Comentario a la STS de 10 febrero 1994», en *CCJC*, n.º 35, 1994, pp. 539-549, quien concluye advirtiendo de la delicadeza en el uso interpretativo del Derecho comparado.

no han de servir como exponentes de una nueva realidad social que afecte a nuestra conciencia colectiva nacional y, por ende, al modo de interpretarla.

Por eso, ha de ser valorada positivamente la sola cita que en la STC n.º 198/2012, de 6 noviembre, se hizo de la sentencia de la Corte constitucional canadiense de 2004 (antes citada –en el mismo epígrafe 5 del cap. III–), por hacerlo con la única intención, y referencia, de mostrar la necesidad de que también hay que interpretar sociológicamente la norma constitucional al ser, según decía, *«un árbol vivo»*.

El dato de origen extranjero sólo puede servir como fundamento de una interpretación sociológica cuando, de algún modo, ha sido interiorizado, por entrar a formar parte de nuestra propia jurisprudencia o bien de nuestro propio ordenamiento, ya sea por su conversión en norma interna, como, en efecto, puede suceder con los Tratados internacionales, una vez ratificados e integrados en el Derecho propio (cfr., arts. 1.5 CC y 96.1 CE), ya sea por el propio valor interpretativo que nuestras leyes le reconozcan (cfr., art. 10.2 CE, cuando dice que *«las normas relativas a los derechos fundamentales y a las libertades que la Constitución reconoce se interpretarán de conformidad con la Declaración Universal de Derechos Humanos y los tratados y acuerdos internacionales sobre las mismas materias ratificados por España»*), como puede suceder con la jurisprudencia comunitaria (en el caso español), proveniente del TEDH o del TJUE (según vimos arriba –en el epígrafe 5 del cap. III–).

Como puede verse, recuérdese, en la STS de 21 octubre 1994, que, contra lo que venía siendo jurisprudencia menor (de exigir gravedad y reiteración en el incumplimiento de los deberes conyugales a fin de instar la separación conyugal), afirma la suficiencia de la gravedad, sin reiteración en el caso (de agresión física condena incluso penalmente), ante la literalidad de la norma (con el *«o»*), y dada la nueva realidad social de la mayor valoración de la dignidad humana *ex* arts. 10 y 15 CE. Decía, en efecto, en su Fundamento de Derecho 2.º: *«Y así ha de proclamarse por los Tribunales superando, si es menester, criterios de tolerancia basados sobre la interpretación del Código que no son de tener en consideración ante la realidad presente, a la que la interpretación de la ley ha de acomodarse (artículo 3.º del Código Civil) que considera a la persona inseparable de la dignidad elevándola el artículo 10 de la Constitución a fundamento del orden político y de la paz social. Normativa constitucional que a la vez acentúa la protección de este sentimiento de dignidad incluyéndolo en los derechos fundamentales protegidos por su artículo 15. Sin que, en la misma dirección, sea ociosa la cita de la Sentencia del Tribunal de Derechos Humanos de 25 febrero 1982, que rechaza toda conducta sancionadora que conlleve cualquier forma de degradación o humillación, en todo caso presente en el mal trato de la persona. El empeño en mantener la situación matrimonial después de la agresión física de un cónyuge sobre el otro olvida que, con ello, no sólo no se previene el riesgo de disolución matrimonial que dice evitar, sino que inventa artificialmente otros nuevos, nacidos de una forzada convivencia que, normalmente, habría de desarrollarse ya en un clima erizado de tensiones, hasta tal punto evidentes que ahorran todo análisis detallado, pero cuya presencia sería ingenuo olvidar».*

La mención expresa que, al respecto, se hace en el art. 10.2 CE de la Declaración Universal de Derechos Humanos[95] es de vital trascendencia, no tanto como mero reconocimiento a un hito histórico, sino habida cuenta de su peculiar naturaleza, que no permite su calificación como estricta norma jurídica, lo que de suyo imposibilitaría su juego interpretativo para nuestra Constitución[96].

Por eso mismo, tampoco deben tenerse en cuenta sin más, o por sí solas, en la interpretación sociológica las Resoluciones del Parlamento europeo. En sí mismo, el empleo de tal dato, meramente fáctico al carecer las Resoluciones de naturaleza estrictamente normativa, es legítimo si se toma como realidad social que justifica la promulgación de una ley que pretende satisfacerla. Pero es estéril si se pretende desde ella interpretar sociológicamente una estricta norma jurídica interna, máxime si esa norma es de rango constitucional. Sólo tendrían valor interpretativo de la realidad social tales Resoluciones si fueran acogidas previamente por una norma interna (como, de hecho, así hizo la Ley 13/2005, sobre el matrimonio «homosexual», al apoyarse, en su Exposición de Motivos, en la realidad social europea refrendada en la Resolución de 8 febrero 1994; sobre la que, sin embargo, la STC 198/2012, de 6 noviembre, guardaría –quizás un prudente– silencio).

Esta exclusión del material de Derecho comparado, sin embargo, solo puede ser entendida cuando se hace interpretación sociológica de una norma interna, nacional. No sucede así, en cambio, cuando son el TEDH o el TJUE los que interpretan evolutivamente la Constitución Europea u otros textos internacionales: siempre habrá de hacerlo teniendo en cuenta el panorama normativo europeo al completo: bien en lo que de común haya entre los ordenamientos de los países miembros de la Unión, o bien, precisamente, en lo que algunos de

95. A la que alude, por ejemplo, la STS de 26 diciembre 1990, en materia sucesoria.

96. De ahí, por ejemplo, que me parezca muy acertado que en el Preámbulo de la Constitución francesa se haga remisión explícita a la Declaración de los Derechos Humanos, sin transformarla, pues, en regla jurídica, y que a tal Preámbulo se le reconozca oficialmente valor normativo, más allá del político, o simbólico. Es una peculiaridad, la francesa, que suele ser comúnmente señalada entre nuestros constitucionalistas, frente al valor más político y simbólico del resto de Preámbulos Constitucionales, entre los que también ha de incluirse el español (véanse, al respecto, TAJADURA TEJADA, J., en «Preámbulos constitucionales e interpretación constitucional», en *Interpretación constitucional,* Tomo II, coord. E. Ferrer Mac-Gregor, Méjico, 2005, p. 26; o MORODO, R y MURILLO DE LA CUEVA, P. L.: «Preámbulo», en *Comentarios a la Constitución española de 1978,* dir. O. Alzaga Villaamil, Madrid, 1996, p. 73, nota 77; y también algún civilista, como HERNÁNDEZ GIL, A.: *El cambio político español y la Constitución*, Barcelona, 1982, p. 306).

ellos hayan evolucionado al respecto[97]. Todo lo cual incidirá, naturalmente, en la interpretación evolutiva de nuestras propias normas internas.

Lo decía la STC 198/2012, de 6 noviembre, referida al caso del matrimonio «homosexual», cuando tras referirse en general a lo que llama *«cultura jurídica»*, comienza refiriéndose al Derecho internacional, diciendo que *«el camino de entrada de parte de estos elementos conformadores de la cultura jurídica, que por lo demás se alimentan e influyen mutuamente, viene dado por el recurso a un principio fundamental de la interpretación de la Constitución, que es el dispuesto en el art. 10.2 CE. La referencia a ese precepto, también invocado por los recurrentes, nos exige interpretar las normas relativas a los derechos fundamentales y libertades públicas contenidas en el título I de conformidad con la Declaración universal de derechos humanos y los tratados y acuerdos internacionales sobre las mismas materias ratificados por España, interpretación que de ninguna manera puede prescindir de la que, a su vez, llevan a cabo los órganos de garantía establecidos por esos mismos tratados y acuerdos internacionales (STC 116/2006, de 24 de abril, FJ 5, y en la misma línea, entre otras muchas, SSTC 50/1989, de 21 de febrero, 64/1991, de 22 de marzo, y 38/2011, de 28 de marzo). A lo anterior se une la constatación de que esos tratados se van incorporando paulatina y constantemente a nuestro ordenamiento, a medida que, acordados en el seno de la sociedad internacional, la Unión Europea o el Consejo de Europa, España los ratifica, con lo cual la regla hermenéutica del art. 10.2 CE lleva asociada una regla de interpretación evolutiva, que nos permitirá explicar el art. 32 CE y el ajuste al mismo de la Ley 13/2005»*[98].

* * *

De igual modo, dicho sea, aunque de pasada, en la circunscripción de la realidad social a la interna de cada país, entiéndase la singularidad de España, en la que convive una doble realidad –estatal y autonómica–, también legal, recíprocamente influyente. Por supuesto, no se trataría de interpretar una norma esta-

97. Con mayor detalle lo explican, REPETTO (pp. 36 ss.); y COHEN-JONATHAN, G. («Le rôle des príncipes généraux dans l'interpretation et l'application de la Convention européene des droits de l'homme», en *Mélanges à l'hommmage de L-E. Pettiti*, Bruselas, 1998, p. 186 ss.). Según ha quedado explicado arriba (en el epígrafe 5 del cap. III), al mencionar dicho caso, junto al del transexual, el propio constituyente europeo tuvo tal panorama comparado muy en cuenta, cuando, por ejemplo, al regular el derecho al matrimonio pasó a una redacción impersonal, asexual, a la vista de que ya entonces algunos países (como Bélgica u Holanda), habían reconocido en su legislación el matrimonio homosexual. A tal realidad, novedosa, evolutiva, habría también de plegarse el TEDH.

98. Por el contrario, el Magistrado Ollero Tassara afirmará en su voto particular: «el evolucionismo interpretativo impuesto por la Sentencia busca apoyo, por la vía del art. 10.2 CE, en el derecho comparado. Lo que en dicho artículo se propone como criterio de interpretación llega a cobrar categoría de norma supraconstitucional. Parece lógico que tratados suscritos por España, pese a su obvia generalidad, deban orientar a la hora de buscar salida ante posibles dudas hermenéuticas; pero no tanto convertir nuestra doctrina constitucional en una terminal vicaria de resoluciones ajenas».

tal desde otras normas autonómicas, ni a la inversa (salvo que lo sea supletoriamente, *ex* arts. 149.3 *in fine* CE, 4.3 y 13.2 CC), ni mucho menos para aplicarlas de forma directa, ni siquiera sistemáticamente, al tratarse de normas que, aunque tan españolas como cualquier otra que se promulgue dentro de nuestro territorio nacional, tienen un limitado ámbito geográfico de aplicación, fuera de los cuales no rige el principio *iura novit curia*. De nuevo, tan solo –lo que no es poco– se estaría extrayendo la nueva realidad social que en ellas (concretamente, en sus Preámbulos[99]), se contienen y expresan.

En ello, tal vez haya habido olvido en algunos de los casos más recientes y significativos de interpretación sociológica:

Recuérdese, por ejemplo, el caso del matrimonio entre personas de igual sexo, donde, ni la Ley 13/2005[100], ni la STC 198/2012, de 6 noviembre, que declaró su constitucionalidad, tuvieron en cuenta, ni hicieron mención siquiera, de la pléyade de normas autonómicas que con anterioridad a la ley estatal habían regulado, por carecer de competencia legislativa en materia matrimonial, uniones de hecho entre personas del mismo sexo, a veces incluso concediéndoles aptitud para la adopción, o para el acogimiento cuando menos.

Tampoco para la interpretación evolutiva de la Ley «trans» de 2007 se hizo referencia ninguna en la Instrucción de 23 octubre 2018 a las diversas Resoluciones del Parlamento Europeo que desde hace un tiempo venían reivindicando para el transexual, y también para el intersexual, su exclusión de la lista de patologías mentales y la permisión de su cambio de nombre y sexo cualquiera que fuese su edad (así, entre otras, en materia de transexualidad, las Resoluciones del Parlamento europeo de 28 septiembre 2011 y de 22 marzo 2015 –solo a esta última se refiere la STC 99/2019, de 18 julio–, y sobre el intersexual las Resoluciones de 2013 y 2017[101]). Si bien la Ley-2007, por simple cuestión de fechas, no las pudo haber tenido en cuenta, la Instrucción de la DGRyN de 2018 sí podía haber atendido a las mismas, tomándolas expresadas, como manifestación de la nueva e inminente realidad social, de aquellos datos jurídicos que sí tuvo en cuenta (como el Preámbulo de la proposición de ley socialista, la jurisprudencia posterior a la Ley de 2007 del transexual –especialmente, el Auto

99. Según vimos con detalle arriba, en el epígrafe 10.2 dentro de este mismo cap. IV.

100. Cuya Exposición de Motivos parece incluso negar, o cuando menos ignorar, la plaga de normativa autonómica existente ya en aquel momento; así se observa, entre otros lugares, cuando dice dicho texto expositivo que *«La convivencia como pareja entre personas del mismo sexo basada en la afectividad ha sido objeto de reconocimiento y aceptación social creciente,... sin más trascendencia que la que tiene lugar en una estricta relación privada, dada su, hasta ahora, falta de reconocimiento formal por el Derecho»*.

101. Un elenco completo puede verse en el Auto del TS de 10-3-2016. Resoluciones todas ellas que, naturalmente, en cambio sí tienen en cuentan esas normas autonómicas y la proposición de ley socialista. El legislador, al expresar su *ocassio legis* sí está legitimado para interpretar la realidad social que pretende regular. Aunque, tal vez, por esa vía ya fuese un dato juridificado que pudiera haber mencionado la Instrucción...

del TS de 10-3-2016, por su abundante alusión a tales Resoluciones–, ...), como de algunos otros a que no atiende (como, precisamente, la normativa autonómica tan abundante e insistente en aquella progresiva despatologización).

V

Por su resultado

SUMARIO: 11. REALIDAD SOCIAL Y COSTUMBRE. *11.1. Entre el género y la especie. 11.2. En su función interpretativa: entre la corrección y la derogación. 11.3. ¿Y con función integradora? Entre la analogía y la interpretación extensiva.*

11. REALIDAD SOCIAL Y COSTUMBRE

11.1. ENTRE EL GÉNERO Y LA ESPECIE

Ya dije –arriba, en el epígrafe 8.2 del anterior cap. IV– que las conductas sociales manifestadas en estadísticas, encuestas, ... no servían por sí mismas para un seguro conocimiento de la realidad social; sólo tendrían relevancia como posible prueba de que se ha gestado alguna nueva costumbre, que, como tal norma, debidamente probada (*ex* art. 1.3 CC), pudiera servir para la interpretación sociológica.

Con tal afirmación, sin embargo, surge la discutida comparación entre costumbre y realidad social, cuestión en la que la doctrina defiende variadas opciones (entre quienes, sobre todo en Francia –como Saleilles y Geny–, las identifican[1], y quienes, en España, sobre todo –como Castán, Lacruz, ...[2]– las diferencian al ver en la costumbre una norma, no un mero hecho, que sirve para integrar lagunas legales, no para interpretar leyes ya existentes).

La STS de 25 febrero 2021, por su parte, al menos en el caso concreto que resuelve parece confundirlas, al referirse como realidad social a la realidad «societaria» (de las personas jurídicas mercantiles societarias), esto es, con los

1. Aunque ambos (el primero en el Prólogo a la obra de Geny, y este a lo largo de su obra, pp. 33 a 35 y 382 ss.), limitando el recurso a la costumbre siempre que fuera *secundum legem*, o, a lo más, *praeter legem*.
2. LACRUZ (pp. 283 y 284). Y, con mayor detenimiento, también las diferencian PÉREZ ÁLVAREZ (pp. 63 ss., y 118 ss.), y PABÓN DE ACUÑA (que concluye en pp. 166 y 167), quien, en síntesis, hace residir la diferencia en el carácter «convulso» de la realidad social frente al de la costumbre.

usos locales negociales (a que, rectamente, se refiere el art. 1.3 CC en su segundo párrafo).

Por nuestra parte, aun siendo aceptable la diferencia apuntada, por lo demás tan evidente, entre la realidad social (como simple hecho social), y la costumbre (como norma jurídica)[3], conviene no olvidar que el sustrato básico de toda costumbre –a que se refiere el art. 1.3 CC como fuente normativa– es también y previamente un hecho, una realidad social, la consabida conducta social reiterada, uniforme y espontánea que, por tales rasgos, deviene en norma jurídica. Se trataría, en fin, de un hecho normativizado. En cambio, la realidad social a secas o propiamente dicha –a que se refiere el art. 3.1 CC como canon interpretativo– es un hecho que, por un lado, no se restringe a ser solo un uso social, esto es, una conducta o comportamiento de la sociedad, sino que puede ser, más ampliamente, cualquier dato o hecho social (cultural, científico, económico, ...[4]), de carácter novedoso, ocasional y reflexivo, o incluso natural (no humano) y accidental o fortuito[5] (por tanto, no necesariamente reiterado, uniforme y espontáneo, aunque consciente, como la costumbre), y que, por otro lado, sin llegar a normativizarse (a convertirse en norma, pues en tal caso de ser un uso social habría mutado en costumbre), sí ha de estar juridificado o positivado (en el sentido arriba explicado, en el capítulo IV de esta obra), en cuanto reconocido de forma directa o indirecta en una norma jurídica, mas sin formar parte normativa de ella.

De tal diferencia resulta que, si bien tanto la realidad social como la costumbre deban ambas acreditarse como hechos consolidados (cfr., los arts. 1.3 CC y 281.2 LEC)[6], la prueba de la costumbre puede hacerse por cualquier medio de prueba, se trate o no de un dato estrictamente jurídico, que acredite su existencia (esto es, su vigencia) y su alcance (o contenido vivo, vigente), no como uso social, sino como norma (de ahí, *vgr.*, que sean medios de prueba admitidos, la prueba testifical, las estadísticas, los trabajos doctrinales, la jurisprudencia, o

3. Hace ya mucho, decía ESCRICHE (en su voz «Costumbre»), que «el uso no es más que un hecho, y la costumbre es un derecho».
4. Recuérdese, de los ejemplos tan traídos en esta obra, las consideraciones científicas oficiales de la OMS acerca de la homosexualidad y la transexualidad, ...
5. Esta primera diferencia entre realidad social y costumbre es destacada por PABÓN DE ACUÑA (pp. 163 ss.), quien explica que la realidad social puede venir reflejada en una norma consuetudinaria, en cuanto expresión de un fenómeno social consistente en una conducta regular y uniforme, pero no siempre, ni necesariamente; porque si bien toda costumbre refleja una realidad social, y como tal puede tener un valor interpretativo, puede haber realidades sociales que por su novedad o por su coyuntura (como pudieran ser unas nuevas técnicas constructivas, la escasez de vivienda, una sequía, ...), no han generado todavía costumbre ninguna.
6. PÉREZ ÁLVAREZ (pp. 63 ss., y 118 ss.), niega, sin embargo, que la realidad social sea fuente del Derecho, como lo demuestra que haya de ser probada; de lo cual discrepo, pues, aunque no sea fuente, en tanto no sea constitutiva de costumbre, siempre ha de quedar probada como muestra de ser una realidad consolidada, no inventada ni nebulosa, que diría la STS de 21 noviembre 1934 y la legión de SSTS que le siguen, según vimos arriba (en

también documentos, públicos o privados, o estudios históricos, o periodísticos ...), mientras que de la realidad social, como venimos viendo, deba o pueda tan solo hacerse de su existencia y reconocimiento jurídico como hecho social consolidado a la vista del jurista (siendo, por ello, una prueba más limitada al medio jurídico demostrativo de aquella realidad fáctica; de ahí que aquellos medios de prueba admitidos para la costumbre, como testimonios, testigos, estadísticas, estudios y demás documentos, públicos o privados, ... no sean válidos medios de prueba de la pura y desnuda realidad social con la función interpretativa –no se olvide– de la ley misma que le reconoce el art. 3.1 CC).

Vendría, en fin, a ser la costumbre una especie del género más amplio en que se encuadra la realidad social, y que, como tal, atendidas su naturaleza normativa y su función –tan solo– integradora de la ley, quede lógicamente sometida a unos márgenes menos estrechos de actuación ante la Ley. En cambio, aun siendo la realidad social un concepto más genérico carente de fuerza normativa, precisamente por tener una función interpretativa de la propia ley, con posibles resultados modificativos o correctores, es lógico su más estrecho margen de prueba y actuación.

Ahora bien, que la realidad social contenga un concepto más amplio que el de costumbre, no impide que la costumbre sea expresiva de una realidad social que, por su reiteración, uniformidad,..., se convierte en norma (no escrita) –*«del tiempo nace el uso* [y] *del uso la costumbre»* [7]–, y que, como tal expresión o reflejo del consenso social, también pueda aquella cumplir una función interpretadora de la ley (lo que tradicionalmente se denominaba costumbre *secundum legem*) [8], de igual modo en que dicho reflejo social puede encontrarse imbuida en cualquier otra norma (escrita o no), que la regule: cfr., el art. 3.1 CC con el segundo párrafo del art. 1.3 CC [9], con ejemplos que la propia jurisprudencia proporciona [10]:

el epígrafe 8.1 del cap. IV). Él justifica la innecesaridad de la prueba en la notoriedad y generalidad de la realidad, para que sea tal que deba estimarla el intérprete, poniendo ejemplos como el paro, el terrorismo, la inmigración, la crisis económica, el turismo, ... Pero, en nuestra opinión, una cosa es que la prueba de la realidad social sea fácil y asequible (como en tales casos sucede), y otra cosa bien distinta es que no sea necesaria. Dejaría, además, fuera del ámbito del art. 3.1 CC aquellas realidades que no sean tan notorias ni tan generales. Que la realidad social quede demostrada lo exige, como el propio Pérez Álvarez reconoce, que según el art. 120.3 de nuestra Constitución toda sentencia deba estar motivada, tanto en los hechos, como en sus fundamentos jurídicos.

7. Decía en su Proemio el Título II de la Partida 1.ª.
8. Una función que, sin embargo, DE CASTRO (pp. 381 y 382), entiende hoy excluida en el Código Civil, al no mencionarla, cuando, según creo, bien puede verse que la costumbre actúa como norma en el art. 1.3 CC y que, en su posible inclusión en el art. 3.1 CC, actúa como hecho (como uso social).
9. Que, sin embargo, PABÓN DE ACUÑA (pp. 166 y 167), considera incompatibles, cuando bien puede verse que la costumbre actúa como norma en el art. 1.3 CC y que, en su posible inclusión en el art. 3.1 CC, actúa como hecho (como uso social).

Ahí está, como primer ejemplo, la STS 7 de marzo 1992 (sobre solidaridad en el aval, o fianza mercantil), cuando dice, en parte de su Fto. D.º 3.º: «*...además debe tenerse en cuenta el carácter mercantil de la fianza al estar constituida por una entidad crediticia dentro de las actividades de su tráfico mercantil, lo que determina su carácter solidario "según la práctica mercantil y la jurisprudencia –SS. 4-12-1950, 7-12-1968, 25-4-1969 y 16-6-1970–, siendo su consecuencia que el fiador mercantil carece de los beneficios de excusión y de división de que goza el fiador civil. Sin que por ello se desconozca cierta corriente jurisprudencial que entiende que la fianza mercantil no goza del carácter de solidaria en nuestro ordenamiento jurídico, a pesar de la corriente casi unánime de la doctrina científica que lo entiende así; criterio este último que debe apoyarse en nuestra época, al amparo del art. 3, párr. 1, del Código Civil, dada la necesidad de garantías firmes en las transacciones mercantiles y el auge que tiene la obligación solidaria en otros ámbitos jurídicos (por ejemplo, en materia de seguros, y de las obligaciones extracontractuales), precisamente en beneficio de la seguridad jurídica en la realidad social de nuestro tiempo caracterizada por la complejidad y multiplicidad de variantes en las relaciones jurídicas, tanto dentro del comercio como fuera de él" [S. 20-10-1989]...*».

Y el segundo ejemplo es el de la STS 10 junio 1991, al condenar por responsabilidad por daños a una empresa de esquí que no cumplía las medidas de seguridad, rechazando además que no hubiera relación contractual con la víctima por ser esta un menor no emancipado: «*... tesis inaceptable por contraria a los usos sociales imperantes en la actualidad ya que resulta incuestionable que los menores de edad no emancipados vienen realizando en la vida diaria numerosos contratos para acceder a lugares de recreo y esparcimiento o para la adquisición de determinados artículos de consumo, ya directamente en establecimientos abiertos al público, ya a través de máquinas automáticas, e incluso de transporte en los servicios públicos, sin que para ello necesite la presencia inmediata de sus representantes legales, debiendo entenderse que se da una declaración de voluntad tácita de éstos que impide que tales contratos puedan considerarse inexistentes, teniendo en cuenta "la realidad social del tiempo en que han de ser aplicadas (las normas), atendiendo fundamentalmente al espíritu y finalidad de aquéllas" (art. 3.1 del Código Civil), y siendo la finalidad de las normas que sancionan con la inexistencia o anulabilidad de los contratos celebrados por los menores, una finalidad protectora del interés de éstos*».

* * *

10. Agudamente, termina advirtiendo PABÓN DE ACUÑA (*ult. cit.*), que lo que el CC de 1889 echa por la puerta (al sacar la costumbre de su tradicional papel interpretativo como costumbre *secundum legem*, para solo otorgárselo integrador, según el art. 6.II de entonces –cfr. con el actual art. 1.3 CC–), tras su reforma en 1974 termina entrando por la ventana (a través de la realidad social del actual art. 3.1 CC). Sin dejar de ser aguda, y cierta, la observación, no hay que olvidar el valor interpretativo que a los usos sociales otorga el propio art. 1.3 CC, en su párrafo segundo; aunque, es verdad, referidos a los negocios.

No es casual, a tal respecto, que cuando en Francia Saleilles y Geny (pp. 33 ss.), defienden el papel de la costumbre como conformadora de la realidad social, no existiese en el *Code* norma alguna que le concediera a la costumbre papel alguno, ni interpretativo, ni tan siquiera integrador de la ley escrita.

11.2. EN SU FUNCIÓN INTERPRETATIVA: ENTRE LA CORRECCIÓN Y LA DEROGACIÓN

Otra cosa, bien distinta (de lo dicho en el epígrafe anterior), es que por vía interpretativa realizada desde la costumbre como manifestación de la realidad social llegue a contradecirse o incluso a derogarse una norma de mayor rango (es el clásico problema de las costumbres *contra legem* y abrogantes y de la *desuetudo* o derogación de las leyes por desuso[11], admitidas antaño en Roma y en nuestras Partidas).

Pero hoy, según la común opinión (y al margen del caso navarro)[12], al amparo del art. 3.1 CC se estaría fraudulentamente vulnerando el sistema de fuentes (el art. 1, en sus aps. 1 y 3 CC), probablemente las reglas derogatorias (del art. 2 CC, que, sin embargo, no recoge la prohibición tan explícita del anterior art. 5 CC de 1889[13]), y, sin duda, el principio de jerarquía normativa (único, por lo demás, que tiene amparo constitucional, en el art. 9.3 CE).

Pero, aquí, no estoy hablando sin más de costumbres, ni de usos interpretativos, sino, más ampliamente, de realidades sociales que pueden suponer la interpretación correctora, o incluso derogatoria, de la ley a la que interpreta, por ser aquella realidad contraria a su letra y a sus precedentes históricos, pero, precisamente, conforme a su *ratio*, a su espíritu –eso sí– renovado (según dejamos explicado, en los epígrafes 4.2, 4.3 del cap. II y en el 8.1 del cap. IV). No es, pues, lo que sucede con las estrictas costumbres *contra legem*, que atentan contra la letra y también contra el espíritu mismo de la ley a la que contradicen, lo que, sin duda, solo es admisible corregir o derogar mediante reforma legislativa o mediante una derogación tácita por abrogación, contradicción o incompatibilidad (que lo es, recuérdese, por incompatibilidad de espíritu o *ratio*, y que solo

11. Que ni siquiera GENY (p. 400 ss.), llega a aceptar; «acaso faltando a la lógica de sus principios interpretativos», le objetaba VALVERDE (p. 188, nota 1).
12. Por todos, DE CASTRO (*ult.cit.*), y CASTÁN TOBEÑAS (pp. 508 y 509), ambos con cita de jurisprudencia; GORDILLO CAÑAS (en sus Comentarios al art. 1 CC, en Edersa, p. 210 ss.). Sin embargo, DUALDE, tras mostrarse (en pp. 149 y 159), contrario en general a la corrección de la ley desde su interpretación evolutiva, luego (en p. 252 ss.), la admitía cuando una costumbre probara que la ley ha sido olvidada, desmentida o rectificada por aquella. También admitía la costumbre *contra legem*, en lógica con su método evolutivo, DEGNI (pp. 334 y 335).
13. Que decía: «*Las Leyes sólo se derogan por otras Leyes posteriores, y no prevalecerá contra su observancia el desuso, ni la costumbre o la práctica en contrario*».

puede hacerse de una norma por otra posterior de igual o superior rango, según las explicaciones del maestro De Castro que hoy recoge nuestra jurisprudencia al aplicar el actual art. 2.2 CC[14]). En cambio, en nuestro caso no se estaría ante una realidad social *contra legem*, sino, al contrario, *secundum legem* o, si se quiere también, *praeter legem*, que acaso modifica o corrige la letra de la ley, pero que no la deroga en su letra y espíritu si no es con la suma de otros elementos interpretativos o cuando el dato que positiviza o juridifica aquella realidad es de igual o superior rango jerárquico a la norma así interpretada y derogada, como, en efecto, así a veces ha sucedido:

Recuérdese el caso de la Ley «trans» de 2007 que fue –estrictamente– corregida, como ella misma decía en su Preámbulo, por la Instrucción de la DGRyN de 23 octubre 2018 (y que sería luego parcialmente derogada, y corregida también, por su inconstitucionalidad en la STC 99/2019, de 18 julio, por atentar aquella norma contra la dignidad, la intimidad y el interés superior del menor transexual *ex* arts. 10, 18 y 39 CE). Creía, sin embargo, BERCOVITZ que la Instrucción no había hecho una simple corrección de la ley, sino que ilegítimamente la había derogado[15]. En mi opinión, al margen de que tal posibilidad, ciertamente extrema, no deba de antemano rechazarse –no en vano, toda derogación tácita opera por vía interpretativa, sin que (como vengo diciendo), nada impida que la interpretación sociológica, conjuntamente con otros criterios interpretativos, tenga tal resultado–, no me parece que ese fuese el caso que nos ocupa de la Instrucción: esta no dejó de aplicar la Ley-2007 (lo que, sin duda, sí supondría su derogación), sino a corregirla, a modificarla, extensiva y restrictivamente, en su ámbito de aplicación: por un lado, ampliando su ámbito subjetivo (para incluir a los menores de edad) –he aquí la modificación extensiva–, y, por otro, relajando, aminorando o suavizando su ámbito objetivo, al no requerir tratamiento médico ninguno –he aquí la modificación restrictiva–, pero –obsérvese– para permitir –solo– el cambio de nombre, mas no la rectificación del sexo, respetando, así, los requisitos que para tal rectificación exigía por

---

14. En la doctrina, por ejemplo, decía sobre la derogación tácita LACRUZ (p. 242): «Habrá de apreciarse, no sólo el texto de la ley, sino también los principios que la inspiran y se deducen de ella», para añadir luego que «la incompatibilidad hay que referirla a los fines» de las normas en lid. Ya lo dijo antes DE CASTRO (p. 360), al exigir como tercer requisito de la derogación tácita la «contradicción e incompatibilidad entre los fines de los preceptos». En la jurisprudencia, cabe citar, entre otras, la pionera STS de 30 agosto 1924, en cuyo Considerando 1.º se decía que la derogación, amén de expresa, puede ser *«tácita, que el Derecho antiguo llamaba abrogación, si la ley o disposición posterior contradice la anterior cuyos preceptos, sistema y criterio que la informaba rechaza el nuevo texto»*. O la STS de 28 octubre 1976, que exige observar la *«incompatibilidad... por la intención, finalidad y principios»*.

15. Según cree: «Lo que esta Instrucción ordena a los encargados del Registro Civil es que incumplan tanto la Ley 3/2017 como la Ley del Registro Civil, en aras de lo que considera que sería una regulación mejor para facilitar la modificación del nombre de las personas transexuales en el Registro Civil. Pero esa labor le corresponde al legislativo y no al Ministerio de Justicia. Desconocer esta evidencia –que lo es en este caso– supone socavar nuestro Estado de Derecho, por muy buenas que sean las intenciones de quien pretenda erigirse en legislador con la cobertura de una pretendida interpretación correctora de la ley».

entonces la Ley-2007. Auténtica corrección, rayana, ciertamente, con la derogación, hubiera sido también admitir tal rectificación del sexo sin aquellos tratamientos médicos requeridos por la ley; lo que, sin embargo, en mi opinión hubiera sido lo más acertado.

* * *

Es aquella positivación o juridificación del hecho social requerida para darle valor interpretativo –con posible efecto corrector/derogatorio– la que, precisamente, impide plantear, al menos teóricamente, la tradicional *desuetudo* o derogación de las leyes por su desuso (o no uso, mejor dicho, por su inobservancia o incumplimiento[16]), como efecto de una nueva realidad social[17], pues difícilmente podrá estar tal acto social de rebeldía a la ley positivado o juridificado de algún modo, so pena de que haya complicidad en otro acto –jurídico este, sí– también desobediente a la ley (*vgr.*, como una sentencia judicial o un acto administrativo que así reconozca o ampare tal desuso ...), o so pena de adentrarnos, de nuevo, en la estricta derogación tácita si aquel desuso de la ley es reflejado o refrendado de alguna forma en una norma jurídica posterior y de igual o superior rango a la norma incumplida o desoída. De no ser así, y como suele ser opinión común, tal desuso será jurídicamente ilegítimo e inoperante, aunque, sin duda, en lo fáctico resulte innegable como objeción de conciencia popular a la ley, y, como tal, perturbadora del orden público[18].

Distinto, también, de la abrogación y de la derogación por desuso es la derogación táctica que la doctrina tradicionalmente llamaba por desaparición de los

16. Pues tampoco quiero referirme aquí a que por los hábitos y nuevas realidades sociales la norma caiga en desuso porque apenas se de en la vida real su presupuesto de hecho en la norma previsto.
17. Tradicionalmente, salvo alguna opinión disonante (como la de ESCRICHE, en sus voces «Abrogación» y «Ley», o la de VALVERDE, p. 187, siguiendo a Joaquín COSTA), se ha distinguido el desuso de la costumbre, por ser aquel un «acto negativo», mientras que «la costumbre se funda en hechos positivos» (decían GÓMEZ DE LA SERNA y MONTALBÁN, p. 315, nota 12), porque «no es lo mismo el no uso que un uso contrario» (según GUTIÉRREZ FERNÁNDEZ, p. 128); y lo decía también SAVIGNY (p. 177): «No hay duda que la palabra *desuetudo* oculta con frecuencia un hecho que nada de común tiene con el Derecho consuetudinario; me refiero a la no aplicación de una ley durante un largo espacio de tiempo, careciendo de materia para su aplicación. Este hecho negativo no manifiesta ninguna convicción de derecho ni establece ningún Derecho consuetudinario».
18. Pues que haya o no prohibición expresa del desuso (como sí la hubo en el art. 5 de nuestro CC originario de 1889), no impide que exista el problema real. Así lo advertía, ante el silencio que guardaba al respecto el CC francés, el propio PORTALIS en su conocido Discurso Preliminar (pp. 49 y 50): «Las leyes conservan su efecto mientras no son derogadas por otras leyes, o no han caído en desuso. Si no hemos autorizado formalmente el modo de derogación por desuso o no uso, es porque quizá hubiera resultado peligroso hacerlo. Pero ¿acaso puede uno ocultarse la influencia y la utilidad de este concierto no deliberado, de esa potencia invisible, por la cual, sin sobresalto y sin conmoción, los pueblos se hacen justicia de las malas leyes y parecen proteger a la sociedad contra las sorpresas dadas al legislador y al legislador contra sí mismo?». Ni siquiera desaparece, *de facto*, el problema si hubiera norma que expresamente prohibiera la *desuetudo* (como la hubo en el art. 5 de nuestro

motivos de la ley (esto es, por decaimiento de su *occasio legis*), que lo es por razones internas a la ley (por tratarse, por ej., de leyes temporales o circunstanciales, dictadas por causa de pandemias, catástrofes naturales, bélicas, económicas, ...), en que la derogación es *ad intra*, intrínseca a la propia ley, que no opera desde una realidad social ajena con potencial fuerza derogatoria. Para tales leyes rige el clásico aforismo *«cessante ratione legis cessat lex ipsa»*, donde, como aclara De Castro (p. 628, nota 2), conviene no confundir lo que es la *ratio legis* con la *occasio legis*, que es –esto último– a lo que rectamente se refiere tal axioma.

Todo lo dicho entiéndase, rectamente, referido a la interpretación de la ley, entendida esta en sentido estricto como norma escrita. Porque de referir la interpretación sociológica a otras normas, como costumbres o principios (que pueden serlo, según vimos arriba –en los epígrafes 6 y 7 del cap. III–), no debe haber objeción, al menos teórica, a que una realidad social nueva corrija, o incluso derogue, normas consuetudinarias o «principiales» previas ya añejas, caducas, siempre que aquella nueva realidad social adquiera rango jerárquico normativo, esto es, que o bien devenga en costumbre contraria a la anterior, a la que deroga, o consista simplemente en su no uso (mecanismos, ambos, que permiten la derogación de costumbres, tradicionalmente admitidos)[19], o bien que afecte a los principios vigentes[20], cuyo contenido y vivencia se vean afectados por aquella nueva realidad social, en tanto esta sea expresión de nuevas

originario CC, que decía: *«Cuando no haya Ley exactamente aplicable al punto controvertido, se aplicará la costumbre del lugar y, en su defecto, los principios generales del derecho»*). Porque, como a su vista nos decía QUINTUS MUCIUS SCAEVOLA (*Código Civil concordado y comentado extensamente*, Tomo I, 5.ª ed., Madrid, 1912, p. 206): «¿Tendrá absoluto cumplimiento este precepto en la práctica? Lo dudamos. Cuando una ley cae en desuso, y en oposición á la misma se forma una costumbre, es porque aquella ley no se amolda á las exigencias de la época ó á las ideas de los hombres que en ella viven y serán inútiles cuantos esfuerzos haga el legislador para procurar su observancia». Por su parten, defienden abiertamente la posibilidad de la derogación por desuso, DUALDE (p. 250 ss.), quien considera derogada la ley que es olvidada, desmentida, limitada o rectificada por una costumbre; o, más recientemente, VILLAR ROMERO, J. M.ª: «El desuso de las normas jurídicas», en *RDP*, 1971, pp. 709-715. O, en cierto modo, DÍEZ-PICAZO GIMÉNEZ (1990, pp. 49 y 51), recordando al respecto reflexiones y ejemplos reales de Martín Retortillo y del mismísimo García de Enterría. En cualquiera de los casos, como decía DE CASTRO (p. 384), «se trata de una cuestión política...; en el acto de desobediencia hay una subversión o acto revolucionario que, mientras no se convierta en base de una organización jurídica, será antijurídico y punible».

19. VILLAR ROMERO (p. 714): «Evidentemente, el desuso de la costumbre tiene, en nuestro sistema, plena virtualidad para dejarla sin efecto como norma jurídica, derogándola totalmente, puesto que no siendo la costumbre sino un uso repetido y constante con ánimo de obligarse, es indiscutible que cuando deje de practicarse el uso en que la costumbre consiste y se basa, desaparece la última como tal norma jurídica. En la práctica, tal situación no suscitará ninguna dificultad, puesto que, como quiera que la jurisprudencia exige que sea debidamente justificada su existencia y alcance para que la costumbre pueda ser aplicada en juicio a falta de ley escrita ... ello supondrá que, al no poderse acreditar su existencia, carezca de aplicación normativa para el caso en el que se invoque».

20. Que también defiende VILLAR ROMERO (p. 714).

convicciones sociales, diversas de la que en el pasado sustentaban aquel principio.

11.3. ¿Y CON FUNCIÓN INTEGRADORA? ENTRE LA ANALOGÍA Y LA INTERPRETACIÓN EXTENSIVA

Admitido que la realidad social fundada en una conducta social uniforme y reiterada se convierta en costumbre, nada impide que, como tal costumbre, cumpla su genuina función integradora (cfr., art. 1.3 CC, y así sucede, *vgr.*, con los usos sociales referidos al ámbito negocial *ex* arts. 1.3.II, 1258 y 1287 CC). El problema, en cambio, que aquí queremos suscitar se produce en la hipótesis, más común, en que no hay tal ecuación, en que la realidad social no sea el reflejo de una costumbre. ¿Podría, entonces, aquella realidad social cumplir alguna función integradora de la ley?

Contra lo que algunos propusieron en el pasado[21], no parece que hoy la realidad social, ni siquiera la contenida en las Exposiciones de Motivos de las leyes, pueda servir de fundamento único para la analogía[22]. Tal función integradora no le es concedida por el art. 3.1 CC, frente al art. 4 CC, salvo que sea por sí sola constitutiva de costumbre, *ex* art. 1.3 CC.

Pero otra cosa, bien diversa, es que, desde una interpretación extensiva de la norma existente, fundada en la nueva realidad social (esto es, en la aparición de nuevos hechos o instituciones no contemplados expresamente en aquella norma, pero análogos a los que en ella sí se prevén), se aplique la *ratio* de dicha norma a la novedosa situación o institución, carente de previsión normativa expresa y directamente a ella aplicable, pero semejante a la regulada jurídicamente[23]. No se olvide que será siempre la realidad social, por sí sola e incluso desnuda de juridicidad alguna, la que evidencie la existencia sobrevenida de

21. Lo defendía GENY (*cit.)*, aunque limitándose a la analogía *iuris*, a la extracción de los principios generales del Derecho actualizables desde la realidad social; y lo insinuaban FERRARA (p. 238); o, entre los españoles, VALVERDE Y VALVERDE (pp. 156 y 157). Algunos de ellos se apoyaban en el art. 1.2 del CC suizo, que en su versión italiana (tomada aquí de internet), dice: *«Nei casi non previsti dalla legge il giudice decide secondo la consuetudine e, in difetto di questa, secondo la regola che egli adotterebbe come legislatore»*; una norma que en su día tanto criticara DE CASTRO (pp. 452 y 453), por abrir las puertas a los más grandes peligros de dicho método interpretativo, como son la subjetividad del juez, y la incertidumbre que ello genera. Sin embargo, de observarse más detenidamente aquella norma, como observa DEGNI (p. 198), al estudiar su génesis y las explicaciones dadas por su propio redactor, Huber (lo que, por supuesto, no constituye una interpretación auténtica y vinculante, sino doctrinal e histórica), tal vez en ella se contiene más bien una referencia a la equidad en su función integradora (aunque con la singularidad, frente al art. 3.2 CC español, que la llamada a la equidad allí hecha es genérica, no condicionada a la remisión específica o puntual del legislador). No en vano, la norma suiza confiere tal poder al juez, no para interpretar la ley, sino para cuando no haya ley, ni costumbre, aplicable al caso.
22. Por todos, LACRUZ (pp. 283, 284 y 286); y PÉREZ ÁLVAREZ (pp. 63 ss.).
23. Era así, en cierto modo, como lo entendía VALVERDE (*ult.cit.*), poniendo como ejemplo (en p. 157), que «la realidad social extendiera el tablón de anuncios a la informática».

cualquier laguna legal, sea esta casuística o institucional (piénsese, *vgr.*, como caso evidente, en las parejas de hecho, en el mundo de la informática y el internet ... antes de la legislación habida sobre ella). Y no se olvide, una vez más, que la finalidad que expresamente confería al canon sociológico el Preámbulo del RD de 1974, de reforma del Título Preliminar del CC, fue, no en vano, posibilitar la interpretación modificativa de las normas[24], cuando dice: «*La ponderación de la realidad social correspondiente al tiempo de aplicación de las normas introduce un factor con cuyo empleo, ciertamente muy delicado, es posible en alguna medida acomodar* –dice– *los preceptos jurídicos a circunstancias surgidas con posterioridad a la formación de aquéllos*».

El propio Lacruz, contrario a la integración sociológica (pues la realidad social, por sí sola, según decía, es un hecho, no una norma jurídica), nos recuerda (en p. 281), que los enemigos de la realidad social como criterio hermenéutico han sido también enemigos de la analogía, y también de la interpretación extensiva, de la búsqueda de la *ratio legis* (en lugar de la *voluntas legislatoris*), ... Con ello no digo que la realidad social cumpla una función integradora (que –insisto– no le concede el art. 3.1 CC), sino que, en cuanto realidad positivada, contenida en el propio Derecho, puede servir de presupuesto, o premisa, para la analogía[25].

En la práctica, de hecho, muchos de los casos en que supuestamente se fundamenta la analogía en una interpretación exclusivamente sociológica, parecen ser más bien, algunos de ellos, supuestos de concreción de conceptos jurídicos amplios o indeterminados[26] , y, sobre todo, de interpretación extensiva –o de interpretación integradora, dice la STS de 13 julio 1994, referida esta al art. 16 LPH–[27]; esto es, de normas que, sin salir de la institución o de la materia específica que regulan, terminan aplicándose a supuestos o casos concretos

24. Según advierte MARTÍNEZ DE AGUIRRE Y ALDAZ (p. 216), para quien, a la vista de dicho Preámbulo, el criterio sociológico del art. 3.1 CC sirve para cubrir «la aparición de nuevos supuestos de hecho no contemplados por la norma, y a los que se extiende su eficacia por vía de interpretación». Aunque considera que también sirve para «la alteración en la consideración de los hechos ya contemplados por la norma, pero que ésta resuelve con criterios diferentes y aún contrarios a los socialmente vigentes».
25. Según aclara también PABÓN DE ACUÑA (pp. 105 a 107).
26. Según indican, con varios –y variopintos– ejemplos, PÉREZ ÁLVAREZ (p. 169); y, también, PABÓN DE ACUÑA (p. 148 ss.), considerando que no son casos de estricta interpretación sociológica, sino, como dicen ambos, supuestos de adecuación de la norma, no a la realidad social, sino a las circunstancias del caso concreto, como sucedió, según nos explican, en la STS de 6 abril 1979, que con fundamento en una pretendida interpretación sociológica del art. 632.II CC, referido a una donación de un millón de pesetas admitió como posterior aceptación escrita que la donación fuera reconocida, como ya hecha, posteriormente en un acta judicial, acaso como si tal circunstancia, que era propia o peculiar del caso, fuera expresión de un modo común de hacer donaciones de dinero.
27. Como dice recientemente CARRETERO SÁNCHEZ (p. 253), «el criterio sociológico se puede disfrazar de aplicación por analogía –pero– si no existe norma, no sirve de nada».

nuevos, semejantes, pero diversos de los estricta y literalmente previstos, dentro de la misma materia o institución expresamente regulada[28].

El propio Pabón de Acuña (en pp. 110 y 111), se refiere a la STS de 26 junio 1996, que vino a aplicar a los vídeos el antiguo art. 1 de la Ley de Propiedad Intelectual, por su analogía con las películas (de cine), o como la asimilación del promotor al constructor para hacerle responsable *ex* art. 1591 CC que consagran las SSTS de 17 mayo 1982, 11 febrero 1985 y de 9 marzo 1988: la primera de ellas, según explica en su Considerando 10.º: «*...Porque de conformidad con lo dispuesto en el art. 3.º, 1, en relación con el 1591 ambos del CC, las normas han*

28. Es, de hecho, la distinción que entre analogía e interpretación sociológica defiende PABÓN DE ACUÑA (pp. 106 y 107). Pero esa es, más bien, la diferencia entre analogía e interpretación extensiva, según creo (y defendí en mi trabajo *Analogía e interpretación extensiva: una reflexión [empírica] sobre sus confines*, en *ADC*, 2012, n.º 3, pp. 1001-1073). Aun siendo consciente de la dificultad, y peligrosidad, de distinguir entre analogía e interpretación extensiva (y de que tal cuestión excede con mucho del objeto de la presente obra), creo que no resultará difícil su precisión para el objeto particular presente. En síntesis, siguiendo la opinión originaria de Federico DE CASTRO (en la 3.ª edición de su *Derecho civil de España*, de 1955, p. 539), y la posterior de su discípulo, DÍEZ-PICAZO, este sin mutar de opinión en posteriores reediciones de su obra (*Experiencias jurídicas y teoría del Derecho*, 3.ª ed., Barcelona, 1993, pp. 280 y 281), creo que la analogía sirve como mecanismo para integrar lagunas legales institucionales, es decir, para materias o instituciones que carecen de un reconocimiento o amparo legal completo y cuyos problemas pueden ser resueltos por otras normas que resuelvan parecidos problemas para materias o instituciones que presenten una identidad de razón con aquellas otras instituciones o materias. En tal caso, mediante la analogía se extendería la *ratio* de unas normas, previstas para una determinada materia o institución, para ser aplicadas *ad extra*, fuera de su ámbito institucional, a otra materia o institución diversa, pero semejante a la regulada. En cambio, en la interpretación extensiva, no hay una laguna institucional que integrar, sino solo una laguna casuística, es decir, la imprevisión de un caso concreto dentro de una materia, o institución, que sí tiene respaldo normativo. En tal hipótesis, si aquel caso puede resolverse ampliando una de las normas que ya regulan dicha materia, o institución, aunque refiriéndose a otro caso, estaríamos ante un claro supuesto de interpretación extensiva: sin salirse de su ámbito normativo, la norma se extiende en su aplicación directa, no analógica, a un caso similar, pero en ella no expresamente contemplado. Como se ve, el salto en la integración por analogía es mayor que en la interpretación extensiva, por ser de mayor entidad, o calado, la propia laguna a colmar: la norma, o el conjunto normativo, a aplicar por analogía sale de su ámbito normativo propio, o natural, para regular otra materia, otra institución, o el caso particular de una materia, o institución, no contemplada directamente por aquella norma, o por aquel conjunto normativo. Es, por tanto, un salto lógico *ad extra*, frente al interno o *ad intra* que supone la interpretación puramente extensiva. Piénsese, como ejemplo emblemático para esta distinción, en el art. 752 CC (tan relacionado con el 753 que nos afecta a la presente materia), que prohíbe testar en favor del «sacerdote» que confiesa al testador en su lecho de muerte: si se pretendiera aplicar a otras instituciones o materias (en este caso, a otro tipo de negocios jurídicos, *vgr.*, a una donación hecha en favor del sacerdote), estaríamos en el terreno de la analogía; en cambio, si se intentara aplicar a otros actos diversos de la confesión (*vgr.*, como la extremaunción), o a cualquier otra autoridad de culto que en la última enfermedad del testador le hubiese confesado o asistido de cualquier otro modo, estaríamos en el terreno de la interpretación extensiva (del mismo modo, aunque *a contrario sensu*, si se pretendiera su sola aplicación al sacerdote católico –y solo– confesor, estaríamos ante una interpretación restrictiva o, cuando menos, estricta); y, así, piénsese en otros posibles casos.

de interpretarse además de en su sentido propio en relación con la realidad social de su tiempo, y hoy, cabe decir, que acaso como reacción, el individualismo que caracterizó otras épocas ha sido sustituido por un criterio de marcada socialización, lo que en el plano jurídico se ha traducido en una cada vez mayor influencia del criterio objetivo, que en este concreto supuesto se traduce en el hecho de que quien obtiene beneficios con la realización, explotación, dirección, etc. de algo que entrañe un riesgo debe en principio responder de las consecuencias que de ello puedan derivar»; aunque bien es verdad que la segunda de las indicadas (la STS de 11 febrero 1985, con apoyo en otras muchas SSTS), lo fundamenta en la asimilación de ambos sujetos –constructor y promotor– hecha desde la normativa sobre Viviendas de Protección Oficial (aunque, es de resaltar, esta no era directamente aplicable al caso, y aun así se hace responsable al promotor).

Lo mismo puede decirse de la STS de 21 mayo 2001, cuando, por razones históricas y sociológicas, hace una interpretación extensiva y objetiva del art. 1910 CC, o, mucho antes, también en tema de responsabilidad por daños, la STS de 23 septiembre 1988, interpretando sociológicamente el art. 1903 CC para aplicarlo por analogía –extensivamente, en verdad– a relaciones fundadas en *«compromisos sociales»*, decía (como la amistad, la habitualidad, el parentesco, ...).

Otro ejemplo, también reciente, es el de la STS de 6 julio 2000 al aplicar la cobertura que exige la normativa sobre el seguro obligatorio de motor al seguro de caza (cuya normativa no contenía previsión ninguna sobre su cobertura), al entender, según dice en su Fundamento de Derecho 2.º, que *«resulta determinante de la equiparación de los dos Seguros... y tanto de la conjunción de normas, como de su interpretación teleológica así lo justifica... Sería contrario* –añade– *a la realidad sociológica, que tiene en cuenta el artículo 3 del Código Civil, reputar de peor condición a quien es víctima por accidente de caza respecto al que lo es por accidente circulatorio, con atentado frontal a la equidad, que faculta buscar la solución justa, que en este caso cuenta con apoyo legal suficiente»*.

Otro ejemplo de mera extensión de la norma –este, sin duda– se contiene en la STS de 21 diciembre 1990, cuando dentro del concepto de muebles (maquinarias, ...) del art. 334.5.º CC, a los efectos de extensión de la hipoteca (111 LH), incluye los llamados *«pívots»*.

También, creo, cabe incluir entre estos supuestos de interpretación sociológica extensiva, la STS de 27 abril 1984, cuando admite la demanda interpuesta por el Vicepresidente (presidente, por entonces, en funciones), de una comunidad de vecinos, contra el recurso que defiende su falta de legitimación por ser un cargo no contemplado en el art. 12 LPH.

Por su parte, la STS de 3 enero 1991 niega la aplicación por analogía de una norma, aunque lo hace porque la considera excepcional ante la singularidad y coyuntura de la realidad social en que se promulgó y conforme a la cual ha de interpretarse (diciendo, en el Fto. D.º 3.º, «*que la legislación sobre control de cambios y sobre inversión extranjera en España es singular y excepcional en función de circunstancias político-sociales y económicas de carácter específicamente coyuntural y que sus dictados proyectan sobre los negocios puramente civiles la necesidad de cumplir unos requisitos meramente contingentes cuando estos negocios jurídicos cumplen el requisitado sustantivo prevenido en el Código Civil, en sus artículos 1261, 1255 y 1274*»).

Muy similar al caso anterior, por la razón de su rechazo a la analogía, es, en fecha cercana al anterior, el caso de la STS de 7 enero 1991, que negó la aplicación analógica con fundamento sociológico del art. 31 LAU-1964 a casos en tal norma no contemplados, mas por considerar que se trataba de una norma excepcional y, por tanto, inaplicable por analogía (*ex* art. 4.2 CC).

También desde una interpretación sociológica la STS de 30 junio 2009 negó, en contra del recurrente, la aplicación analógica en aquel caso del art. 1470 CC a un contrato de permuta de parcela donde el exceso de cabida era del volumen de edificabilidad superior al pactado, diciendo que «*La argumentación que apoya el motivo* –del recurso de casación interpuesto– *es que en el momento actual es mucho más importante la edificabilidad que la superficie de un suelo, lo que es cierto, pero lo que no es cierto es que pueda extenderse la aplicación de dicha norma a algo que no está previsto; quizá debería estarlo, pero mientras no se reforme, no lo está*»; insistiendo luego en la misma idea: «*La normativa no regula los excesos o defectos de edificabilidad, al igual que no regula tantas otras cuestiones de divergencia que se pueden dar en la compraventa, tanto de inmuebles como de cosas muebles. El que no contemple una determinada cuestión no permite que se pueda aplicar por analogía otra distinta*». Aunque bien podría haber fundado la analogía entre la compraventa y la permuta para poder aplicar por analogía a esta el art. 1470 CC, haciendo, a su vez, de tal norma una interpretación evolutiva –ahora sí, fundada en la realidad social– para entender que aunque literal e históricamente tal norma venga referida a la superficie entendida en m^2 cabría hoy aplicarla evolutiva y extensivamente a una superficie medida en m^3, cuando hoy día no solo importa la superficie horizontal de la propiedad sino también, o sobre todo, su volumen de edificabilidad.

Un caso más en que el TS rechaza la aplicación analógica desde la realidad social fue el de la STS de 19 octubre 2016, muy polémica en la doctrina que vino a comentarla[29], que se negó a incluir como testigo prohibido en el art. 682 CC al conviviente de hecho del testador, entre otras razones, por la consabida falta de analogía entre las parejas casadas y no casadas, y por la inexistencia de

29. Que yo mismo hice en mi trabajo «¿Puede el conviviente de hecho del heredero ser testigo en un testamento abierto? Entre la analogía y la interpretación –¿extensiva o restrictiva?– (Comentario a la Sentencia del TS (en Pleno) de 19 octubre 2016)», en *Revista (Aranzadi) de Derecho Patrimonial*, 2017, n.º 43, pp. 335-372.

auténtica laguna que integrar en aquella norma, que había sido recientemente reformada sin que el legislador hubiese querido actualizarla incluyendo a las parejas de hecho[30].

Ante todo, en nuestra opinión, se trataba aquel de un caso de interpretación extensiva, no de analogía, pues no se trataba de aplicar una norma sobre el matrimonio a las parejas de hecho, sino una norma sobre testamentos a un supuesto en ella no expresamente contemplado (analogía hubiera sido intentar aplicar aquel art. 682 CC, sobre testamento abierto, a cualquier otro tipo de testamento, o incluso de negocio en que se exija la presencia de testigos). Quedaba, así, superado el posible límite, contemplado por el art. 4.2 CC solo para la analogía, de no poder interpretar extensivamente dicha norma por ser excepcional (contraria a la capacidad general para ser testigo), y punitiva (al posibilitar su inobservancia la nulidad del testamento *ex* art. 687 CC). Pero, precisamente, por ser su *ratio* proteger la libertad del testador de posibles engaños o coacciones y asegurar la imparcialidad del testigo (o evitar, como decía Manresa[31], «á la vez ser parte y testigo»), nada debería impedir su interpretación extensiva. Siendo, pues, esa la razón del art. 682 CC se comprenderá que su necesaria interpretación restrictiva aún defendida mayoritariamente haya devenido en anacrónica. Hoy ya no puede decirse que la posibilidad de ser testigo en un testamento sea la regla y lo contrario lo excepcional. Justificada históricamente, desde Roma, la presencia de testigos en un testamento por ser este un acto público en que el testador era la mayor de las veces analfabeto, se comprende que en esa visión histórica la misma exigencia de testigos haya ido debilitándose (en su número, en el alcance de su testimonio, en los testamentos donde intervenir, en su llamamiento por el propio testador,...) en proporción, entre otros muchos factores, a la mayor alfabetización del testador y al incremento en la intervención del notario, que venían a hacer menos necesario y útil la presencia de una persona extraña a un acto, tan íntimo ya, en que terminado convirtiéndose el testamento.

30. *«Con independencia de la improcedencia de la aplicación analógica en el presente caso, pues se trata de figuras o institutos diferenciados en su regulación jurídica, debe precisarse que la interpretación extensiva que propugna la recurrente, conforme a la realidad social como criterio de interpretación normativa, tampoco puede estimarse por diferentes razones. (...) En primer lugar, porque con relación a la equiparación o asimilación jurídica de ambas instituciones, particularmente a tenor de los mandatos constitucionales y de su proyección en la realidad social aquí alegada, el legislador no se ha pronunciado de un modo concluyente acerca de la equiparación general de dichas situaciones a todos los efectos o consecuencias jurídicas que pudieran derivarse (de hecho, falta una norma estatal sobre la regulación de las uniones de hecho, existiendo una pluralidad de legislaciones autonómicas con diferente sentido y alcance), sino de un modo particularizado según los ámbitos de incidencia en los que ha considerado oportuno proceder a dicha equiparación. Conclusión que resulta evidenciada tras la última reforma operada por Ley 30/1991, de 20 de diciembre, en materia de testamentos que ha incidido en la modificación de diferentes preceptos, sin alterar o afectar lo dispuesto en el artículo 682 del Código Civil, que se mantiene en su anterior redacción».*

31. En sus *Comentarios al Código Civil español, Tomo V*, p. 476.

Esa evolución histórica del Derecho sucesorio, experimentada en el propio CC, en reformas tan importantes como la de 1958, la de 1991 (no en vano vulgarmente conocida como la «Ley de supresión de los testigos»[32]), o como, últimamente, la de 2015 (con la Ley de la Jurisdicción Voluntaria), demuestra que, actualmente, lo extraño no es tener vetada la intervención como testigo en un testamento, sino, al contrario, su intervención misma como necesaria. Lo normal es la falta, la ausencia de testigos; lo excepcional, su presencia[33], cuando esta es imprescindible porque en tal caso sí cumple su añeja función (como sucede en el caso del actual art. 697 CC), según decía la reforma de 1991 en su Preámbulo –precisamente–[34]; de este modo justificada la norma, dentro de tal excepcionalidad, tanto en su imposición como en su posible proscripción, ¿qué razón hay, entonces, para restringir necesariamente la prohibición para ser testigo testamentario?

Por otra parte, el razonamiento de aquella STS de 2016 tendente a negar la existencia de tal laguna sobrevenida en el art. 682 CC es, sin más, equivocado: atender al hecho de que ya en la reforma de 1991 el fenómeno de las parejas de hecho era una realidad consolidada era rotundamente falso como realidad, sobre todo como realidad social legalmente reconocida, porque por entonces, en 1991, apenas se había legislado sobre la materia, ni siquiera aún en las Comunidades Autónomas. Y errónea, además, porque observado el fenómeno de las parejas de hecho como realidad social en 1991, no estaba haciendo el TS una interpretación sociológica del art. 682 CC, sino histórica: atendía al momento en que la norma se gestó y promulgó, no a *«la realidad social del tiempo en que* –la norma– *ha de ser aplicada»*, según reza el art. 3.1 CC; y que en el caso en particular resuelto por aquella STS de 2016 debió ser la realidad social española existente en 2005, fecha en que los testamentos en lid fueron otorgados ante notario (el 31 de mayo de aquel 2005).

Ya una década antes, la STS de 25 abril 1991, contemporánea a la reforma del CC en materia sucesoria, ya se había negado a cualquier interpretación pre-

32. Según dice, en su monografía coetánea a dicha Ley, RIVAS MARTÍNEZ, J. J. (*El testamento abierto otorgado ante notario después de la Ley de 20 de diciembre de 1991*, Madrid, 1993, p. 67).
33. Según dice RIVAS MARTÍNEZ (p. 68), con fundamento en la reforma legal de 1991 (según puede comprobarse en la nota siguiente, en que se reproduce parcialmente su breve Exposición de Motivos).
34. Que comenzaba diciendo: *«La vigencia, más que centenaria, de la regulación en el Código Civil del testamento notarial proporciona experiencia sólida que aconseja su revisión modernizadora»*. Para añadir luego: *«Especial atención ha merecido la concurrencia de testigos al otorgamiento del testamento notarial. Se recoge el deseo generalizado de hacer posible mayor grado de discreción y reserva para un acto tan íntimo como la disposición de última voluntad y se suprime como requisito general el concurso de los testigos, con el testador y el Notario, en la formalización del testamento. Sin embargo, sigue siendo necesario el concurso de los testigos cuando el testador no sabe o no puede leer o no sabe o no puede firmar, cualquiera que sea la causa y se ha prestado especial atención al caso, tradicional, del sordo que no sabe o no puede leer»*.

tendidamente sociológica, si el cambio social no estaba ya consolidado, y por ser contraria al tenor del art. 687 CC (en el caso para rechazar que la identidad del testador se estimase válida a través de la identificación documental en lugar de mediante testigos, según exige el art. 685 CC, para muchos ya de una forma anacrónica, desfasada, que el TS, sin embargo, no atendió, ni entendió[35]).

En cambio, por el mecanismo de la interpretación sociológica la STSJ de Cataluña de 7 enero 1992, en realidad atendiendo a las circunstancias particulares del caso e interpretando flexiblemente el rigorismo testamentario a la vista de la nueva realidad social (a lo dicho justo antes me remito), admitirá la validez de un testamento donde faltaba la firma de uno de los testigos por puro desliz, o descuido, del propio testigo, no del notario, cuando por otras pruebas no había duda de quién había intervenido como testigo en el otorgamiento del testamento. Precisamente, contra la afirmación final de la STS de 25 abril 1991 (en el párrafo anterior referida), dirá aquella STSJ de Cataluña que *«la mesura y ponderación, correctamente predicables, no debe conducirnos a una condena a la inanidad del elemento interpretativo, y por derivación del precepto legal»*.

También en el Tribunal Constitucional hay algún pronunciamiento que viene a propósito: es el Auto TC de 30 abril 1996, que incluyó el recurso de amparo como objeto de anotación preventiva en el Registro de la propiedad, al considerar, en parte de su Fundamento de Derecho Único, que *«en el supuesto del art. 42.1 de la Ley hipotecaria deben entenderse incluidas también las hipótesis de demandas de amparo, que si no se mencionan es simplemente porque en la época en que se redactó el precepto no existía la jurisdicción constitucional. Interpretación*

35. Porque entendía, en su Fundamento Jurídico 3.º, que *«se está exigiendo una forma concreta y determinada para la exteriorización de la voluntad, y si no se cumple con el medio señalado el testamento será ineficaz, nulo, cual sanciona el art. 687 del propio texto legal; la forma es así requisito "ad solemnitatem" y no "ad probationem", afecta a la propia sustancia del negocio, que si no se ajusta a ella no llega a nacer, según el tan conocido principio de "dat esse rei", y ni aun acreditándose más tarde que tal era la auténtica voluntad del testador cabe concederle efecto alguno, pues voluntad y forma de expresión marcada por la ley forman unidad indisoluble, de imposible disociación… resultando improcedente la referencia al art. 3.1 del C. Civil, ya que la conclusión a que llega la Sala no se desprende ni del sentido de las palabras que emplea la norma, ni de su contexto, ni de los antecedentes históricos y legislativos, debiendo tenerse en cuenta, cual tiene advertido esta Sala, que el elemento sociológico exige prudencia y no dar trascendencia a estados o tendencias no fijados»*. Comentando esta STS, CARRASCO PERERA, A. (en *CCJC*, n.º 25, enero-marzo, 1991, p. 530), dice que con ella se demuestra cómo el rigor en el formalismo llega a decisiones injustas, y propone otras vías de solución, aunque negando, en cualquier caso (en pp. 538 y 539), el recurso a la interpretación sociológica con aquel resultado propuesto en el caso (de suplir la identificación testifical del testador por la documental): primero, porque ello supondría una derogación de la norma, y, segundo, porque la interpretación sociológica no puede atentar contra el tenor literal de la norma. Con ambas observaciones, sin más, se desconoce la trascendencia correctora que tiene la interpretación sociológica, y que no tiene más límite, como sucede con cualquier otro mecanismo hermenéutico, que el teleológico, no el gramatical, de la norma interpretada, debiendo ser respetuosa –solo– con su finalidad y espíritu (cfr., art. 3.1 CC *in fine*), según venimos viendo con detalle a lo largo de la presente obra.

a la que, por otra parte, se llega, sin dificultad, atendiendo al espíritu y finalidad de la norma y a la nueva realidad social (jurídica) que resulta de la existencia del Tribunal Constitucional, conforme a los criterios hermenéuticos del art. 3.1 CC».

Tal vez el único caso de verdadera integración hecha desde la desnuda realidad social haya sido, en España, el caso del transexual desde la famosa STS de 2 julio 1987, precisamente tan criticada[36] por ello al apoyarse, como único dato legal, en el art. 10 CE, para desde él extraer un supuesto derecho al cambio de sexo, cuando se trataba de una norma programática, carente de aplicación directa y necesitada de desarrollo normativo más específico.

* * *

En definitiva, y a la vista de tantísimos ejemplos al respecto, habrá que coincidir con Pabón de Acuña (pp. 166 y 167), en que lo que el CC de 1889 echó por la puerta (al sacar la costumbre de su tradicional papel interpretativo como costumbre *secundum legem*, para solo otorgárselo integrador, según el art. 6.II de entonces[37] –cfr. con el actual art. 1.3 CC–), tras su reforma en 1974 terminará entrando por la ventana (a través de la realidad social del actual art. 3.1 CC).

Sin dejar de ser aguda, y cierta, la observación, no hay que olvidar el valor interpretativo que a los usos sociales otorga el propio art. 1.3 CC, en su párrafo segundo; aunque, es verdad, referidos a los negocios, que, al fin y al cabo, no son más que otra especie perteneciente al género de la realidad social.

36. Por todos, GORDILLO CAÑAS, A. (en su primer trabajo sobre la materia, «Transexualidad. Rectificación de sexo en el Registro Civil. Admisibilidad jurídica del cambio de sexo. Ficción de feminidad», en *CCJC*, 1987, pp. 4721-4746); y, siguiéndole en su crítica, LACRUZ (p. 284); y ALBALADEJO GARCÍA, M. (*Derecho Civil, I: Introducción y Parte General, vol. 1.º: Introducción y Derecho de la persona*, 9.ª ed., Barcelona, 1983).

37. Que decía: *«Cuando no haya Ley exactamente aplicable al punto controvertido, se aplicará la costumbre del lugar y, en su defecto, los principios generales del derecho»*. Y así lo creía DE CASTRO (pp. 381 y 382).

Un epílogo (abierto) de conclusiones (cerradas)

1. La finalidad de la interpretación sociológica o evolutiva es, en principio, evitar el anacronismo, impedir la petrificación del Derecho, hacer de la norma un ente vivo que por sí solo, sin necesidad de estricta e incesante reforma, sea capaz de adecuarse a los nuevos tiempos, a las nuevas realidades (sociales, económicas, políticas, culturales, ...).

2. A diferencia de los demás mecanismos tradicionales de interpretación de la norma, el sociológico o evolutivo no parte necesariamente de una norma oscura, ni ambigua. Su punto de partida es –o puede ser– una norma clara en su sentido –literal, histórico, sistemático y lógico–, pero que, a causa de nuevas circunstancias –sociales, económicas, culturales, ...– sobrevenidas, ha de ser aquella actualizada en su aplicación a esa nueva realidad.

3. No cabe estimar *a priori* a la interpretación sociológica como herramienta residual o subsidiaria de último grado: ni de la literalidad del art. 3.1 CC, ni de su gestación cabe deducir tal jerarquía para concluir que la interpretación sociológica es el quinto y último elemento interpretativo, supletorio o meramente auxiliar de todos los demás, máxime cuando ni siquiera la enumeración contenida en aquel art. 3.1 CC es exhaustiva y su inciso final solo expresa una subordinación *«fundamentalmente al espíritu y finalidad»* de la norma a interpretar como límite que respetar por todo criterio interpretativo.

4. El contrapunto de toda interpretación sociológica es la interpretación histórica: mientras que conforme a esta se pretende averiguar el sentido histórico de la norma, la realidad social existente en el momento en que dicha norma fue promulgada (la conocida como *occasio legis*), en la sociológica, en cambio, se pretende determinar el sentido actual de su aplicación, adecuándola a la nueva realidad social. Aunque antitética la interpretación sociológica a la histórica, siempre la requerirá metodológicamente como su presupuesto, para luego contradecirla en su resultado.

5. Que exista tal contraste entre el sentido histórico y el actual de la norma interpretada (histórica y sociológicamente), explica, a su vez, que normalmente el tenor literal de dicha norma (redactada conforme a su sentido histórico), no se adecúe fácilmente a su nuevo y actual sentido.

6. Es posible desde una interpretación sociológica alterar la letra de la ley sin tergiversarla siempre que sea respetado el propio espíritu, el propio sentido lógico de dicha ley, la consabida *ratio legis* (*ex* art. 3.1 CC *in fine*). La interpretación evolutiva ha de entenderse, pues, como la natural actualización del sentido literal e histórico de la norma conforme a su renovado sentido lógico.

7. Siendo tales el presupuesto y su límite, *a priori* no hay impedimento para que el resultado sea, según cada caso, declarativo (en cuyo caso, rectamente la interpretación sociológica es coincidente con la histórica), modificativo (extensivo o restrictivo), o incluso corrector. Por ello se ha de emplear de un modo *«ciertamente muy delicado»* (como dice en su Preámbulo el Decreto de 31 de mayo de 1974 de reforma del Título Preliminar del CC, al introducir como novedad aquel criterio en el art. 3.1 CC).

8. Solo si la modificación como resultado de la interpretación evolutiva es de mayor alcance, por afectar a la letra y antes al espíritu de la norma, será entonces necesaria su reforma por vía legal, y no meramente interpretativa. Esa será la línea, la frontera a respetar, entre el legislador y el intérprete, la separación que habrá de haber siempre entre la interpretación creativa y la creación libre de Derecho. Más allá de la ley, pero por la propia ley.

9. No parece que hoy la realidad social pueda servir de fundamento único para la analogía. Tal función integradora no le es concedida por el art. 3.1 CC, frente al art. 4 CC, salvo que sea por sí sola constitutiva de costumbre, *ex* art. 1.3 CC. Aunque puede servir de presupuesto, o premisa, para la analogía en tanto que, incluso por sí sola y desnuda de juridicidad alguna, evidencie la existencia sobrevenida de cualquier laguna legal, sea esta casuística o institucional.

10. Para la interpretación sociológica no bastan elementos puramente fácticos, que solo sería legítimo usar por un legislador que crea *ex novo* una norma destinada a cubrir esa nueva realidad social que –solo– existe en el mundo real, fáctico, aún sin trascendencia normativa. Para una adecuada interpretación sociológica, libre de arbitrariedades e incertezas, es necesario que la nueva realidad social esté de algún modo juridificada o positivada, ya recogida en la legislación, que se deduzca del propio sistema jurídico y así se integre perfectamente dentro de él, sin oponerse a ninguna otra norma.

11. El aplicador del derecho, como jurista, es intérprete de la norma, pero no ha de serlo también de la realidad social no reflejada en la norma; no es sociólogo, como tampoco ha de ser filólogo o lingüista a fin de realizar una adecuada interpretación gramatical de la norma, ni historiador para interpretarla históricamente, ni filósofo para averiguar la lógica del Derecho; ciencias y técnicas todas ellas (incluidas la Sociología y la Historia) también interpretables, pero cuyo profundo conocimiento no corresponde dominar al jurista. Una cosa es la interpretación sociológica y otra, bien distinta, el sociologismo jurídico.

12. La interpretación sociológica no atiende a la realidad normativa circundante a la norma interpretada (lo que solo se hace desde una estricta interpretación sistemática), sino a la realidad social contenida en dicha normativa; supondrá la actualización de una norma en su lógica –en su *ratio legis*–, y, en su caso, una reinterpretación de su tenor literal, desde otras normas, coetáneas o posteriores, en principio vigentes (pues de ser anteriores o estar ya derogadas, se estaría ante una estricta interpretación histórica); atendidas tales normas no solo en su propia lógica, sino en la realidad social –en la *occasio legis*– a la que esa lógica dio respuesta legislativa.

13. Nada impide, en principio, que la interpretación evolutiva se fundamente en normas posteriores a la vigente aún sin vigor, pero de posible próxima vigencia (bien porque estén proyectadas o propuestas, o ya presentadas ante el Parlamento, pero aún sometidas a debate, o porque estén aprobados y –solo– pendientes de publicación oficial, o, en fin, porque, aunque aprobadas y publicadas, estén en *vacatio legis*). Porque serán «normas» que, en su *occasio legis*, reflejan una nueva realidad ya existente socialmente (aunque «jurídicamente» no vigente), conforme a la cual pueda interpretarse la norma anterior (vigente jurídicamente, pero anacrónica en la realidad social a la que daba respuesta normativa), sin que por ello se simule ningún tipo de retroacción tácita ni de aplicación anticipada de una norma sin vigor jurídico.

14. Al tener que estar la realidad social positivada, resulta impropia, inadmisible, la referencia a la doctrina como pretendida expresión de aquella realidad social, aunque hubiera indubitada unanimidad científica –la clásica *communis opinio doctorum*–. Hace ya mucho que la opinión de los doctores dejó de ser fuente creadora normativa en cuanto expresión de la conciencia popular. Cosa bien distinta es que esa doctrina sea fuente o causa nutriente para la conformación de una nueva realidad tendente a la evolución del propio Derecho, mas sin formar por sí sola esa nueva realidad social.

15. Por su absoluta extra-juridicidad idéntica irrelevancia tienen para considerar la realidad social con valor interpretativo los sondeos de opinión, las estadísticas, sean o no oficiales, y los datos obtenidos de otras ramas científicas, ni siquiera cuando constituyan opinión mayoritaria o común ni cuando haya certeza y fiabilidad absolutas u objetivas sobre tales datos.

16. En cambio, la estricta jurisprudencia, a diferencia de la doctrina científica, aunque carente como ella de valor normativo –al menos– como fuente formal del Derecho, a diferencia de la simple doctrina sí complementa oficialmente a la norma, como expresión de la ley «oficialmente» interpretada (según la describen hoy los arts. 1.6 CC y 477 LEC en sus aps. 3 y 4, y antes llamada «doctrina legal»). No es solo que el Tribunal Supremo interprete oficialmente la realidad social (pasada y actual) de la ley de forma constante y uniforme (esto es, que él mismo haga interpretaciones evolutivas), sino que también es la propia inter-

pretación jurisprudencial resultante la que genera una nueva realidad social, jurídicamente relevante por su papel complementador del sistema jurídico, que el intérprete (menor, o no oficial), puede, y en cierto modo debe, atender. Todo ello al margen de que la propia casuística resuelta en aquella jurisprudencia, en cuanto probada ante los jueces inferiores y tomada por el Tribunal Supremo, y así juridificada, sea por sí misma también realidad social que el intérprete deba tener en cuenta.

17. También resulta posible hallar con cierta certeza la realidad social en las Exposiciones de Motivos –o en los Preámbulos– que preceden al articulado, al cuerpo de la norma, como práctica parlamentaria tan habitual –y ya hoy obligada– en España, así como en los Considerandos de las normas de la Unión Europea, donde también se hace exposición de los hechos (con descripción de la realidad, pasada, actual y la deseablemente futura, con la consiguiente finalidad –social, política, económica,... – a la cual la norma responde); en fin, la consabida *occasio legis*.

18. También pueden tener un cierto (o relativo) valor interpretativo sociológico los llamados «materiales prelegislativos», en cuanto antecedentes, próximos o cercanos a la ley (y que el art. 3.1 CC expresa en su genérica mención a los *«antecedentes legislativos»*), entre los que cabe incluir los proyectos y anteproyectos, las actas o memorias justificativas de las comisiones técnicas, también las Leyes de bases, los discursos, dictámenes y debates parlamentarios, ... Con la ventaja, aunque también con la dificultad, en su atención particular a los debates en Comisiones y Parlamentos, de que con ellos la reconstrucción de aquella realidad se hará, además, desde la pluralidad de opiniones, muchas veces diferentes e incluso opuestas, vertidas en aquellos debates.

19. El Derecho comparado sólo puede servir como fundamento de una interpretación sociológica cuando, de algún modo, ha sido interiorizado, por entrar a formar parte de nuestra propia jurisprudencia o bien de nuestro propio ordenamiento, ya sea por su conversión en norma interna, como, en efecto, puede suceder con los Tratados internacionales, una vez ratificados e integrados en el Derecho propio (cfr., arts. 1.5 CC y 96.1 CE), ya sea por el propio valor interpretativo que nuestras leyes le reconozcan (cfr., art. 10.2 CE), como puede suceder con la jurisprudencia comunitaria (en el caso español), proveniente del TEDH o del TJUE.

20. De igual modo, en la circunscripción de la realidad social a la interna de cada país, entiéndase la singularidad de España, en la que convive una doble realidad –estatal y autonómica–, también legal, recíprocamente influyente.

21. En cambio, la norma o la jurisprudencia extranjera de otro país carece de valor interpretativo sociológico para la norma nacional salvo que lo sea por la lógica de su argumentación o porque ella misma exprese la conciencia social

colectiva propia, interna que fuerce a interpretar conforme a ella la norma nacional que por sí no se adecua a dicha nueva realidad social. En otro caso, de ser influyente, estaríamos ante un elemento interpretativo histórico o genealógico, que por su propia anterioridad en el tiempo a la norma nacional interpretada a la que inspira no puede dar idea de cambios sociales, de nuevas realidades en la conciencia colectiva.

22. La observancia de una realidad social –solo– juridificada garantiza, en fin, cierta imparcialidad en el intérprete, libre de posibles manipulaciones cuando ya originariamente, desde un primer momento, aquella realidad positivada no responda a la verdadera realidad (por malinterpretación, o incluso por manipulación, del propio legislador o de los jueces en su visión de la realidad expuesta de forma interesada, propagandística y demagógica). El intérprete tampoco en tal caso quedará vinculado por aquella realidad, que es falsa. Su rebeldía ante la realidad expuesta falsamente podrá fundarla en la que se exprese en otros datos jurídicos que, por sí mismos o en su conjunto, sí parezcan ser, al menos, más próximos a la auténtica realidad social.

23. Siendo los vistos los presupuestos y los límites de toda interpretación sociológica, no parece que deba haber impedimento alguno para aplicarla a cualquier tipo de norma, escrita o consuetudinaria, reglada o principial, ordinaria o, incluso, suprema, como así sucede con las Constituciones y los Tratados internacionales.

24. Admitido que la norma suprema, como es la Constitución, sea interpretable conforme a la realidad social del tiempo en que se aplica, también pueden serlo sus propios cimientos, que también lo son del resto y entero ordenamiento jurídico: los principios generales del Derecho (cfr., el art. 1.4 CC), pues una cosa es que por su singular morfología no quepa aplicarles algún elemento interpretativo (como el gramatical, sin duda), y otra bien distinta es que, sin más, no sea interpretable por ningún otro canon hermenéutico.

25. Por igual razón, también la costumbre, en cuanto norma no escrita, pero sensible a los cambios sociales, puede ser objeto de interpretación sociológica, incluso con efecto derogatorio (por otra costumbre que la reemplace o por su simple desuso).

26. No por ello cabe confundir realidad social y costumbre, que están en una relación de género y especie, respectivamente. A diferencia de la costumbre, que es un hecho normativizado (convertido en norma jurídica), con función integradora de la Ley (según el art. 1.3 CC), fundado en una conducta social reiterada, uniforme y espontánea, la realidad social (a que se refiere el art. 3.1 CC como canon interpretativo), es un hecho que, por un lado, no se restringe a ser solo un uso social, esto es, una conducta o comportamiento de la sociedad, sino que puede ser, más ampliamente, cualquier dato o hecho social (cultural,

científico, económico, ...), de carácter novedoso, ocasional y reflexivo, o incluso natural (no humano) y accidental o fortuito, y que, por otro lado, sin llegar a normativizarse (a convertirse en norma), sí ha de estar juridificado o positivado, en cuanto reconocido de forma directa o indirecta en una norma jurídica, mas sin formar parte normativa de ella.

Índice cronológico de jurisprudencia

STS de 21 noviembre 1934 (RJ 1934, 183)

STS de 25 febrero 1943 (RJ 1943, 140)

STS de 30 junio 1959

STS de 5 abril 1963

STS de 24 enero 1970 (RJ 1970, 319)

STS de 14 febrero 1976 (RJ 1976, 617)

STS de 31 marzo 1978 (RJ 1978, 1503)

STS de 6 abril 1979 (RJ 1979, 1273)

STS de 8 marzo 1982 (RJ 1982, 1290)

STS de 17 mayo 1982 (RJ 1982, 2574)

STS de 15 febrero 1983 (RJ 1983, 1036)

STS de 15 marzo 1983 (RJ 1983, 1477)

STS de 13 mayo 1983 (RJ 1983, 2687)

STS de 13 abril 1984 (RJ 1984, 1964)

STS de 27 abril 1984 (RJ 1984, 1971)

STS de 5 noviembre 1984 (RJ 1984, 5367)

STS de 11 febrero 1985 (RJ 1985, 545)

STS de 13 julio 1985 (RJ 1985, 4052)

STS de 2 julio 1987 (RJ 1987, 5045)

STS de 4 diciembre 1987 (RJ 1987, 9177)

STS de 23 febrero 1988 (RJ 1988, 1275)

STS de 9 marzo 1988 (RJ 1988, 1609)

STS de 23 septiembre 1988 (RJ 1988, 6854)

STS de 20 octubre 1988 (RJ 1988, 7591)

STS de 28 febrero 1989 (RJ 1989, 1410)
STS de 21 diciembre 1989 (RJ 1989, 8861)
STS de 3 enero 1990 (RJ 1990, 3)
STS de 8 mayo 1990 (RJ 1990, 3690)
STS de 21 diciembre 1990 (RJ 1990, 10359)
STS de 26 diciembre 1990 (RJ 1990, 10370)
STS de 7 enero 1991 (RJ 1991, 108)
STS de 25 abril 1991 (RJ 1991, 3029)
STSJ de Cataluña de 7 enero 1992 (RJ 1992, 10273)
STS de 7 marzo 1992 (RJ 1992, 2007)
STS de 13 mayo 1993 (RJ 1993, 3547)
STS de 16 junio 1993 (RJ 1993, 4839)
STS de 13 julio 1993 (RJ 1993, 5640)
STS de 10 febrero 1994 (RJ 1994, 848)
STS de 6 junio 1994 (RJ 1994, 3216)
STS de 13 julio 1994 (RJ 1994, 6435)
STS de 21 octubre 1994 (RJ 1994, 8123)
STSJ de Andalucía de 28 noviembre 1994 (RJCA 1994, 576)
STS de 30 enero 1995 (RJ 1995, 180)
STS de 10 abril 1995 (RJ 1995, 3248)
STS de 18 abril 1995 (RJ 1995, 3421)
STS de 5 julio 1995 (RJ 1995, 5463)
STS de 4 diciembre 1995 (RJ 1995, 9157)
STS de 22 septiembre 1997 (RJ 1997, 6820)
STS de 18 diciembre 1997 (RJ 1997, 9102)
STSJ de Cataluña de 6 abril 1998 (RJ 1998, 10052)
STS de 22 noviembre 1999 (RJ 1999, 8223)
STS de 6 julio 2000 (RJ 2000, 6749)
STS de 27 febrero 2001 (RJ 2001, 2615)
STS de 21 mayo 2001 (RJ 2001, 6464)

STS de 13 marzo 2003 (RJ 2003, 2579)

STS de 26 febrero 2004 (RJ 2004, 1751)

STS de 10 febrero 2005 (RJ 2005, 1133)

STS de 28 abril 2005 (RJ 2005, 4209)

STS de 20 diciembre 2006 (RJ 2007, 554)

STS de 26 noviembre 2007 (RJ 2008, 27)

Dos SSTS de 14 octubre 2008 (RJ 2008, 6909) y (RJ 2008, 6911)

STS de 17 octubre 2008 (RJ 2008, 5702)

STS de 28 noviembre 2008 (RJ 2008, 6939)

STS de 18 diciembre 2008 (RJ 2009, 158)

STS de 30 junio 2009 (RJ 2009, 4322)

STC 198, 2012, de 6 noviembre (RTC 2012, 198)

STSJ de Navarra de 9 septiembre 2014 (RJ 2014, 5741)

STS de 19 octubre 2016 (RJ 2016, 4938)

STS de 25 febrero 2021 (RJ 2021, 762)

Bibliografía

ALBALADEJO GARCÍA, M.:

– *Derecho Civil, I: Introducción y Parte General, vol. 1.º: Introducción y Derecho de la persona*, 9.ª ed., Barcelona, 1983.

– «A la realidad social de qué tiempo ha de acudirse para interpretar las normas. Comentario a la STS de 7 marzo 1998», en *RDP*, 1998, pp. 646-652 (y en *Anales de la Real Academia de Jurisprudencia y legislación*, n.º 29, 1999, pp. 109-121).

ALONSO GARCÍA, E.: *La interpretación de la Constitución*, Madrid, 1984.

ANDENAS, M. y BJORGE, E.: «Giudice nazionale e interpretazione evolutiva della convenzione dei diritti dell'uomo», en *Rivista trimestrale di diritto e procedura civile*, Vol. 64, N.º 4, 2010, pp. 1267-1278.

ASCARELLI, T.: «Norma giuridica e realtà sociale», en *Problemi Giuridici, I*, Milán, 1959, pp. 67-111.

BADILLO O'FARRELL, P.: «Ante la «interpretación de la norma según la realidad social» (art. 3.1 CC). Unas reflexiones», en *Estudios de Filosofía del Derecho y Ciencia Jurídica en memoria y homenaje al Prof. Legaz y Lacambra*, Tomo I, Madrid, 1983, pp. 151-157.

BASCUÑÁN VALDÉS: *Introducción al estudio de las Ciencias Jurídicas y Sociales*, Santiago de Chile, 1960.

BETTI, E.: *Interpretación de la Ley y de los actos jurídicos*, trad. y prólogo de J. L. de Los Mozos, Madrid, 1975.

BOBBIO, N.: *Teoría general del Derecho*, trad., Madrid, 1991.

CABEZUELO ARENAS, A. L.: «La cesación de la *affectio maritalis* como causa de separación en la práctica judicial: un exponente de la interpretación sociológica de la norma», en *Aranzadi civil: revista quincenal*, n.º 3, 2001, pp. 2269-2284.

CALVO GARCÍA, M.: *Interpretación y argumentación jurídica (Trabajos del seminario de Metodología Jurídica)*, Zaragoza, 1995.

CANOSA USERA, R.: «Interpretación evolutiva de los derechos fundamentales» (tomado de www.juridicas.unam.mx).

CAPITANT, H.: «Les Travaux préparatoires et l'interpretation des Lois», en *Recueil d'etudes sur les sources du droit en l'honneur de F. Geny, Tomo II*, reedición de 1974.

CARBONNIER, J.: *Derecho flexible. Para una sociología no rigurosa del Derecho*, trad. y prólogo de L. Díez-Picazo, Madrid, 1974.

CARRASCO PERERA, A.: «Comentario a la STS de 25 abril 1991», en *CCJC*, n.º 25, enero-marzo, 1991.

CARRETERO SÁNCHEZ, S.: «El criterio sociológico de interpretación y el papel del juez constitucional», en *Nuevos derechos y nuevas libertades en Europa»*, coord. C. Hermida del Llano, 2015, pp. 139-168.

CASTÁN TOBEÑAS, J.:

– *Derecho Civil Español, Común y Foral, T. I: Introducción y Parte general, vol. 1.º: Ideas generales. Teoría de la norma jurídica*, 12.ª ed. revisada por J. L. de Los Mozos, Madrid, 1982.

– *Teoría de la aplicación e investigación del Derecho (Metodología y técnica operativa en Derecho privado positivo)*, con prólogo de J. J. Pintó Ruiz, Madrid, 2005.

CERDEIRA BRAVO DE MANSILLA, G.:

– «Constitucionalidad de la ley 13/2005, sobre el matrimonio homosexual: un ejemplo –hoy– de interpretación sociológica o evolutiva, fundada en razones de igualdad», en *RDP*, 2013, n.º 2, marzo-abril, pp. 25-86.

– *Principio, realidad y norma: el valor de las exposiciones de motivos (y de los preámbulos)*, con Prólogo de C. Rogel Vide, Méjico-Madrid, 2015.

– «La interpretación evolutiva de la Constitución en Derecho privado (Más allá de la Constitución, pero por la propia Constitución)», en *RGLJ*, 2015, n.º 3, pp. 429-492.

– «El (relativo) valor interpretativo de los materiales prelegislativos», en *ADC*, 2019, pp. 747-792.

– «La transexualidad, hoy: un ejemplo de interpretación sociológica o evolutiva (Comentario a la Instrucción de la DGRyN de 23 octubre 2018 y a su posible legitimación constitucional desde la STC 99/2019, de 18 julio)», en *RDP*, 2020, n.º 2, marzo-abril, pp. 69-117.

CERDEIRA PORRAS, A.: «El valor de las disposiciones sin vigor», en *RGLJ*, n.º 3, 2021, pp. 583-622.

CLEMENTE DE DIEGO, F.: «El método en la aplicación del Derecho Civil», en *RDP*, 1916.

COGLIOLO, P.: «L'interpretazione sociale del codice civile», en *Scritti varii di Diritto Privato, vol. I*, 6.ª ed., Turín, 1925, pp. 39-44.

DE CASTRO Y BRAVO, F.:

– «Fuentes del Derecho e interpretación jurídica. Observaciones alrededor de un libro», en *ADC*, 1958.

– «Naturaleza de las reglas para la interpretación de la ley», en *ADC*, 1977.

– *Derecho Civil de España*, Madrid, 1984.

DE LA HIGUERA GONZÁLEZ, L. M.ª: «Las normas jurídicas, fuentes, interpretación, aplicación y eficacia general», en *Instituciones de Derecho Privado, Tomo I, vol. 1.º: Personas*, coord. J. F. Delgado de Miguel, Madrid, 2003.

DE LA VEGA BENAYAS, C.: *Teoría, aplicación y eficacia de las normas en el Código Civil*, con prólogo de E. García de Enterría, Madrid, 1976.

DE LOS MOZOS, J. L.: *Metodología y Ciencia en el Derecho privado moderno*, Madrid, 1977.

DE PAGE, H.: *De l'interpretation des lois: contribution à la recherche d'une méthode positive et théories en presence*, Bruselas, 1925.

DE RUGGIERO, R.: *Instituciones de Derecho Civil, volumen 1.º: Introducción y Parte General. Derecho de las personas, derechos reales y posesión*, trad. 4.ª ed. italiana por R. Serrano Suñer y J. Santa-Cruz Teijeiro, Madrid, 1929.

DEGNI, F.: *L'interpretazione della legge*, con prólogo de B. Brugi, 2.ª ed., Nápoles, 1909.

DEL VECCHIO G.: *Los principios generales del Derecho*, trad. y Apéndice de J. Ossorio Morales, Barcelona, 1933.

DELGADO, G.: «La interpretación evolutiva de la norma», en *Ius Canonicum*, vol. XVI, n.º 32, 1976, pp. 117-136.

DÍEZ DEL CORRAL RIVAS, J.: «La interpretación sociológica de las normas sobre el estado civil en la doctrina preconstitucional de la Dirección general de los Registros y del Notariado», en *Libro Homenaje a M. Peña Bernaldo de Quirós*, 1996, pp. 503-510.

DÍEZ-PICAZO GIMÉNEZ, L. M.ª:

– «Los preámbulos de las leyes (En torno a la motivación y la causa de las disposiciones normativas)», en *ADC*, 1992, pp. 501-533.

– *La derogación de las leyes*, Madrid, 1990.

DÍEZ-PICAZO Y PONCE DE LEÓN, L.:

– «La interpretación de la ley», en *ADC*, 1970, pp. 711-738.

– «Los principios generales del Derecho en el pensamiento de F. De Castro», en *ADC*, 1983, pp. 1263-1268.

– *Experiencias jurídicas y teoría del Derecho*, 3.ª ed., Barcelona, 1993.

DOMÍNGUEZ LUELMO, A.: «Comentario a la STS de 10 febrero 1994», en *CCJC*, n.º 35, 1994, pp. 539-549.

DUALDE, J.: *Una revolución en la lógica del Derecho (Concepto de la interpretación del Derecho privado)*, Barcelona, 1933.

ENNECCERUS, L.: *Derecho Civil (Parte general)*, vol. 1.º, Barcelona, reimpresión de 1947.

ESCRICHE, J.: y en las voces «Abrogación», «Costumbre», «Ley», «Interpretación auténtica», e «Interpretación de las leyes», de su *Diccionario Razonado de Jurisprudencia*, París, 1858.

ESSER, J.: *Principio y norma en la elaboración jurisprudencial del Derecho privado*, trad., E. Valentí Fiol, Barcelona, 1961.

EZQUIAGA GANÚZAS, Fco. J.: «Concepto, valor normativo y función interpretativa de las exposiciones de motivos y los preámbulos», en *Revista vasca de Administración Pública*, n.º 20, 1988, pp. 27-49.

FADDA, C. y BENSA, P. E.: en WINDSCHEID: *Diritto delle pandette, vol. IV*, Turín, 1926.

FASSÓ, G.: «Il giudice e l'adeguamento del diritto alla realtà storico-sociale», en sus *Scritti di Filosofia del Diritto, II*, Milán, 1982, pp. 985-1050.

FERRARA, F.: *Trattato di Dirito Civile italiano, vol. I: Dottrine generali, Parte I: Il Diritto, I soggetti, Le cose*, Roma, 1921.

FIORE, P.: *De la irretroactividad e interpretación de las leyes*, trad., 3.ª ed., Madrid, 1927.

FROSINI, V.: *La letra y el espíritu de la Ley*, trad. y prólogo de C. Alarcón Cabrera, Barcelona, 1995.

GARAPON, A.: «Les limites à l'interpretation évolutive de la Convention européenne des droits de l'homme», en *Revue Trimestrielle des Droit de l'homme*, 2011.

GARCÍA VALDECASAS, G.: «Los principios generales del Derecho en el nuevo Título Preliminar del Código Civil», en *ADC*, 1975, y en «La positivación del Derecho y la vertiente sociológica de la ciencia jurídica», en su discurso de apertura.

GENY, F.: *Método de interpretación y fuentes del Derecho privado positivo*, con Prólogo de R. Saleilles, Madrid, 1925.

GIL RODRÍGUEZ, J.: «Comentario de las SSTS de 15 enero 2009. Las motivaciones del legislador pretérito, la realidad social presente y los límites de la interpretación evolutiva de las viejas normas arrendaticias: la terca vigencia del artículo 53 TRLAU 1964», en *Comentarios a las sentencias de unificación de doctrina (civil y mercantil)*, vol. 3.º (2009), dir. M. Yzquierdo Tolsada, Madrid, 2010.

GOIG MARTÍNEZ, J. M.: «La interpretación constitucional y las SSTC: de la interpretación evolutiva a la mutación constitucional», en *Revista de Derecho UNED*, n.º 12, 2013, pp. 257-292.

GÓMEZ DE LA SERNA, P. y MONTALBÁN, J. M.: *Elementos de Derecho Civil y Penal de España, Tomo I*, 9.ª ed., Madrid, 1870.

GONZÁLEZ VEGA, J. A.: «Interpretación, Derecho Internacional y Convenio Europeo de Derechos Humanos: a propósito de la interpretación evolutiva en materia de autodeterminación sexual», en *Revista española de Derecho internacional*, 2004, pp. 163-184.

GORDILLO CAÑAS, A.:

– «Realismo ético: el Magisterio metodológico de Federico De Castro», en *ADC*, 1983.

– *Ley, Principios Generales y Constitución: Apuntes para una relectura, desde la Constitución, de la teoría de las fuentes del Derecho*, Madrid, 1990.

– Comentarios al Código Civil, Tomo I, vol. 1.º, de Edersa, Jaén, 1992.

– «Comentario a la STS de 30 enero 1995», en CCJC, n.º 38, 1995, pp. 677-691.

GRECO, V.: *L'interpretazione evolutiva della legge. Un utile strumento per tutti studiosi e gli operatori del diritto*, Florencia, 2006.

GUASTINI, R.: *Estudios sobre la interpretación jurídica*, trad. M. Gascón y M. Carbonell, 9.ª ed., Méjico, 2011.

GUTIÉRREZ FERNÁNDEZ, B.: *Códigos o estudios fundamentales sobre el Derecho Civil español, T. I*, 3.ª ed., Madrid, 1871.

HÄBERLE, P.: «Principios y métodos de la interpretación constitucional. Un catálogo de problemas», en *Revista de Derecho Constitucional Europeo*, n.º 13, 2010, pp. 379-411.

HERNÁNDEZ GIL, A.:

– *Metodología de la ciencia del Derecho*, Madrid, 1971.

– *El cambio político español y la Constitución*, Barcelona, 1982.

LACRUZ BERDEJO, J. L.: *Elementos de Derecho Civil: Parte General del Derecho Civil, volumen 1.º: Introducción*, Barcelona, 1988.

LARENZ, K.: *Metodología de la Ciencia del Derecho*, trad. y revisión de M. Rodríguez Molinero, Barcelona, 1994.

LAVAGNA, C.: *La Costituzione italiana: commentata con le decisioni della Corte costituzionale*, Turín, 1970.

LAZZARO, G.: *L'interpretazione sistematica della legge*, Turín, 1965.

LÓPEZ Y LÓPEZ, A. M.: «En torno a la llamada interpretación evolutiva (Comentario a la sentencia del Tribunal Constitucional sobre la Ley 13/2005, por la que se modifica el Código Civil en materia de derecho a contraer matrimonio, permitiendo el de personas del mismo sexo)», en *Derecho Privado y Constitución*, n.º 27, 2013.

MANETTI, M.: «Diritti dei membri della familia legittima ed evoluzione sociale: la parola del giudice», en *Giurisprudenza Costituzionale*, 2009.

MARTÍN CASALS, M.: «Preámbulo y disposiciones directivas», en *La forma de las leyes: 10 estudios de técnica legislativa*, Barcelona, 1986, pp. 61-92.

MARTÍNEZ DE AGUIRRE Y ALDAZ, C.: «El criterio de la realidad social en la interpretación de las normas jurídicas (Comentario a la STS de 31 abril 1984)», en *ADC*, 1985, pp. 212-220.

MASTROMARTINO, F.: «Sobre la interpretación evolutiva de la Constitución. Notas al margen de una reciente STC español sobre el matrimonio entre personas del mismo sexo», en *DOXA (Cuadernos de Filosofía del Derecho)*, n.º 36, 2013, pp. 153-175.

MATIA PORTILLA, F. J.: «Interpretación evolutiva de la Constitución y legitimidad del matrimonio formado por personas del mismo sexo», en *Teoría y realidad constitucional*, n.º 31, 2013, pp. 541-554.

NACCI, M.: «Francesco Degni e l'interpretazione storico-evolutiva della Legge», in *Rivista di storia del diritto italiano*, 2013, pp. 39-55.

PABÓN DE ACUÑA, J. M.ª: *La interpretación según «la realidad social» del artículo 3 del Código Civil*, Valencia, 1999.

PÉREZ ALGAR, F.: *La interpretación histórica de las normas jurídicas. Análisis del artículo 3.1 del Código Civil*, Barcelona, 1995.

PÉREZ ÁLVAREZ, M. A.:

– *Interpretación y jurisprudencia. Estudio del artículo 3.1 del Código Civil*, Pamplona, 1994.

– *Realidad social y jurisprudencia. Diez tesis sobre la realidad social en cuanto canon de interpretación de las normas*, Madrid, 2005.

PÉREZ LUÑO, E.: *Derechos Humanos, Estado de Derecho y Constitución*, 10.ª ed., Madrid, 2010.

PIERANDREI, F.: «L'intepretazine della Costituzione», en *Scritti di Diritto Costituzionale in memoria di L. Rossi*, Milán, 1952.

PORTALIS, J.-E. M.: *Discurso Preliminar al Código Civil francés*, introducción y traducción de I. Cremades y L. Gutiérrez-Masson, Madrid, 1997.

PUIG BRUTAU, J.: *Introducción al Derecho Civil*, Barcelona, 1980.

QUINTUS MUCIUS SCAEVOLA: *Código Civil concordado y comentado extensamente*, Tomo I, 5.ª ed., Madrid, 1912.

REALE: *Teoría tridimensional del Derecho*, Madrid, 1997.

REPETTO, G.: «Premesse ad uno studio sull'interpretazione evolutiva tra Costituzione e Convenzione Europea dei Diritti dell'uomo», en *Diritti, principi e garanzie sotto la lente dei giudice di Strasburgo*, Nápoles, 2012, pp. 21-42.

ROBLEDO: «Metodología jurídica trialista y hermenéutica en la construcción del Derecho», en *Revista Telemática de Filosofía del Derecho*, n.º 11, 2007.

RODRÍGUEZ-ZAPATA PÉREZ, J.: «El preámbulo del Tratado por el que se establece una Constitución para Europa», en *Libro I: La UE; el Derecho de la UE; Competencias de la UE; las Instituciones*, dirs. E. Álvarez Conde y V. Garrido Mayol, Valencia, 2004.

ROGEL VIDE, C.: *Derecho Civil –método y concepto–*, Madrid, 2010.

ROVIRA FLÓREZ DE QUIÑONES, M.ª C.: *Valor y función de las «exposiciones de motivos» en las normas jurídicas*, Santiago de Compostela, 1972.

RUBIO GARRIDO, T.: *La doctrina de los autores. De fuente jurídica primaria a la vulgarización e irrelevancia*, Granada, 2006.

RUIZ PÉREZ, J. S.: «Interpretación y creación judicial del Derecho. Jurisprudencia sociológica», en *Anales de la Real Academia Sevillana de Legislación y Jurisprudencia*, n.º 4, 2004-2009, pp. 163-180.

SAGÜÉS, N. P.:

– «Interpretación constitucional y Constitución viviente (*living Constitution*), en *Interpretación constitucional, Tomo II*, coord. E. Ferrer Mac-Gregor, Méjico, 2005, pp. 1017-1032.

– «Nuevas fronteras de la igualdad: el recurso al dato sociológico y al intérprete externo en la interpretación constitucional», en Revista de Derecho, 2005, pp. 229-239.

SALEILLES, F.: en su Prólogo a GENY, F (*Método de interpretación y fuentes del Derecho privado positivo*, Madrid, 1925).

SALVADOR CODERCH, P.:

– «Los materiales prelegislativos: entre el culto y la polémica», en *ADC*, 1983, pp. 1657-1684.

– «Comentario al art. 3.1 CC», en *Comentarios al Código Civil*, dir. M. Albaladejo García y S. Díaz Alabart (tomado de vlex).

SANTAOLALLA LÓPEZ, F.: «Exposiciones de Motivos de las Leyes: motivos para su eliminación», en *Revista Española de Derecho Constitucional*, n.º 31, 1991, pp. 47-64.

SANTI ROMANO: «Interpretación evolutiva», en *Fragmentos de un Diccionario Jurídico*, trad. S. Sentis Melendo y M. Ayerra Redín, Buenos Aires, 1964, pp. 203-213.

SANTOS BRIZ, J.: «La aplicación de las normas jurídicas en el nuevo Título Preliminar del Código Civil», en *Libro-Homenaje a R. M.ª Roca Sastre, vol. I*, Madrid, 1976, pp. 753-779.

SAVIGNY: *Sistema de Derecho romano actual, Tomo I*, trad., Madrid, 1878.

SOLER, S.: *Interpretación de la ley*, Barcelona, 1962.

SUÁREZ COLLÍA, J. M.ª: *La retroactividad: normas jurídicas retroactivas e irretroactivas*, Madrid, 2006.

TAJADURA TEJADA, J.:

– *El preámbulo constitucional*, Granada, 1997.

– «Preámbulos constitucionales e interpretación constitucional», en *Interpretación constitucional*, Tomo II, coord. E. Ferrer Mac-Gregor, Méjico, 2005, pp. 1135-1155.

VALVERDE Y VALVERDE, C.: *Tratado de derecho civil español, Tomo I: Parte general*, 4.ª ed., Valladolid, 1935.

VELARDE, C.: «Apuntes sobre la realidad social en la interpretación del derecho», en *Ars Iuris*, n.º 37, 2007, pp. 139-162.

VILLAR ROMERO, J. M.ª: «El desuso de las normas jurídicas», en *RDP*, 1971, pp. 709-715.